公益慈善学系列教材

丛书主编 周如南

# 公益慈善组织财务管理

## Charitable Organization Financial Management

主编 谢晓霞

西安交通大学出版社
XI'AN JIAOTONG UNIVERSITY PRESS
国家一级出版社
全国百佳图书出版单位

## 内容简介

全书分为上下两个篇章。上篇是公益慈善组织财务管理基础理论篇,包括八章内容,从第一章到第八章分别对公益慈善组织财务管理涉及的基础概念、预算管理、日常资金管理、项目资金管理、筹资管理与投资管理、财务报告与财务分析、财务绩效评估、财务监督等基础内容进行介绍,目的是使读者对公益慈善组织财务管理的基本知识从理论上形成全面的认识,掌握财务管理的关键技术和方法。下篇是公益慈善组织财务管理案例分析篇,本着管理学中的"标杆原理"进行案例筛选,主要从募款资金额度、注册地、信息披露程度、资助项目金额等维度,选择了五种类型的公益慈善组织案例,分别是在民政部注册的公募基金会、在民政部注册的非公募基金会、在地方注册的公募基金会、在地方注册的非公募基金会、全国性公益社会团体这五种类型。

---

图书在版编目(CIP)数据

公益慈善组织财务管理 / 谢晓霞主编. —西安:西安交通大学出版社,2021.5
ISBN 978-7-5693-2133-3

Ⅰ.①公… Ⅱ.①谢… Ⅲ.①慈善事业-组织机构-财务管理-研究-中国 Ⅳ.①D632.1

中国版本图书馆 CIP 数据核字(2021)第 044940 号

| | |
|---|---|
| 书　　名 | 公益慈善组织财务管理 |
| | (Gongyi Cishan Zuzhi Caiwu Guanli) |
| 主　　编 | 谢晓霞 |
| 责任编辑 | 赵怀瀛 |
| 责任校对 | 柳　晨 |
| 封面设计 | 任加盟 |
| 出版发行 | 西安交通大学出版社 |
| | (西安市兴庆南路1号　邮政编码 710048) |
| 网　　址 | http://www.xjtupress.com |
| 电　　话 | (029)82668357　82667874(发行中心) |
| | (029)82668315(总编办) |
| 传　　真 | (029)82668280 |
| 印　　刷 | 陕西奇彩印务有限责任公司 |
| 开　　本 | 787mm×1092mm　1/16　印张 15.75　字数 292千字 |
| 版次印次 | 2021年5月第1版　2021年5月第1次印刷 |
| 书　　号 | ISBN 978-7-5693-2133-3 |
| 定　　价 | 49.80元 |

读者购书、书店添货,如发现印装质量问题,请与本社发行中心联系、调换。
订购热线:(029)82665248　(029)82665249
投稿热线:(029)82668133
读者信箱:xj_rwjg@126.com

**版权所有　侵权必究**

# 编　委　会

**丛书主编**：周如南

**编委会成员**：

马庆钰　国家行政学院教授、博士生导师

徐家良　上海交通大学国际与公共事务学院教授、博士生导师，上海交通大学中国公益发展研究院院长

邓国胜　清华大学公共管理学院教授、博士生导师，清华大学公益慈善研究院副院长

朱健刚　南开大学周恩来政府管理学院教授、博士生导师

周如南　中山大学传播与设计学院、医学院双聘副教授，中山大学残疾人事业发展研究中心副主任，中山大学国家治理研究院研究员

李　健　中央民族大学管理学院教授、博士生导师

谢晓霞　西南财经大学社会发展研究院副教授，北京德力社会组织评估与服务中心主任、理事长

俞祖成　上海外国语大学国际关系与公共事务学院副教授、公共管理系执行主任

王银春　东华大学马克思主义学院副教授，上海交通大学中国公益发展研究院兼职研究员

杨志伟　北京师范大学珠海分校法律与行政学院社会工作系主任，宋庆龄公益慈善教育中心主任

陆　璇　上海复恩社会组织法律研究与服务中心理事长

# 总序

随着时代的进步,慈善事业在经济社会发展方面越来越发挥着不可忽视的作用。欧美国家慈善事业的发展也经历了由宗教和国家主导的"福利型慈善"到社会主导的慈善的转变。二战后,慈善作为一种社会性力量前所未有地登上历史舞台,并发生了由传统向现代的转变。"慈善"发展到今天,已经不再仅是政府行为,还包括社会或民间行为。在我国改革开放初期,世界主要发达国家已经进入慈善组织和慈善事业兴盛的年代。20世纪七八十年代,韦斯布罗德(Burton A. Weisbrod)的政府失灵理论、汉斯曼(Hansmann)的市场失灵理论以及萨拉蒙(Lester M. Salamon)的志愿失灵理论共同构成了西方慈善事业的经典理论,这些理论认为无论是政府部门、市场部门,还是慈善部门,它们的存在是因为其他部门在应对人类需要的时候具有某种内在缺陷,导致某一部门无法完全满足人类的需求。作为有别于国家社会保障的一种制度安排,慈善事业运作模式应由社会主导,动员资源主要来自社会,是一种对国家和市场履行自身功能的补充。

当前我国正处在经济社会转型的重要战略机遇期,慈善事业在参与民生保障、调节收入分配、弥合贫富差距等方面发挥了不可替代的作用,是建设民生和发展社会事业的重要力量,是提升国家文化软实力的重要载体、完善国家治理体系的关键环节和实施大国战略的有效补充。尤其在经历2008年汶川地震救灾以后,我国慈善事业发展取得了长足进步。国家不断鼓励民间力量投入医疗、养老等产业,中央财政继续支持社会组织发展,使公益慈善机构在各项社会服务事业中扮演着越来越重要的角色。随着各级政府审批权限的下放和社会组织与网络治理的兴起,特别是大量具有民间背景、公民自发成立的公益慈善组织和社会服务机构的涌现,其在社会基本公共服务补充供给及相关社会问题解决等方面发挥着越来越重要的作用,已经成为参与社会治理的重要力量。

2016年3月16日,中华人民共和国第十二届全国人民代表大会第四次会议通过了《中华人民共和国慈善法》,并于2016年9月1日起正式施行。这标志着中国公益慈善事业走上规范发展的快车道。当前我国公益慈善事业发展呈现出几个重要趋势。

一是从传统计划慈善走向现代全民公益。改革开放以来，随着计划经济政策下"总体性社会"的逐步解体，由市场经济建设和社会转型需要所推动的各类公益慈善组织逐步恢复生机并蓬勃发展。官办计划慈善逐步让位给民间自下而上基于需求而涌现的慈善力量，慈善事业带动全民参与的社会氛围开始形成。

二是从传统感性慈善走向现代专业公益。随着慈善事业的发展和成熟，慈善不再局限于好人好事和捐赠，而是以社会创新思维和行动系统解决社会问题。其中包括慈善组织管理专业化、项目管理专业化、财务管理专业化、品牌管理专业化、评估专业化、人力资源管理专业化等，因此，一套系统教材的产出也成为时代的需求。

三是从传统个人慈善走向现代组织慈善，再走向互联网与跨界创新公益。技术进步是这个时代最大的变量之一。互联网技术的日新月异不但改变了人们接收和传播信息的方式，更颠覆性地重构了组织形态和社会关系。在这个意义上，互联网时代的慈善如何实践？甚至，我们对于"慈善"概念的理解也要有所拓宽。公众与政府、企业、传统媒体以及公益组织的力量形成对接与整合是现代公益的必然趋势，一个"共享慈善"的时代正在到来。

面对突飞猛进的时代变化，作为研究者和行动者的我们必须有所回应。更让我们奋进的是，《中华人民共和国慈善法》明确提出："学校等教育机构应当将慈善文化纳入教育教学内容，国家鼓励高等学校培养慈善专业人才，支持高等学校和科研机构开展慈善理论研究。"在这个共识基础上，本套教材丛书在各位作者的精诚协作下初现雏形。各位作者均为长期关注公益慈善不同层面和领域的优秀青年学者，大多拥有相关专业教育背景和公益实践经历，从而能够在理论与实践结合、国际与本土结合等方面做到较好平衡。

**本丛书是《中华人民共和国慈善法》颁布以来针对公益慈善学专业的系列教材，采用崭新的知识体系，涵盖公益慈善学的各个方面。**教材的出版离不开各位作者的辛勤与努力，也要感谢西安交通大学出版社赵怀瀛编辑对出版本套教材的支持。因为水平和时间有限，本套教材肯定有很多不完善的地方甚至纰漏，敬请大家谅解并提出改进建议。

周如南
于中山大学

# 前言
## Foreword

  慈善组织是指依法成立，符合《中华人民共和国慈善法》(以下简称《慈善法》)规定，以面向社会开展慈善活动为宗旨的非营利组织。慈善组织可以采取基金会、社会团体、社会服务机构等组织形式。《慈善法》在定义慈善组织中所使用的非营利组织，实际上是指民间非营利组织，这类组织是不以营利为目的，主要开展各种志愿性的公益或互益活动的非政府的社会组织，其主要属性包括了非营利性、非政府性、志愿公益性或互益性。公益慈善组织属于民间非营利组织，当前中国的公益慈善组织中，数量比较多的两种类型包括慈善基金会和慈善会系统。因此，关于民间非营利组织财务管理的内容，实际上也适用于公益慈善组织。公益慈善组织的财务管理，是民间非营利组织财务管理的一个细分的分支，隶属于高级财务管理，是民间非营利组织财务管理的重要组成部分。

  笔者于2013年在经济管理出版社出版了国内较早的关于民间非营利组织财务管理的教材，即《民间非营利组织财务管理理论与实务》(第一版)，2019年在西南财经大学出版社出版了《民间非营利组织财务管理》(第二版)，这两本教材对民间非营利组织的财务管理基础知识进行了介绍。上述两本关于民间非营利组织的财务管理教材的基础知识体系，也适用于公益慈善组织的财务管理。

  之所以在《民间非营利组织财务管理》的基础上，再行出版本书，主要是出于以下两方面考虑。

  第一，在民间非营利组织的财务管理的实践中发现，当前中国的公益慈善组织在《慈善法》颁布以后，进入了快速发展时期，为了更好地规范公益慈善组织的财务管理，有必要在《民间非营利组织财务管理》的基础上，出版一本更加聚焦、更有针对性的指导公益慈善组织财务管理的教材。因此，本书在原有《民间非营利组织财务管理》的基础上，对民间非营利组织中的公益慈善组织财务管理知识体系进行了进一步的梳理、归类、提炼、总结和整理，旨在为更加细分的民间非营利组织类型中主要从事公益慈善事业的组织,尤其是对于典型的公益慈善组织中的慈善基金会和慈善会系统这两类组织,提供更加聚焦、细致、系统的财务管理知识体系,并作出更加具有针对性的财务管理案例分析,以为中国的公益慈善组织的财务管理提供借鉴。

第二,由于在我国当前的公益慈善组织中,包含了大量的慈善基金会和慈善会系统,它们是当前我国公益事业募集资金体量最大的两类社会组织。根据对近三年的中国公益慈善捐助报告分析显示,慈善基金会和慈善会系统每年募集资金的总额占到了全国总募集资金总额的近八成,而每一年的公益慈善事业支出,也大部分是由慈善基金会和慈善会系统在开展。截至2020年7月,我国慈善基金会的数量达8175个,慈善会系统的数量达1409个,近三年两者的募款资金体量在1100亿至1200亿人民币之间。随着越来越多的民间非营利组织被认定为慈善组织,公益慈善组织的财务管理越来越受到捐赠人、受赠方、NGO内部管理人员、政府、媒体,以及其他利益相关方的重视,如何充分发挥慈善资源的使用效率,最大化慈善资源的公益绩效,实现慈善资源的最优配置,是出版本书的主要目标之一。

本书是国内较早的专门针对公益慈善组织财务管理的教材,希望能够丰富民间非营利组织领域,尤其是公益慈善组织财务管理领域的专业书籍市场,可以为广大读者系统性地学习公益慈善组织财务管理的知识提供参考。

本书是基于当前社会发展的大背景下,对社会管理、公益慈善领域财务管理专业人才迫切需求的情况下,结合笔者自己的研究领域,在《民间非营利组织财务管理理论与实务》和《民间非营利组织财务管理》两本教材的基础上,主要针对公益慈善组织财务管理的特征,进一步细化公益慈善组织财务管理的理论知识体系,使其更加具有针对性而出版的一本教材。在本书中,笔者选择了在公益慈善领域比较知名的慈善基金会,以及中华慈善总会、中国红十字会等作为典型案例进行分析。

本书以财务管理领域的基本理论为基础,结合公益慈善组织的特点,在介绍公益慈善组织预算管理、日常资金管理、项目资金管理、筹资与投资管理、财务报告与财务分析理论和方法的基础上,对公益慈善组织的财务绩效评估和财务监督加以介绍,并在理论介绍的基础上,从财务管理的视角出发,选取了最近几年公益慈善组织中的典型案例进行分析,具有较强的可读性和实用性。

本书分为上下两个篇章。上篇是公益慈善组织财务管理基础理论篇。上篇包括八章内容,从第一章到第八章分别对公益慈善组织财务管理涉及的基础概念、预算管理、日常资金管理、项目资金管理、筹资管理与投资管理、财务报告与分析、财务绩效评估、财务监督等基础内容进行介绍，目的是使读者对公益慈善组织财务管理的基本知识从理论层面形成全面的认识，掌握财务管理的关键技术和方法。下篇是公益慈善组织财务管理案例分析篇。笔者本着管理学中的"标杆原理"进行案例筛选，主要从募款资金额度、注册地、信息披露程度、资助项目金额等维度，选择了五种类型的公益慈善组织，分别是在民政部注册的公募基金会、在民政部注册的非公募基金会、在地方注册的公募基金会、在地方注册的非公募基金会、全国性公益社会团体这五种类型。尽管《慈善法》颁布后，当前注册的基金会均为公益慈善组织，但是考虑到《慈善法》颁布前注册的基金会，以及其历史沿革，本书还是沿用了《基金会管理条例》的分类，将筛选的案例类型中的基金会分为公募基金会和非公募基金会。其中，对在民政部注册的公募基金会的案例选择较多，主要原因是根据笔者前期的研究发现，在民政部注册的具有公募资格的基金会，在募款总量、项目支出等规范性上，具有很多优势。从学习先进公益慈善组织财务管理的经验思路出发，围绕儿童、青少年、妇女、残疾人、科技发展、环境保护等具体的公益慈善领域，本书选择了目前国内最大的几家公募基金会，从财务管理视角，进行了具体的案例分析，目的是使读者通过案例分析加深对资金募集、资金运作及资金监督管理的理解，学习大型公益慈善组织财务管理的经验。

本书主要有以下两个特点：

（1）注重理论与实践相结合。本书的结构安排主要是介绍财务管理的系统性理论知识，在此基础上进行了具体财务管理的技术和方法的讲解与阐述。

（2）引入大量典型的公益慈善组织案例。本书引入大量真实案例，重点将财务管理的原理和方法与典型公益慈善组织财务管理的真实案例相结合，具有很强的参考性和可操作性。

本书可以作为公共管理、公益慈善管理、会计学、社会学等学科的本科生和研究生教材，也可以作为政府等监管部门、NGO从业人员以及对NGO财务感兴趣的读者的参考资料。

本书由谢晓霞作为主编，马研君、丁涌洪、刘梦妮等共同参与了编写。其中：谢晓霞拟定本书编写大纲和写作逻辑，并编写了第一章、第八章；马研君编写了第七章；丁涌洪编写了第三章、第五章、第六章；刘梦妮编写了第二章、第四章；周垚利、王宣惠、周博、周雨晴、石怡、刘恒璐、李晓阳、陈丹编写了第九章、第十章、第十一章、第十二章、第十三章的案例初稿。全书由谢晓霞负责统稿、统编、审核、校稿和案例修订工作。

本书的编写得到了中山大学传播与设计学院周如南副教授、西安交通大学出版社、成都市武侯社区发展基金会等的大力支持，同时也借鉴了国内外作者的一些研究成果。在此，对本书中所借鉴文献的作者、撰写团队成员及对本书有贡献的各方表示由衷的感谢！

由于作者的水平有限，书中疏漏和错误在所难免，真诚地希望广大读者提出宝贵意见，以便今后进一步修订和完善。

谢晓霞<br>
2020 年 12 月于成都

# 目录 Contents

## 上篇 公益慈善组织财务管理基础理论篇

### 第一章 公益慈善组织财务管理概述 ………………………………………… (002)
第一节 公益慈善组织财务管理的含义与财务特征 ……………… (002)
第一节 公益慈善组织财务管理的目标与意义 …………………… (008)
第三节 公益慈善组织财务管理的主要内容概述 ………………… (010)

### 第二章 公益慈善组织预算管理 ……………………………………………… (015)
第一节 公益慈善组织的预算管理概述 …………………………… (015)
第二节 公益慈善组织的预算管理程序 …………………………… (020)
第三节 公益慈善组织的预算管理基本方法 ……………………… (021)
第四节 公益慈善组织预算管理的考核体系 ……………………… (030)

### 第三章 公益慈善组织日常资金管理 ………………………………………… (034)
第一节 公益慈善组织日常资金管理概述 ………………………… (034)
第二节 公益慈善组织日常资金管理制度 ………………………… (039)
第三节 公益慈善组织日常资金管理的会计核算 ………………… (042)

### 第四章 公益慈善组织项目资金管理 ………………………………………… (048)
第一节 公益慈善组织的项目资金的收入管理 …………………… (048)
第二节 公益慈善组织的项目资金的支出管理 …………………… (054)
第三节 公益慈善组织项目资金的评估 …………………………… (059)

## 第五章　公益慈善组织筹资管理与投资管理 …………………………………… (062)

第一节　公益慈善组织筹资管理概述 ………………………………………… (062)

第二节　公益慈善组织筹资管理制度 ………………………………………… (066)

第三节　公益慈善组织投资管理概述 ………………………………………… (069)

第四节　公益慈善组织投资管理制度 ………………………………………… (073)

## 第六章　公益慈善组织财务报告与分析 …………………………………………… (082)

第一节　公益慈善组织财务报告的目标 ……………………………………… (082)

第二节　公益慈善组织财务报告的编制 ……………………………………… (082)

第三节　公益慈善组织财务报告分析 ………………………………………… (088)

## 第七章　公益慈善组织财务绩效评估 ……………………………………………… (093)

第一节　公益慈善组织财务绩效评估概述 …………………………………… (093)

第二节　公益慈善组织财务绩效评估体系 …………………………………… (094)

第三节　公益慈善组织财务绩效评估方法 …………………………………… (099)

## 第八章　公益慈善组织财务监督 …………………………………………………… (108)

第一节　公益慈善组织财务监督概述 ………………………………………… (108)

第二节　公益慈善组织的外部财务监督机制 ………………………………… (110)

第三节　公益慈善组织的内部财务监督机制 ………………………………… (113)

# 下篇　公益慈善组织财务管理案例分析篇

## 第九章　在民政部注册的公募基金会典型案例分析 ……………………………… (118)

案例一　中国青少年发展基金会 ……………………………………………… (118)

案例二　中国残疾人福利基金会 ……………………………………………… (126)

案例三　中国妇女发展基金会 ………………………………………………… (137)

案例四　中华环境保护基金会 ………………………………………………… (148)

## 第十章　在民政部注册的非公募基金会典型案例分析 …… (156)
案例一　清华大学教育基金会 …… (156)
案例二　阿里巴巴公益基金会 …… (167)

## 第十一章　在地方注册的公募基金会典型案例分析 …… (176)
案例一　爱德基金会 …… (176)
案例二　北京韩红爱心慈善基金会 …… (187)

## 第十二章　在地方注册的非公募基金会典型案例分析 …… (197)
案例一　北京乐平公益基金会 …… (197)
案例二　成都市武侯社区发展基金会 …… (204)

## 第十三章　全国性公益社会团体典型案例分析 …… (214)
案例一　中华慈善总会 …… (214)
案例二　中国红十字会 …… (222)

## 附录 …… (229)

## 参考文献 …… (237)

» 上篇

# 公益慈善组织财务管理基础理论篇

# 第一章　公益慈善组织财务管理概述

**学习目标**

- 理解公益慈善组织财务管理的含义
- 理解公益慈善组织财务管理的特征
- 理解公益慈善组织财务管理与企业财务管理的区别
- 掌握公益慈善组织财务管理的基本内容

## 第一节　公益慈善组织财务管理的含义与财务特征

### 一、公益慈善组织的内涵及特征

**1. 公益慈善组织的内涵**

慈善组织是指依法成立、符合《中华人民共和国慈善法》（以下简称《慈善法》）规定，以面向社会开展慈善活动为宗旨的非营利组织。非营利组织是不以营利为目的、主要开展各种志愿性的公益或互益活动的非政府的社会组织。慈善组织属于非营利组织的一种类型，主要以开展慈善活动为宗旨。根据《慈善法》规定，慈善组织开展的慈善活动，是指自然人、法人和其他组织以捐赠财产或者提供服务等方式，自愿开展的下列公益活动：①扶贫、济困；②扶老、救孤、恤病、助残、优抚；③救助自然灾害、事故灾难和公共卫生事件等突发事件造成的损害；④促进教育、科学、文化、卫生、体育等事业的发展；⑤防治污染和其他公害，保护和改善生态环境；⑥符合本法规定的其他公益活动。慈善组织可以采取基金会、社会团体、社会服务机构等组织形式。

社会公益组织是致力于社会公益事业和解决各种社会性问题的民间志愿性的社会中介组织。社会公益组织一般是指那些非政府的、不把利润最大化当作首要目标，且以社会公益事业为主要追求目标的社会组织。西方一些学者把公益组织统归于非政府组织（non-governmental organization，NGO），我国一些学者则把它称作第三部门或非营利机构，以区别于政府组织和企业组织等其他组织。目前，关于社会公益组织的概念,还没有一致的、普遍认可的定义。

鉴于早先的公益组织主要从事人道主义救援和贫民救济活动,很多公益组织起源于慈善机构,与慈善组织的内涵类似。因此,在我国的公益实践中,经常将这两类组织合并称作公益慈善组织,主要是指依法成立、符合《慈善法》的规定,面向社会以开展公益慈善活动为宗旨的非营利性组织。

**2. 公益慈善组织的特征**

(1)非营利性。非营利性是公益慈善组织的第一个基本属性,是其区别于企业(营利性组织)的根本属性。主要表现为:第一,公益慈善组织不以营利为目的;第二,公益慈善组织不能进行剩余收入(利润)的分配;第三,不得将公益慈善组织的资产,以任何形式转变为私人财产。

(2)非政府性。非政府性是公益慈善组织的第二个基本属性,也是它们区别于政府的根本属性。主要表现为:第一,公益慈善组织是具有独立法人治理结构的自治组织;第二,公益慈善组织是一种自下而上的民间组织;第三,公益慈善组织所属的社会领域,属于与政府、企业并列的独立的第三部门。

(3)志愿公益性或互益性。公益慈善组织的内在驱动力不是利润动机,也不是权力原则,而是以志愿精神为背景的利他主义和互助主义。主要表现为:第一,志愿者和社会捐赠是公益慈善组织的重要社会资源;第二,公益慈善组织活动具有社会公开性与透明性;第三,公益慈善组织提供公共物品或准公共物品。

**3. 公益慈善组织的成立条件**

根据《慈善法》的规定,在国内设立公益慈善组织,应当向县级以上人民政府民政部门申请登记,民政部门应当自受理申请之日起30日内作出决定。符合《慈善法》规定条件的,准予登记并向社会公告;不符合该法规定条件的,不予登记并书面说明理由。《慈善法》公布前已经设立的基金会、社会团体、社会服务机构等非营利性组织,可以向其登记的民政部门申请认定为慈善组织,民政部门应当自受理申请之日起20日内作出决定。符合慈善组织条件的,予以认定并向社会公告;不符合慈善组织条件的,不予认定并书面说明理由。有特殊情况需要延长登记或者认定期限的,报经国务院民政部门批准,可以适当延长,但延长的期限不得超过60日。

根据《慈善法》规定,我国的公益慈善组织应当符合下列条件:①以开展慈善活动为宗旨;②不以营利为目的;③有自己的名称和住所;④有组织章程;⑤有必要的财产;⑥有符合条件的组织机构和负责人;⑦法律、行政法规规定的其他条件。

## 二、公益慈善组织财务管理的含义与特征

### (一)公益慈善组织财务管理的含义

财务是指关于资金的事务。公益慈善组织的财务是指在公益慈善组织的运作过程中,客观存在的资金运动及其资金运动背后所体现的经济利益关系,前者(即客观存在的资金运动)通常被称为财务活动,后者(即资金运动背后体现的经济利益关系)通常被称为财务关系。公益慈善组织的财务管理,是指进行财务活动、处理财务关系的一项综合性的管理工作。公益慈善组织财务管理的主要内容包括筹资管理、日常资金管理、项目资金管理、投资管理、预算管理、财务报告与分析、财务监督、财务绩效。

### (二)公益慈善组织财务管理的特征

**1. 财务管理目标的非营利性**

公益慈善组织不以营利为目的,也不向资源提供者提供经济回报,公益慈善组织的特征,决定了公益慈善组织的财务管理目标,即在其财力范围允许的情况下,向公众特别是弱势群体,提供尽可能多的准公共产品,在资源有效配置的条件下,使其资金的社会价值最大化。

企业财务管理的目标服务于企业的整体目标,企业的整体目标是生存、发展、获利。因此,作为服务于企业目标的企业财务管理,其财务管理目标是企业价值最大化或股东财富最大化。这是公益慈善组织与企业财务管理目标最大的区别。

**2. 资金主要来源的非交易性和多样性**

第一,公益慈善组织的主要资金来源于捐赠收入。由于公益慈善组织成立的宗旨是为了扶贫济困,帮助弱势群体,提供更加均等的社会福利,从而推动社会共同进步。因此,公益慈善组织的主要资金来源是捐赠收入,只有很少一部分的资金,来源于提供服务所获收入。公益慈善组织的社会使命,决定了它们更多的是运用募集到的资金,去帮助更多需要帮助的人,实现资金的社会价值最大化。

第二,公益慈善组织与未认定为慈善组织的社会团体的主要资金来源不同。绝大部分非公益慈善类社会团体的宗旨,决定其从事的主要活动是服务会员单位,推动某个行业或者某个领域的良性发展。这就决定了非公益慈善类社会团体的主要资金来源于会员单位,无论是个体会员,还是单位会员,都是非公益慈善类社会团体的主要服务对象,收取会费是非公益慈善类社会团体得以良性运营的主要资金来源之一。当然,这类非公益慈善类社会团体也存在其他一些资金来源,比如服务收入、投资收益、政府投入等,但是,会费收入却是非公益慈善类社会团体的主要收入之一。

第三，公益慈善组织与未认定为慈善组织的社会服务机构（原来称为民办非企业单位）的主要资金来源不同。社会服务机构，顾名思义，主要是为社会提供各类服务的一种民间非营利组织。随着我国政府职能的不断转型与升级，在服务型政府的改革过程中，很多社会事务需要委托社会组织来推进，以便进一步提升整体的社会福利。在这个过程中，社会服务机构承担了政府购买服务中为社会提供服务的很大一部分职能。社会服务机构的宗旨和使命，决定其主要的资金来源是提供服务带来的收入。对于社会组织提供服务所带来的收入，有一部分是来源于政府购买社会服务机构的服务，有一部分是来源于公益慈善组织委托社会服务机构提供的服务，还有一部分是来源于社会团体委托社会服务机构进行的服务。因此，从整个公益慈善生态领域分析，社会服务机构处于公益生态行业的最基础部分，它们大都直接面向受益群体，提供直接帮扶措施。它们数量庞大，为社会提供各种类型的服务，推动社会更加健康美好地发展。社会服务机构的资金来源，除了最主要的提供服务带来的收入以外，也存在其他一些资金来源渠道，比如政府投入等。在社会服务机构中，又包括社工服务机构、各类社会服务中心等多种类型，它们通过为社会直接提供各类社会服务，推动整个社会的公平发展与进步。

第四，公益慈善组织与企业（营利性组织）的主要资金来源不同。企业（营利性组织）是通过销售产品和提供服务，从产品的消费者或者服务的顾客那里获取收入，属于交易性收入，主要的资金来源于交易。然而，公益慈善组织属于非营利组织，其资金来源主要是捐赠，捐赠收入属于非交易性收入，当捐赠者或者捐赠机构将资金自愿捐赠给公益慈善组织后，这些资金便自动成为"公共资源"，不再由捐赠者或者捐赠机构支配，而是由受赠的公益慈善组织对这些捐赠资金进行专业化的慈善运作，比如执行公益慈善项目等。尽管捐赠者或者捐赠机构可以在捐赠协议中规定捐赠资金的使用范围和使用时间，进行限定性捐赠，但是一旦捐赠完成，该捐赠资金不再归属于捐赠者或者捐赠机构，而是属于"公共资源""公益资源"，由公益慈善组织或者按照限定性捐赠协议使用资金，或者由公益慈善组织按照社会需求，实施自我公益项目。这种资金的捐赠，属于非交易性活动，在捐赠者或者捐赠机构实施捐赠时，公益慈善组织作为受赠主体，不会提供"资金等价"的商品或服务给捐赠者或捐赠机构；捐赠者或捐赠机构也应该是完全出于"自愿捐赠"的原则，将善款捐赠给公益慈善组织，从事公益慈善事业。该部分捐赠款项，没有交易对价，一旦捐赠完成，即可作为"公共资源"，不再与捐赠者或捐赠机构发生联系。这是作为公益慈善组织主要资金来源的捐赠与企业（营利性组织）获取的"交易性收入"存在本质差异与区别的地方。

**3. 资金支出的形式和内容具有特殊性**

公益慈善组织的宗旨和使命，决定了其在资金使用过程中，多以公益项目作为资金支出的主要形式。公益慈善组织日常资金的运行和慈善资产的保值增值等活动，均受到国家法律法规的保护和规范。由于公益慈善组织的资金大部分来源于公众或机构的捐赠，为了更好地保证公益慈善资金支出活动的公开性、透明度，国家颁布了一系列的法律法规，对公益慈善组织的资金支出进行规范。与企业（营利性组织）的资金支出相比较，公益慈善组织的资金支出需要更加合法、谨慎，更加注重资金使用过程的透明度和风险管理，以便最大化公益慈善资源的绩效，实现公益慈善资源的社会价值，推动社会进步。

**4. 财务管理主体的所有权形式的特殊性**

企业的股东投资创办了企业，成为企业的所有者，拥有企业资财的剩余索取权。对于公益慈善组织而言，从治理结构理论分析，资金的权益属于组织本身所有，资金的提供者在提供资财之后，不再拥有所提供资财的所有权。公益慈善组织呈现出资源的提供者与资源的管理者相分离的委托代理现象，由于两者的目标不一致，往往会产生委托代理问题，从而降低资源的配置效率，妨碍公益慈善组织实现社会价值最大化这一目标。因此，公益慈善组织所有权形式的特殊性，决定了在其财务管理过程中，更加强调如何降低委托代理成本，最大化资源配置效率，实现社会价值最大化的目标。

### 三、公益慈善组织财务管理的原则

公益慈善组织财务管理的原则，是公益慈善组织进行财务活动、处理财务关系需要遵循的准则，主要包括以下方面：

**1. 严格执行国家法律、法规和财务制度**

在社会主义市场经济条件下，一切财务活动都必须在法律规定的范围内运行。公益慈善组织的财务管理要严格遵守国家相关法律、法规和各项财务制度，牢固树立法律意识，不断规范公益慈善组织的财务行为，使各项财务管理工作，在法制轨道上运行。这是公益慈善组织财务管理所应遵循的最基本的原则。

**2. 实行预算管理的原则**

公益慈善组织的全部财务活动，都应按规定编制预算，形成以预算管理为中心的资金管理信息系统，提高资金管理绩效。公益慈善组织应该重视预算管理，正确编制组织机构层面的预算和项目层面的预算，有计划地组织单位的各项财务活动，保证各项公益项目活动的顺利实施。随着财务预算制度的改革和创新，公益慈善组织预算的编制，应更多地采用适合自身组织发展的科学预算编制方法，按照当地财政规章制度，以及预算编制的要求，完成组织预算的编制、批准及执行工作。不能随意变更预算，在公益项目执行过程中，严格预算的变动流程，待到公益项目完成后，要进行预算的考核与分析，为下一次预算活动提供参考依据。

**3. 实行统一领导和集中管理的原则**

公益慈善组织的财务管理工作，是在最高管理层或总会计师的领导下，由公益慈善组织财务部门牵头进行的一项综合管理工作，需要各个职能部门，尤其是专项基金或公益项目部等部门的积极支持和配合。公益慈善组织的财务管理是一项综合性较强的管理工作，它以价值形式综合反映单位的生产经营活动，管理层进行统一领导时，必须加强各项财务基础工作的建设，财务相关部门也应健全各类原始记录，严格计量验收，加强定额管理，做好财产清查工作，形成统一领导和集中管理的多层管理格局。

**4. 坚持量入为出的原则**

控制成本是公益慈善组织财务管理工作必须长期坚持的原则。公益慈善组织在开展日常业务活动时，应以预算为依据，充分实现资源的有效配置。一方面，积极采取措施，有效地使用公益慈善资金，反对和杜绝铺张浪费的现象。另一方面，要大力提高资金的使用效率，不能盲目投资，应让有限的公益慈善资金得到更加合理的使用。

**5. 坚持以社会效益为主的原则**

公益慈善组织不以营利为目的，通过开展各类公益慈善项目，有利于提高社会的整体福利水平，完善社会保障体系。如何实现公益慈善资源的最优配置，最大化公益慈善资源的社会价值，是公益慈善组织在财务管理过程中，需要重点关注的问题。通过公益慈善组织对公益慈善资金与项目的专业化运作，可以更好地保障国民经济和社会事业的发展，更好地满足公众和社会的需求，推动社会进步与发展。

**6. 坚持国家、单位和个人三者利益兼顾的原则**

公益慈善组织在财务管理中，必须坚持国家、单位与个人三者利益兼顾的原则。作为相对独立的财务核算主体，公益慈善组织在讲求社会效益的同时，要自觉维护国家的利益，顾全大局，将国家利益放至首位。同时，在处理组织与职工之间的财务关系时，要坚持按劳分配制度，充分体现和认可职工的劳动权益。当三者利益发生冲突时，单位与个人的利益必须服从国家利益，个人利益必须服从集体利益。

## 第二节 公益慈善组织财务管理的目标与意义

目标是判断一项决策优劣的指导和标准。财务管理的目标是建立财务管理体系的逻辑起点。财务管理的目标决定它所采用的原则、程序和方法。

### 一、公益慈善组织财务管理的目标

一个组织本身的目标,决定组织的财务管理目标。公益慈善组织财务管理的目标,由公益慈善组织的宗旨和使命决定。公益慈善组织财务管理的本质是管理资金方面的相关事务。公益慈善组织财务管理的目的是为了提供足够的资金,开展公益慈善活动,完成具体的社会使命。这需要公益慈善组织制定科学的财务管理制度,使其获取并有效使用资金。因此,公益慈善组织财务管理的目标可以表述为:获取并有效使用资金,以最大限度地实现公益慈善组织的社会使命。具体而言,公益慈善组织财务管理的基本目标是按照国家的方针、政策,根据自身资金运动的客观规律,利用价值形式、货币形式,对其各项经济活动进行综合管理。

为了实现公益慈善组织财务管理的目标,公益慈善组织财务管理必须进行以下工作。

**1. 建立健全内部财务管理制度**

公益慈善组织财务管理制度是公益慈善组织进行财务活动、处理财务关系时应遵循的基本制度。公益慈善组织为了强化财务管理,不仅要严格遵循和执行国家财务管理法规,还要建立健全其内部财务管理制度,确定内部财务关系,使各部门之间互相配合、互相制约、协调一致地组织财务活动,处理好财务关系,实现财务工作规范化管理。

**2. 正确编制预算,合理安排收支**

公益慈善组织预算是公益慈善组织完成各项工作任务,实现组织计划的先决条件,也是公益慈善组织财务工作的基本依据。公益慈善组织的全部财务活动,包括一切收支活动都要按规定编制预算,实行计划管理。预算既要积极合理,又要保证供给,要分清轻重缓急和主次先后,使有限的资金得以合理安排使用。

**3. 加强经济核算,提高资金使用效益**

公益慈善组织要利用价值形式对经营活动进行综合性管理,促使各个环节讲求经济效益,勤俭节约,精打细算,充分发挥资金的使用效益,促使公益慈善组织增收节支。通过会计核算,用尽可能少的劳动消耗和物资材料消耗,提供更多优质的社会服务。

**4. 依法筹集资金，保证资金需要**

公益慈善组织除取得国家财政补助外，要在国家政策允许范围内，挖掘潜力，多形式、多层次筹集资金。为了保证业务活动的正常开展，要积极筹措资金。筹措资金除了在数量上保证外，还要注意资金需求的计划性和协调性，按期按量筹措资金，保证资金供应，以满足各方面的需要，保证公益慈善项目等各项任务的顺利完成。

**5. 节约开支，控制费用成本**

公益慈善组织在积极增加收入的同时，必须要加强支出管理，减少浪费，压缩一切不必要的开支，严格执行审批制度，制定支出消耗定额，节约使用资金，控制费用和成本。

**6. 加强财务绩效评估与分析工作**

公益慈善组织的资金主要来源于捐赠收入，为了更好地保证公益慈善的"透明度"，应该在加强预算管理的同时，注重对公益项目的财务绩效评估，分析与判断公益项目的资金支出是否与财务预算相匹配，公益慈善资金的使用是否实现了公益绩效目标，不断提高资金使用的效率与效益，最大化公益慈善资源的资金配置效率。

## 二、公益慈善组织财务管理的意义

**1. 有利于实现公益慈善资源的公益绩效，推动社会进步**

随着我国市场经济的持续发展，特别是近年来政府改革的稳步推进，以及政府职能转换和公共财政的建设，一些原来由财政全额拨款的社会福利部门和公共服务部门逐渐转变为自收自支的公益慈善组织。2016年《中华人民共和国慈善法》的颁布实施，为我国公益慈善组织的迅速发展提供了良好的制度环境。近年来，不仅我国公益慈善组织的数量快速增长，而且在募款总额上平稳增长，为公益慈善事业的开展提供了大量的资金支持和公益项目支撑。公益慈善组织在调动现有社会资源、扶危济困、助残扶弱、提供各类社会服务、维护社会稳定、协调社会关系、促进经济发展、创造就业机会等方面，发挥着越来越重要的作用，特别是在扶助弱势群体和开展各种公益性的社会福利服务方面，发挥着政府与市场难以取代的积极作用，且该作用在进行国家治理和现代化进程中发挥着越来越重要的作用。

**2. 有利于实现财务管理的综合管理功能，提高治理绩效**

公益慈善组织的财务管理，属于公益慈善组织的一项综合管理工作。公益慈善组织的财务管理工作涉及公益慈善组织中的资金收入管理、资金支出管理等内容，通过对资金的管理,实现对内部工作人员的管理,以及对内部工作流程的规范与管理。公益慈善组织的财务管理工作的优化,有利于公益慈善组织内部财务整合,提高财务工作质量。公益慈善组织财务管理功能的充分发挥,直接影响到公益慈善资源配置的效率,还会影响到公益慈善组织整体运营状况和内部治理结构绩效的提升,甚至最终还会影响到公益慈善组织运行的公益慈善项目的成功与否。因此,加强公益慈善组织的财务管理,全方位地对公益慈善组织的内部财务进行整合(包括对运作公益慈善项目资金的整合、财务人员的整合、预算管理的整合等各个方面),实现公益慈善组织财务管理的有效开展,提升公益慈善组织的核心竞争力,完善内部会计要素,提高资产使用效率,确保公益慈善资产的增值保值。

**3. 有利于降低公益慈善组织的成本,提高资源配置效率**

资源配置就是通过资源的优化组合,尽量减少资源消耗,取得尽量大的增量资源。财务管理是实现公益慈善组织可持续发展,实现资源有效配置的必要条件。建立健全一套完善的财务管理体系,规范公益慈善组织财务管理行为,不仅有助于提高公益慈善组织内部的管理效率,降低运营成本,而且还有助于对外树立良好的社会形象,提高公益慈善组织的公信度,提高资源的合理有效配置,有助于公益慈善组织更好地实现组织的宗旨、任务和目标。

## 第三节 公益慈善组织财务管理的主要内容概述

### 一、公益慈善组织财务管理的主要内容

公益慈善组织财务管理实质上是对公益慈善组织中涉及资金事务方面的管理。根据资金运动的动态过程,结合财务管理的基本原则和方法,依据重要性原则,本书将公益慈善组织财务管理的主要内容,概括为以下几个方面。

**1. 财务预算管理**

财务预算管理是指公益慈善组织根据事业发展计划和年度财务收支计划,对计划年度内财务收支规模、结构和资金渠道所做的预计,是计划年度内公益慈善组织各项事业发展计划和工作任务在财务收支上的具体反映,是公益慈善组织财务活动的基本依据。预算管理是公益慈善组织资金运动的起点,对公益慈善组织财务管理具有重要的意义。

**2. 日常资金管理**

日常资金管理是公益慈善组织财务管理中重要的组成部分。对公益慈善组织

的日常资金进行科学合理的管理,可以保护货币资金的安全,防止贪污、盗窃和侵吞货币资金,杜绝因挪用、滥用货币资金而造成货币资金的短缺和损失;可以保证公益慈善组织在有足够货币资金前提下,合理调度资金,加速资金的周转,以促进其自身发展。

**3. 项目资金管理**

公益慈善组织在开展业务活动的时候,大部分会通过公益慈善项目的形式,进行资金的运作,而如何使得一个好的公益慈善项目,得到更多的资金支持,如何有效地使用项目资金,使其达到最优的资源配置效率,项目资金管理成为重要的财务管理内容。

**4. 筹资管理与投资管理**

在市场经济条件下,公益慈善组织的创立、生存和发展都必须依靠可持续性的资源支持。筹资管理是公益慈善组织根据其持续经营和业务活动的需要,通过筹资渠道,运用筹资方式,依法经济有效地为公益慈善组织筹集所需要的资金的财务行为。一个成功的公益慈善组织,必须要有全面且合理的筹资策略,以便为公益慈善组织的各项公益慈善活动提供可持续性的资源支持。

公益慈善组织拥有多余资金的时候,为了避免资金闲置,使得资金能够保值、增值,可以将资金用于投资。投资并不是一项简单的经济活动,需要考虑资金的安全、风险、收益等方面的问题,因此公益慈善组织需要进行有效的投资管理,在保证公益慈善资源安全的条件下,权衡风险和收益,最大化投资的资金效率。

**5. 财务报告与分析**

公益慈善组织财务报告与分析是指公益慈善组织根据会计报表及有关资料,采用专门的分析技术和方法,对一定时期内公益慈善组织财务状况、财务收支情况、效益情况等进行的研究、分析和评价。公益慈善组织财务报告与分析,应该关注公益慈善组织的财务状况及资产、负债、业务活动情况,以及限定性和非限定性净资产的变动情况。通过对财务报告的编制与分析,可充分发现公益慈善组织的筹资能力、发展能力、项目营运能力及管理效率。公益慈善组织应该关注重大财务收支情况分析、工作数量和质量指标的完成情况分析,以便更好地反映公益慈善组织增收节支、开源节流和社会效益与经济效益协调增长的情况,为公益慈善组织的可持续性健康发展,提供资金分析数据。

**6. 财务绩效评估**

财务绩效评估是通过对公益慈善组织财务报表的相关数据、预算与决算数据和其他资料进行汇总、计算、对比和说明,进一步揭示财务状况、经营状况、管理效率、预算执行情况的分析评价方法。公益慈善组织的财务绩效评价，以公益慈善组织的使命为指导，通过合理地量化组织的投入与产出，从效果、效率两个方面，对公益慈善组织的财务状况和业绩成果进行衡量。

**7. 财务监督**

公益慈善组织财务监督是指特定的监督主体，对公益慈善组织财务活动和财务关系的合法性、合理性及其利用资源的有效性进行监督、检查和督促。通过实施合理有效的公益慈善组织财务监督，实现保护公益慈善组织资产安全和完整的目标。

## 二、公益慈善组织财务管理与企业（营利性组织）财务管理的联系与区别

公益慈善组织财务管理是进行财务活动、处理财务关系的一项综合性的管理工作。公益慈善组织的财务管理，涉及公益慈善组织中关于资金事务的综合管理，与企业的财务管理有一些类似的地方，都是对资金的综合管理。两者的联系主要表现为：第一，两者都属于财务管理学科的范畴。无论是公益慈善组织，还是企业（营利性组织），在两者进行财务管理过程中，均需要按照财务管理学科基础理论的基本规律来进行组织内部资金的管理。第二，两者从事的财务管理工作，都是对资金运动（财务活动）及其资金运动背后涉及的利益相关者之间的经济利益关系（财务关系）进行的综合管理工作。无论是公益慈善组织还是企业（营利性组织），在财务管理过程中都是在进行综合管理工作。

但是，公益慈善组织的宗旨和使命以及公益慈善组织财务管理的终极目标，是为了实现资金的社会价值最大化，这与企业（营利性组织）财务管理的目标存在本质上的差异。公益慈善组织的出资方（比如捐赠方、政府或者其他资金支持方）不要求资金的回报，他们不期望收回或取得经济上的利益。公益慈善组织运营的目的，不是为了获取利润或其等价物，不以营利为主要目标，而是采用社会效益或者社会价值来作为公益慈善组织业绩衡量的标准。公益慈善组织的内部治理结构与企业（营利性组织）的内部治理结构有所不同，公益慈善组织的净资产不属于某一个具体的所有者或者"股东"，而是归属于公益慈善组织所有。企业（营利性组织）的净资产，是股东剩余索取权的体现。因此，公益慈善组织财务管理和企业（营利性组织）的财务管理，无论从内部治理结构，还是在财务管理过程中的主要内容，均存在本质区别，两者的差异具体表现在以下方面。

**1. 财务管理的目标不同**

企业（营利性组织）财务管理的目标，经历了追求产值最大化、利润最大化、股东

财富最大化,以及到现在的企业价值最大化四个阶段。目前对于企业财务管理的目标除了上述四种以外,又衍生出了"幸福指数最大化"等内容。然而,根据公益慈善组织的宗旨和使命,公益慈善组织的财务管理目标,始终是社会价值最大化。

**2. 财务管理目标与组织整体目标之间的关系不同**

企业(营利性组织)财务管理的目标与企业(营利性组织)自身的目标是一致的,即财务目标服务于企业(营利性组织)的整体目标,都是为了实现更多的利润、更大的资产增值、更多的股东财富、更大的企业价值。这些都体现为经济利益最大化。

然而,公益慈善组织通常是为了完成某种社会使命而存在。所以,公益慈善组织的财务管理目标,自始至终都必须服从和服务于公益慈善组织的整体目标,当财务目标与组织目标发生冲突或矛盾时,应该以组织目标为重,而不能为实现财务目标而舍弃对组织目标的追求。

**3. 财务管理内容的侧重点不同**

企业(营利性组织)财务管理的目标,决定了企业财务管理的主要核心内容是筹资管理、投资管理、营运资金管理、利润分配管理。然而,公益慈善组织财务管理的目标,决定了其资金来源的特殊性。两者差异主要体现在以下方面。

第一,融资(finance)管理的方式与内容不同。企业融资管理往往更多地考虑资本成本、资金渠道、资本结构、控制权等问题,在企业融资过程中,无论是股权融资,还是债务融资,均需要通过支付"股利"或者"利息"作为融资的"对价",才能实现融资目标。然而,公益慈善组织的筹资(fund raising)管理,围绕在募集资金过程中运用的管理方法与工具展开,针对公益慈善组织在资金募集过程中,不需要支付"对价",即捐赠过程满足"自愿原则",且一旦捐赠,即刻变成"公共资源"。这些特征充分体现了在筹集资金管理方面,两者在获取资金来源的评价标准与侧重点上存在差异性。

第二,投资(investment)管理的内容与侧重点不同。企业通常根据投资报酬率来判断项目的可行性。然而,公益慈善组织对投资管理的侧重点,最重要的是保值,即保证资金的安全性。因此,公益慈善组织在投资时,首先考虑的是资金的安全性、风险性,然后再考虑收益性。比如现实中,很多慈善基金会不进行投资,或者每年仅拨出非常小部分的资金,用于固定收益类证券的投资,其目的主要是保值和增加合理收益。这与企业(营利性组织)追求高风险与高收益目标有很大差异。

第三,营运(operation)资金管理过程的内容不同。企业在日常资金的运营管理过程中,重点会关注存货、应收账款、现金持有量等问题。然而,公益慈善组织在营运资金管理中,主要是关注公益慈善项目资金和行政管理资金。日常运营资金管理内容的不同,决定了采用不用的方法对公益慈善组织的运营资金进行管理。

第四,利润分配管理存在本质差异。企业必须对股东和利益相关者进行利润分配。因此,在企业发展的不同生命周期,企业会制定不同的股利政策来满足股东及其他利益相关方的需求。然而,公益慈善组织的非营利性属性,决定其没有利润分配的事项。公益慈善组织不能进行利润的分配。

综上,因为公益慈善组织的财务管理仍然属于财务管理学科的一个分支,隶属于高级财务管理中的非营利组织财务管理,所以笔者撰写公益慈善组织财务管理的主要内容,均采用了财务管理学科的主要知识体系。但是,由于公益慈善组织的宗旨和使命,决定其有自身的特殊性,因此在区别于企业(营利性组织)的财务管理基础上,公益慈善组织财务管理作为整个财务管理学科的一个细小的分支,让整个财务管理学科知识体系更加完善与丰富。

**复习思考题**

1. 什么是公益慈善组织财务管理?
2. 公益慈善组织财务管理与企业财务管理的区别是什么?
3. 公益慈善组织财务管理包含哪些主要内容?

# 第二章 公益慈善组织的预算管理

**学习目标**

- 了解公益慈善组织预算管理的概念和意义
- 理解公益慈善组织预算管理的编制原则
- 理解公益慈善组织预算管理的考核体系
- 理解公益慈善组织预算管理的程序
- 掌握公益慈善组织预算管理的基本方法

## 第一节 公益慈善组织的预算管理概述

### 一、公益慈善组织预算管理的意义

预算管理是公益慈善组织财务管理的核心内容之一。无论是组织机构层面,还是公益项目运作层面,公益慈善组织均需要编制资金预算,以按时保质完成各项公益事业。预算是公益慈善组织各项运行发展计划在财务上的体现,有效的预算管理能够使公益慈善组织实现慈善资源的合理化配置,提高资金的使用效率。通过对预算管理的监督,能够有效实现公益慈善组织内部和外部监督的有效结合,提高公益慈善资金的使用绩效。公益慈善组织进行预算管理,具有如下意义。

(1)预算管理有利于公益慈善组织有效安排资金,提高资金使用效率。公益慈善组织的宗旨和使命,决定了公益慈善组织的"主业"是通过公益慈善项目,达到扶贫济困,帮助需要帮助的群体,推动社会进步。为了能够使公益慈善项目正常运作,不断提高资金使用效率,有必要通过编制财务预算,来监督和提高资金的使用效益。加强公益慈善组织的财务预算管理,有利于提高公益慈善组织内部对公益慈善项目的管理效率,提升公益慈善组织的专业化水平,增强公益慈善组织的"透明度"。

(2)预算管理有利于实现政府、独立第三方评估机构等外部监督部门对公益慈善组织的监督,防范公益慈善组织的财务风险,促进公益慈善资源的合理优化配置。通过对预算管理方式的改革与创新,进一步规范预算管理流程,实现全面预算管理,增强政府、相关财政部门,以及独立第三方评估机构等外部监管主体对公益慈善组织的监督和管理,有利于提高公益慈善组织的运作绩效,发挥公益慈善组织向社会提供公共物品和公共服务方面的独特优势,促进公益慈善组织的良性发展。

(3)预算管理有利于公益慈善组织的资金支持方更好地理解公益慈善组织的运作机制,了解公益慈善项目的资金使用绩效。通过编制与分析财务预算,有利于让公益慈善组织的资金支持方更好地理解公益慈善项目开展的内容,提升公益慈善组织的"公信力"。尤其是作为公益慈善组织的主要资金来源之一的捐赠方(捐赠机构或捐赠个人),通过了解公益项目的预算编制、执行及结果分析,有利于对资助的公益项目的执行情况进行综合判断和分析,有利于增加捐赠者对公益项目执行的财务绩效的信心,从而为实现可持续性的捐赠提供预算支持。因此,良好的预算管理有利于资金资助方更好地理解公益慈善组织的内部运作效率,以及公益项目的执行效果,为公益慈善组织维持与资金支持方良好的合作关系提供财务预算支持数据。

(4)预算管理有利于培育良好的公益慈善资源的竞争秩序,促进公益慈善组织之间的资源配置更加优化。公益慈善组织虽然处于非物质生产领域,但是,同样也是国民经济的重要组成部分。一方面,公益慈善组织为社会提供助残、养老、扶弱等各类弱势群体的社会服务,为社会福利的公平性发展提供重要支撑;另一方面,公益慈善组织在执行各种项目过程中,也会发生诸如商品购买、劳务委托的各种活动。预算管理有效地保证了这些购买活动的公平性、公正性、合理合法性,有利于维持市场秩序,推动公益慈善行业的良性发展。公益慈善组织在参与市场的过程中,可以通过预算管理,更好地遵循市场经济的一般规律。

## 二、公益慈善组织预算管理的概念

公益慈善组织的预算是根据公益慈善事业发展的计划和任务,编制的对于未来一定时期内收入和支出的计划。通常需要编制预算的单位,不仅包括政府机关、事业单位、社会组织(包括基金会、社会团体、社会服务机构)这些非营利性组织,而且对于企业这些营利性组织,为了更好地进行管理,也需要编制预算,比如编制经营预算等。公益慈善组织中的预算,一般是经合理合法程序批准的单位年度财务收支计划,多用于各部门的费用控制,也称为财务预算。

公益慈善组织的预算管理,是指公益慈善组织为了更好地实现高效透明的管理,为了实现对机构和项目的有效管理与控制,实现全面预算管理目标,借助于科学的理论和方法,对预算的编制、审批、执行、调整进行监督,对实施的计划进行组织、控制、分析、评价的综合管理工作。

### 三、公益慈善组织预算管理的编制原则

公益慈善组织预算管理的编制,是一项非常细致和复杂的工作,为了科学合理地编制预算,一般应当遵循以下原则:

**1. 公开性和统一性相结合的原则**

公益慈善组织的预算是组织所要完成的公益工作任务和事业计划的货币表现,是公益慈善组织日常收入和支出的管理控制依据。因此,编制的预算必须以一定的方式向社会公布,以便接受监督。公益慈善组织在编制预算时,要按照国家和有关主管部门的统一要求,满足内部管理和公益慈善项目管理的需要,设置统一的预算表格和统一的预算口径、程序及计算依据。

**2. 合理性和完整性相结合的原则**

公益慈善组织预算的编制要统筹兼顾,正确处理好整体与局部的关系、公益慈善事业的需要与财力支持的关系,做到科学合理地安排各项资金,使有限的资金发挥最大的效益。公益慈善组织在编制预算时,预算的收支项目要完整,全部收支内容都必须纳入预算范围之内,不得遗漏或隐匿,更不能编制预算外的预算。

**3. 政策性和可靠性相结合的原则**

公益慈善组织预算的编制必须以国家有关方针和政策以及各项财务制度为依据,根据公益慈善事业发展规划的需要,合理安排和使用各项资金。公益慈善组织预算的编制,应当实事求是。预算收支的每一个数字指标,必须运用科学的方法,依据充分确实的资料进行计算和编制,不得随意假定、估计,更不能任意编造,必须保证预算数据的真实性和可靠性。

### 四、公益慈善组织的预算管理体系

构建公益慈善组织的预算管理体系,内容和模式可以有多种选择,基本的预算管理体系包括预算的编制、预算的执行、预算的考核、预算的调整等内容,如图2-1所示。

基本预算管理体系包括预算编制体系、预算执行体系、预算考核体系和预算调整体系,具体又划分为日常业务预算、专项业务预算和其他业务预算,其基本思路可以从收入和支出两个角度进行预算的编制。

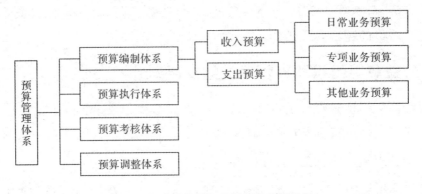

图 2-1 公益慈善组织预算管理体系图

**1. 收入预算**

收入预算是指公益慈善组织在年度内通过各种形式、各种渠道可能取得的用于各项公益慈善事业,以及相关公益慈善活动的非偿还性资金的收入计划。因为收入预算汇集了预算年度内公益慈善组织可能提供的用于开展各项公益慈善事业的全部资金收入,所以通过对编制的收入预算中各项指标的具体分析,可以为公益慈善组织的公益事业计划提供财务保证,充分体现公益慈善组织的筹集资金的能力。

收入预算由财政补助收入预算和非财政补助收入预算两部分组成。财政补助收入是指公益慈善组织直接从财政部门等政府相关部门取得的,或通过业务主管部门从财政部门等相关政府部门取得的各类事业经费,包括正常经费和专项资金等资金。财政补助收入预算是公益慈善组织对财政补助收入的资金进行的安排与计划。非财政补助收入是指公益慈善组织从除了上述财政补助收入以外渠道获得的资金收入,主要包括捐赠收入、提供服务收入、商品销售收入、投资收益、其他收入等。非财政补助收入预算是公益慈善组织对非财政补助收入的资金进行的安排与计划。

**2. 支出预算**

公益慈善组织的支出预算是单位年度内用于各项事业活动及其他活动的支出计划。对支出预算各项指标的分析,可以明确公益慈善组织对有限资源的分配情况,掌握组织的发展方向和发展速度。依其支出的经济性质,公益慈善组织的支出预算范围包含对机构运作的日常支出、项目支出、固定资产购买、筹资费用、管理费用等内容进行的预算。

对机构运作的日常支出预算,主要是指公益慈善组织对为了机构的整体运作需要所花费支出进行的预算,比如为了使公益慈善组织正常运转,需要进行日常开支预算,包括人员支出、日常办公支出、管理层会议支出等预算。

项目支出是公益慈善组织进行公益慈善活动的主要支出类型。公益慈善组织通过开展各种类型的公益慈善项目,为社会提供各种公益慈善服务,实现组织目标和宗旨。因此,公益慈善组织的项目支出预算非常重要,与公益慈善项目内容紧密联系,为公益慈善项目的顺利开展提供资金安排和计划。

固定资产购买支出是有的公益慈善组织按照自身情况,从日常办公支出中划分出专项的办公支出或固定资产构建和大修理支出等内容。对于这部分资金的提前安排和计划,构成了公益慈善组织的固定资产购买支出预算。

筹资费用和管理费用是公益慈善组织进行筹资活动和日常运行中行政管理部分发生的支出与费用,对其进行资金的安排与预算,有利于正常开展筹集资金的活动,以及合法合规地进行行政管理费用的支出工作。

## 五、现金预算

从预算编制执行的程序上划分,可以将预算分为预算的编制、预算的执行、预算的分析与考核等内容。从预算的表现形式进行划分,预算主要体现为现金预算。现金预算是反映现金流入和流出的预算,通常以月或年为单位进行现金流入流出的编制,有时也称为现金计划或者现金预测。现金预算编制的步骤如下。

**1. 确定现金收入**

确定现金收入是现金预算的起点,主要包括以下内容:第一,以营业预算为起点。第二,进行应计额相对于现金的基础性调整。第三,对一般注意事项的调整,例如对于预计收入事项进行安排与计划,然后分析收入事项,进行现金收入的预测。第四,注意考虑突发事项的调整,比如研究过往记录资料,发现季节性变化或某些突发性事件对现金供需量的影响。第五,预测未来12个月内可能的变化。第六,设立核对平衡监控机制,对现金收入的预算执行情况实现动态监管。

**2. 确定现金支出**

现金支出预算可以从公益慈善组织的机构层面和项目层面两个维度确定现金支出的具体内容和名目。公益慈善组织机构层面的现金支出,主要用于满足机构的日常运作和管理,该部分的现金支出预算,主要用于维持机构日常运转和正常管理。项目层面的现金支出预算,应该结合公益慈善项目执行内容,进行相应的现金支出计划和安排。在考虑正常的现金支出预算的同时,还应该考虑一些额外现金支出预算事项,根据"例外原则",进行现金支出的预算。

**3. 汇总分析,调整预算**

可以把现金收入和现金支出放在一起,找出每月的差额(净资金流动)。将期末现金与需要的最低限额的现金进行比较,分析月底是否有预期的现金盈余,或现金短缺,具体包括:第一,计算每月净现金流量、期末财务状况,分析期末的现金盈余情况;第二,分析现金流入或现金支出,是否有直接的季节性差异,或某种特殊情况出现;第三,针对现金盈余或现金短缺,结合特殊事项,对现金管理和预算管理提出合理化建议。

## 第二节 公益慈善组织的预算管理程序

### 一、预算前的准备阶段

此阶段的管理工作要点是做好调查和论证工作,主要包括以下方面。

(1)确定预算起点。即解决由谁提出预算目标、提出什么样的预算目标、以什么为依据提出预算目标三个方面的问题。

(2)确定收支标准等指标。收支标准是在制定预算时,对各项收入和支出,依照有关规定或在科学测算的基础上所确定的单位定额。

(3)加强有关部门的协作。划分预算工作权限和职能,明确预算中涉及的各个部门的职责和分工。

### 二、预算的编制和审批阶段

此阶段的主要工作是执行《中华人民共和国预算法》规定的"两上两下"的法定程序。对于机构预算的编制,需要公益慈善组织全体部门参与。公益慈善组织的各个部门,根据本年事业发展计划,结合上年预算执行情况以及增减变动因素,提出本年度本部门的收支预算建议方案,然后提交财务部门,财务部门再根据其他各个部门的预算进行汇总,通过由下而上、再由上而下的反复"上下"几次的过程,最终确定公益慈善组织的机构预算。公益慈善组织的财务部门将经最高财务决策机构审议后的预算,上报公益慈善组织的理事会,由理事会在规定期限内,予以审核批复,然后下发通过审核批复的预算,即为公益慈善组织预算执行的依据。

### 三、预算的执行及调控阶段

此阶段的管理工作重点是监督和控制,主要包括:一是监督各项预算收入及时足额到位,在各项预算指标额度内,按规章制度安排各项支出;二是履行预算调整的法定程序。预算发生调整的条件必须满足以下两个方面:一方面,公益慈善事业的任务发生了变化;另一方面,环境(包括政治环境、政策环境等)发生了变化。预算调整必须在多方调查和科学论证,且证据充足的前提下进行。预算调整时,必须按法定程序及权限行事。调整预算的方式,通常有两种:一是追加或者降低预算指标;二是对预算科目予以调整。

### 四、预算执行后评价及审计阶段

此阶段的管理工作重点是检查和评价。检查的内容包括预算项目执行的具体部门或负责人提交的项目进展情况报告、预算管理单位提交的预算执行情况的决算报告、审计监督部门提供的预决算审计报告。公益慈善组织可以通过举行权力机构或者监督机构的汇报会和听证会等,让财务预算管理部门和项目执行部门的负责人到会接受讯问或质询,以此实现对预算执行后的评价。

## 第三节 公益慈善组织的预算管理基本方法

### 一、递补预算法

#### (一)概念

为了保证公益慈善组织预算的严肃性和有效性,预算在执行过程中原则上不予调整。但是在实际工作中,由于单位的事业计划发生重大变化,取得了较大数量的新增财源,公益慈善组织可经理事会批准,视新增财源情况调整支出预算,以此作为递补预算。

#### (二)操作方法

递补预算应包括递补收入预算和递补支出预算,并应坚持递补收入与递补支出相平衡的原则。递补预算必须经过单位最高决策机构审查批准,并报主管部门备案。预算收入除按稳健性原则预测外,还可列出"期望收入",相应地安排递补支出预算。在预算执行过程中,根据单位递补收入预算的实现情况和单位财力实际状况,按项目递补支出。一般说来,这些项目应当属于建设性支出。

递补预算的财务管理模式,通常包括如下内容:第一,按照3~5年规划期内的综合平衡和本年度内财务收支平衡的原则,建立分年度平衡的综合财务预算;第二,将发展规划中已列出而预算经费中未正式列入支出的建设项目,按照轻重缓急的原则排序,根据财务收支的实际情况,待有足够的收入弥补到这项预算时,可以安排相应的支出项目依次递补支出。

#### (三)特点和适用范围

递补预算法既实事求是地考虑了目前的经济承受能力,又考虑了单位的整体发展。在小型公益慈善组织中可以灵活利用，但是在大型公益慈善组织中实施，需要制度和程序的保证，灵活性较差。

## 二、零基预算法

### （一）概念

零基预算法（zero-base budgeting system，ZBS），全称为以零为基础编制预算的方法。这一技术在世界各国政府和企业的管理实践中，获得了广泛的应用。零基预算法，是一种对单位每一事业计划的预算费用，以零为基础重新加以分析计算的预算方法。零基预算法是在对预算期内所有预算项目进行严格审核、分析、测算、评估的基础上，进行编制预算的方法。

### （二）操作方法

**1. 确定基层预算单位**

公益慈善组织的内部单位（内部职能部门）或下级单位（分支机构或专项基金），凡需实行预算管理的，均应明确其基层预算单位。一般而言，能够确定成本、费用、效益的经济责任单位，都可以认定为基层预算单位。

**2. 收集分析数据资料**

预算编制人员通过查阅以前年度的财务预决算报表及会计资料，了解编制各项收支预算所需的数据资料。

**3. 要求各部门提交预算方案**

各责任部门应该依据单位未来总体发展需要，以及分解到各部门的任务，结合本部门的实际条件，对各自的收支项目进行详细讨论，对经费消耗与目标实现的相互关系进行充分论证，提出预算方案和资金使用理由。

**4. 以零为起点编制审核预算**

公益慈善组织对各预算方案，以零为起点，进行成本效益分析和考核，然后汇总各部门的预算方案，确定本单位的人员支出数额，统筹考虑公用支出、专项支出等具体项目的支出费用。

**5. 预算资金的分配**

预算人员根据各预算目标的优先次序和各部门、各事项、各工作对目标的贡献强度，进行排序，按照预算期可动用的资金及其来源，在各项目间加以分配。可以首先按照人员和定额确定正常经费，然后再按照已确定的项目和活动的先后顺序，安排预算资金。

## (三)特点和适用范围

该方法避免了在编制收支预算时,只注意上年度收支变化的情况。该方法促使财务主管人员,每年编制预算时都从单位整体情况出发,重新考察公益慈善组织未来每一事业计划及其费用,有利于提高公益慈善事业经费的使用效益。该方法的管理思路比较科学,在我国当前实施部门预算的背景下,对公益慈善组织的预算管理改革和实践具有重要意义。

但是零基预算法也有局限性,比如在编制预算时缺乏所需要的基础数据,缺乏对收入能力评估的科学方法,在专项经费追加预算的编制中,存在专项经费追加预算频繁等特点,这些对零基预算法的科学性、准确性和权威性产生了一定的不利影响。另外,零基预算法的编制过程比较复杂,强调以零为起点进行预算编制,即使有些数据需要借鉴以前年度的数据,也要对其进行修正和说明理由,工作量比较大。同时,零基预算法在制定过程中,还需要预测服务水平与开支水平的关系、各项支出情况等,这对预算人员的素质提出了更高的要求。

因此,考虑到预算编制的工作量,以及零基预算法所需要的职业技能,零基预算法的适用范围主要是管理基础工作比较好的企业、政府机关、行政事业单位,以及管理基础工作比较好的公益慈善组织。

## 三、滚动预算法

### (一)概念

滚动预算法也称连续预算法,其特点是预算执行一段时期后,根据这一时期的预算效果结合执行中发生的变化和出现的新情况等信息,对下一期间的预算进行修订,并自动向后加续一个时期,重新编制新一期的预算编制方法。

### (二)操作方法

公益慈善组织实施滚动预算法,有两种方式可供选择:一是以一年为预算期,按月进行调整;二是以多年为预算期,按年进行调整,这种方式是在零基预算法的基础上发展而来的,适用于中长期规划。考虑到长期规划的时间较长,不确定因素较多,因此实行多年期滚动预算法以三年为宜。

采用三年期滚动预算法编制的预算,不仅包括当年的执行预算,还包括以后两年的指导性预算,使当年的实际预算始终在多年预算的背景下运作,预算在执行过程中自动延伸。每年调整预算时,在调整当年预算的同时,对未来两年预算进行预测、更新和改动。运用滚动预算法,预算一般需要编制三次。例如编制2022年的预算,在2020年时,需要进行2022年预算的第一次估测预算编制,在2021年时,需要

第二次编制初步预算,在 2022 年时,需要编制更加详细的预算,每年都要滚动编制今后三年的预算。具体的编制程序,如图 2-2 所示。

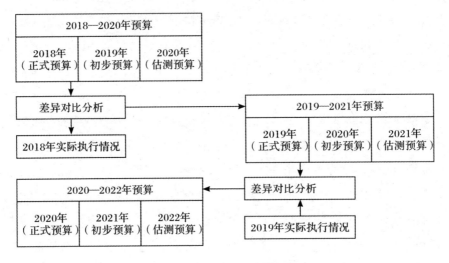

图 2-2 滚动预算法编制程序图

### (三)特点和适用范围

滚动预算法采用的"长计划,短安排"的动态预算管理办法,可以弥补年度预算的缺陷,并能根据当前预算的执行情况,及时调整和修正,使预算更加切合实际,进而实现整体支出结构的优化。其中,当涉及单位发展的重大项目、中长期计划时,为支持中长期规划的如期实现,应采用多年期滚动预算法。

## 四、绩效预算法

### (一)概念

绩效预算法(performance budgeting system)是以预算项目的绩效为基础编制预算,通过支出计划与绩效之间的关系反映预期达到的效果。绩效预算法产生于 20 世纪 50 年代的美国,它最初是从企业界移植过来的。绩效预算的最大特点是强调"效"的地位,突出投入与产出的理财观念,建立起财政拨款与用款单位绩效考核挂钩的机制。

### (二)操作方法

**1. 编制预算**

公益慈善组织的总预算按照内部设立的各个行政部门、管理部门,或者业务部门等的层次分类。各层次因管理目标的不同,在预算科目的选择上有所不同。编制绩效预算要参照单位往年(以往 2~3 年)的实际经费支出数额来进行。在编制预算的过程中,需要充分考虑以前年度的可比因素(剔除其中不合理的因素),并对预算年度新增的事业项目有充分的估计和评价,在这些基础上进行预算的编制。编制预算的过程,应该以各部门所承担并能完成的工作任务为基数,与各部门的预算经费挂钩,使预算与各部门的工作任务和工作目标捆绑在一起,促使各部门自觉地按预算的规范,来支配自身的经济行为。

**2. 执行预算**

在绩效预算执行过程中,公益慈善组织的预算管理部门要随时把握各个部门每项经济活动的经济信息,并责成单位的财务部门,对组织内设的各部门取得的业绩进行及时、准确、真实的记录、分析,并及时反馈给有关预算考核部门。在公益慈善组织绩效预算的执行中,要建立一套自上而下、自下而上的严密的层层控制、层层反馈信息的反馈网络,以便一旦发现问题,就能迅速采取有效措施加以解决和调控,保证绩效预算在执行过程中起到有效的控制作用,从而达到加强预算管理的目的。

**3. 评价预算**

实施绩效预算后,要建立经常性的检查制度及定期的评估制度,对所有实行绩效预算的部门和项目,按量化的指标检查和督导其工作任务的完成、经济目标的实现、经费预算的执行等情况。定期按具体层次分类,对既定的业绩考核标准进行评估,从而找出既定目标与实际工作情况之间的差距,据此评价各部门工作的业绩优劣。

对完成工作任务和经济指标好的单位,要按既定预算拨付经费;对未能完成既定任务的单位,则应采取必要惩罚措施,例如在其预算经费中按一定比例削减其经费,以便控制其未来的绩效。检查与评估的目的不仅是评价绩效与成果,更重要的是为了保证达到预定的绩效和目标。

### (三)特点和适用范围

绩效预算法的优点不仅在于以预计经济效益的取得安排支出,而且在预算编制、执行及终了阶段一直注重以绩效作为衡量标准,对每个项目都经过科学的可行性论证和评价,对于监督和控制预算支出有积极作用。实行绩效预算分配符合公平性与效益性相结合的原则,能有效地鞭策经费使用部门提高工作效率,减少损失与浪费,是一种行之有效的较为理想的预算管理方法。

但需要注意的是,由于绩效预算法产生于企业界,因此公益慈善组织在具体应用时,不但要注重经济效果的衡量,还要注重社会效益的衡量。另外,由于公益慈善组织的预算投入与产出测算不是单纯以利润为指标,而是更多地考虑社会价值的大小,所以对绩效衡量指标的选择,与企业等营利性组织有本质的区别。因此,绩效衡量指标及其标准的选择,是公益慈善组织在运用绩效预算法进行预算管理时,需要重点考虑的内容。

## 五、弹性预算法

### (一)概念

弹性预算法是在不能准确预测业务量的情况下,根据量本利之间的关系,用一系列业务量水平编制的具有伸缩性的预算编制方法。

### (二)操作方法

(1)选择和确定各种经营活动的计量单位消耗量、人工小时、机器工时等。

(2)预测和确定可能达到的各种经营活动业务量。在确定经营活动业务量时,要与各业务部门共同协调,一般可在正常经营活动水平70%~120%的范围确定,也可按过去历史资料中的最低业务量和最高业务量为上下限,然后再在其中划分若干等级,这样编出的弹性预算实用性较强。

(3)根据成本性态和业务量之间的依存关系,将单位的生产成本划分为变动成本和固定成本两个类别,并逐项确定各项费用与业务量之间的关系。

(4)计算各种业务量水平下的预测数据,并用一定的方式表示,形成某一项的弹性预算。

### (三)特点和适用范围

弹性预算的特点包括:首先,弹性预算可以在预见的业务量范围内,确定多个业务量水平的预算数,适应性较强。其次,根据实际业务量能很快找到或计算出相应的费用预算金额,从而对实际执行数的事前控制、事后考核分析提供依据。

弹性预算的优势在于其使用范围相对固定预算更加广泛,更有利于各项指标的调整,能够更好地发挥预算的控制作用。弹性预算多用于各种间接费用的预算,其主要用途是作为成本支出的工具。在计划期开始时,提供控制成本所需要的数据;在计划期结束后,用于评价和考核实际成本。

## 六、项目预算法

### (一)概念

项目预算法是在单位投资所需要的资金确定的前提下,根据实际投资需要的资金额来计算需要筹集资金数额的一种预算编制方法。项目预算法将现有资源按比例分配于不同的项目,并将预算过程与评估过程紧密结合在一起,借以考核项目运作是否有效,检查组织是否实现其宗旨与目标。

## (二)操作方法

**1. 自上而下的项目预算方法**

这种自上而下的项目预算方法,主要依赖于中高层项目管理人员的经验和职业判断。这些经验和职业判断可能来自于历史数据或相关项目的现实数据。采用项目预算时,首先,由项目的高层和中层管理人员对项目的总体费用、构成项目的子项目费用进行估计;其次,将这些估计结果交给较低层级的管理人员,让这些管理人员对组成项目或子项目的任务和子任务的费用进行估计,然后将较低层级的管理人员的估计结果,向更下一级人员传递,直到最底层。

这种方法在具体的编制过程中,当高层的管理人员根据他们的经验进行的费用估计分解到低层时,可能会出现低层人员认为高层的估计不足以完成相应任务的情况。这时,低层人员不一定会表达出自己的真实观点,不一定会和高层管理人员进行理智的讨论,从而得出更为合理的预算分配方案。在实际中,他们往往只能沉默地等待高层管理者自行发现问题并予以纠正,这样往往会给项目带来诸多问题,有时甚至会导致项目的失败。

这种自上而下的项目预算编制方法,其优点主要是总体预算往往比较准确。由于在预算过程中,总是将既定的预算在一系列工作任务间分配,避免了某些任务获得过多的预算,而某些重要任务又被忽视的情况出现。但是,也会存在上下级沟通不顺畅,而出现影响最终预算编制的情况。因此,应该加强上下级的有效沟通,增强上下级对预算编制内容的共识。

**2. 自下而上的项目预算方法**

这种自下而上的项目预算方法,要求运用项目预算表对项目的所有工作任务的时间和预算进行仔细考察。最初的预算是针对资源(团队成员的工作时间和原材料)进行的,然后才转化为所需要的经费。所有工作任务估算的总体汇总,就形成了项目总体费用的直接估计。项目经理在此之上再加上适当的间接费用(如管理费用、不可预见费用等)以及项目要达到的社会价值目标,就形成了项目的总预算。

自下而上的预算方法,要求全面考虑所有涉及的工作任务。与自上而下的项目预算方法一样,自下而上的项目预算方法也要求项目有一个详尽的项目预算表。自下而上的项目预算方法也涉及一定的人员博弈问题。例如,当基层估算人员认为上层管理人员会以一定比例削减预算时,他们就会过高估计自己的资源需求。这样会使得高层管理人员认为下层的估算含有水分,需要加以削减,从而陷入一个"怪圈",最终导致预算缺乏真实性。

自下而上的项目预算方法的优点在于,基层人员更为清楚具体活动所需的资源量,而且由于预算出自于基层人员之手,可以避免引起争执和不满,有利于预算的执行和考核。

(三) 特点和适用范围

项目预算主要适用于政府部门、事业单位,对公益慈善组织也同样适用。项目预算的特点包括以下方面。

**1. 目的性和规范性相统一**

项目有一个明确的目标,通常以完成部门特定工作任务或事业发展为目标。项目支出预算必须遵循一定的管理程序,相对于基本支出预算,项目支出预算要经历编制、评审、执行、控制、评价等阶段,每个阶段都要按照规定的格式和程序进行。

**2. 鲜明性和择优性相统一**

由于各部门职能不同,每个项目区别于其他项目的特点和内容。在对申报的项目进行充分论证和严格审核的基础上,结合当年财力状况,按照轻重缓急和项目预期成果进行排序。

**3. 时限性和专用性相统一**

每个项目有明确的开始时间和结束时间。项目支出预算中,项目分为经常性项目、跨年度项目和一次性项目。跨年度项目和一次性项目都有明确的项目实施时限,经常性项目虽然是持续性项目,但是一旦项目预算单位的职能和目标发生变化,那么经常性项目也将随之结束。项目预算的资金必须专款专用,不得用于其他用途。

**4. 专业性和风险性相统一**

项目预算是单位职能的体现,从编制、评审、执行和后期监督考评,都是以业务部门为主体的,具有很强的专业性。项目的实施受很多外界因素影响,不同的项目在预算期间都可能面临着各种风险和不确定因素,存在风险性。

## 七、全面预算法

(一) 概念

全面预算法是关于单位在一定的时期内(一般为一年或一个既定期间内)各项业务活动、财务表现等方面的总体预测的一种预算编制方法。全面预算法被营利性组织(企业)应用比较普遍,通常企业的全面预算包括经营预算(如开发预算、销售预算、销售费用预算、管理费用预算等)和财务预算(如投资预算、资金预算、预计利润表、预计资产负债表等)。公益慈善组织的全面预算,通常包括机构运作预算和财务预算。机构运作预算从公益慈善组织的视角而言,包括项目预算、日常管理预算、管理费用预算等内容。财务预算从公益慈善组织的视角而言,包括筹资预算、投资预算、资金预算、预计资产负债表、预计业务活动表等内容。无论是企业的全面预算,还是公益慈善组织这种非营利性组织的全面预算,都应该做到事前有计划、事中有控制、事后能考评和追溯。

（二）操作方法

全面预算法根据不同的划分标准,采用不同的预算编制方法,是对前面提到的预算方法的总结和集中应用。具体而言,按其出发点的特征不同,编制全面预算的方法可分为增量预算法和零基预算法。按其业务量基础的数量特征不同,编制全面预算的方法可分为固定预算法和弹性预算法。按其预算期的时间特征不同,编制全面预算的方法可分为定期预算法和滚动预算法。通过对单位预算的编制,单位的总体目标可分解为具体的目标,对各个部门或者是员工预算的结果进行具体分析,同时控制预算差异,保证单位总体目标的实现。全面预算管理的内容涉及机构运作预算、财务预算以及其他预算等多方面的内容。

具体的操作步骤包括以下方面。

(1)要求各个部门在每月的一个规定日期,向上级有关部门上报资金使用的规划,预算单位要派专门人员负责这一事项,并做一定的记录。

(2)财务部门依据下属设立的各个部门和科室的资金使用计划,进行科学的预算分配,并下达到各个部门和科室。对于每天的报销要进行核查,核查是否超过预算,并落实主管签收制度,严格执行授权审批制度,建立健全机构的内部控制流程和制度。

(3)财务部门要对资金使用表进行编制,并且对各个部门和科室每天的支付给予一定的汇总,制成月度的资金使用表,同时与计划表进行对比,如果出现超出计划数额较大的情况,对其主管部门进行警示。

(4)财务部门每周都要把资金使用表汇总,并上报至总会计师审核,保证相关部门以及主管人员能够动态地掌握各个部门和科室预算执行的相关情况。

(5)预算管理系统包括对各项指标进行预算,财务部门在设计账务的时候,要围绕预算管理来进行账务设置,应该以月为单位提供预算执行的数据,以形成较为规范的台账。

（三）特点和适用范围

全面预算法是指单位在战略目标的指导下,对未来的运营活动和相应财务结果进行充分、全面的预测和筹划,并通过对执行过程的监控,将实际完成情况与预算目标不断对照和分析,从而及时指导运营活动的改善和调整,以帮助管理者更加有效地管理和最大程度地实现战略目标的预算管理方法。全面预算管理需要充分的双向沟通以及所有相关部门的参与。全面预算法是一个全员、全业务、全过程的管理体系，是为数不多的几个能把组织的所有关键问题融合于一个体系的内部管理与控制的方法，是实现战略目标、提升运营业绩、实现组织价值的有力工具，也是防范风险和应对危机的法宝。

## 第四节　公益慈善组织预算管理的考核体系

### 一、预算考核遵循的原则

预算考核是对预算执行效果的一个认可过程，应该遵循以下原则。

**1. 目标性与刚性相统一原则**

以预算目标为基准，按预算完成情况评价预算执行者的业绩。预算目标一旦确定，不得随意变更调整。

**2. 激励与分级考核相统一原则**

预算目标是对预算执行者业绩评价的主要依据，考核必须与激励制度相互配合，采用奖励为主、扣罚为辅的原则，体现目标、责任、利益的相互统一。预算考核应该根据组织结构层次或预算目标进行分解，分层次进行。被考核部门应结合自身实际，制订对下一级预算执行部门（或班组、个人）的考核办法并对其进行考核。

**3. 时效性和例外管理相统一原则**

预算考核是动态考核，每期预算执行完毕，应该立即进行预算考核，及时分析预算执行情况。对一些阻碍预算执行的重大因素，如市场环境的变化、政策变化、重大意外等，考核时应作为特殊情况处理。

### 二、预算考核的内容和程序

#### （一）预算考核的内容和方式

**1. 考核内容**

以公益慈善组织内部各个部门与公益慈善组织的预算执行部门签订的目标责任书和下达的预算为依据，对预算执行情况进行考核。考核内容包括：编制预算的及时性和准确性、控制预算的严格性和合理性、预算分析的透彻性和预见性、预算执行的合理性和节约超支值。

**2. 考核方式**

预算考核可以分为日常考核与年终考核。日常考核采取每月度预算的考核形式,旨在通过信息反馈,控制和调节预算的执行偏差,确保预算的最终实现。年终考核采取每年度预算的考核形式,其考核结果旨在进行奖罚和为下一年度的预算提供依据。

### (二)预算考核的程序

预算考核的具体工作由预算委员会办公室负责组织,财务部门及其他相关部门负责配合。具体考核程序如下:

(1)以各部门的分析报告及财务管理部门的账面数据为依据,分析、评价各部门预算的实际执行情况,找出差距,查明原因。

(2)预算委员会办公室对各部门预算执行情况进行考核。

(3)预算委员会办公室将考核结果报预算委员会,预算委员会对考核结果进行审批。

(4)预算委员会办公室将批准的考核结果报各相关部门执行。

## 三、预算考核体系的构建

### (一)建立预算考核机构

应该建立预算委员会,作为预算的考核机构。预算委员会的组成人员应以预算管理部门和人力资源部门的职能人员为主,抽调财务部门、审计部门等职能部门的专业人员参与。同时,要针对不同层次的责任中心,建立相应层次的预算考核机构。预算考核必须层层考核,不能越级考核,以实现权责利的有机统一。

### (二)制定预算考核制度

预算考核制度包括预算编制考核制度、预算执行考核制度、预算控制考核制度、预算考核分析制度、预算考核奖惩制度等。通过建立健全预算考核制度,实现预算考核的制度化和规范化管理。

### (三)确定预算考核目标

预算考核的目的是确认预算执行部门在预算期内的预算执行情况,促进预算执行部门完成预算目标,同时各个责任中心是不可分割的组成部分,相互密切联系。预算考核既要引导各责任中心完成自身承担的预算目标,又要为其他责任中心完成目标创造条件,因此在确定预算考核目标时,应做到以下方面。

(1)局部指标和整体指标有机结合。以各责任中心承担的预算指标为主,同时本着相关性原则,增加一些全局性的预算指标和与其关系密切的相关责任中心的指标。

(2)定量指标与定性指标有机结合。

(3)绝对指标和相对指标有机结合。
(4)长期指标和短期指标有机结合。

**(四)制订预算奖惩方案**

预算奖惩方案需要在预算执行前被确定下来,并作为预算目标责任书的附件内容。设计预算奖惩方案时不仅要考虑预算执行结果和预算标准之间的差异和方向,还要将预算目标直接作为奖惩方案的考核基数,以鼓励各责任中心尽可能地提高预算的准确性和完成度。同时,预算奖惩除了和本责任中心的预算目标挂钩之外,还要与组织整体目标挂钩,确保组织预算总目标的实现。

**(五)预算考核的组织实施**

预算考核作为预算管理的一项职能,在预算管理的整个过程中都发挥着重要的作用,是从预算编制、预算执行,到预算期结束的全过程考核。因此,预算考核是分阶段进行的,具体包括以下方面。

**1. 预算编制的考核**

这一阶段预算考核的主要内容是建立预算编制考核制度,对各预算编制部门编制预算的准确性和及时性进行考核评价,促进各部门保质保量地完成预算编制工作。

**2. 预算执行的考核**

这一阶段的主要内容是建立预算执行的考核制度,对各部门预算执行过程进行考核,及时发现预算执行中存在的预算偏差和问题,为预算管理部门和预算执行部门实施预算控制,为纠正预算偏差或者调整预算偏差提供依据。

**3. 预算结果的考核**

预算结果的考核属于事后考核,是以预算目标为依据,以各预算执行部门为对象,以预算结果为核心,对各预算部门的预算完成情况进行综合的考核,主要包括建立预算综合考核制度、实施预算综合考核制度、确定预算差异、分析差异原因、落实差异责任、考核差异结果、评价各责任中心工作绩效、进行奖惩兑现等内容。

## 四、预算考核的奖惩方案

通过制订科学的预算奖惩方案,一方面,预算可以落到实处,真正实现权责利的结合;另一方面,能够有效引导各责任中心的组织行为,实现组织整体目标的一致性。

## (一)制定预算奖惩方案的原则

**1. 目标性原则**

奖惩方案必须有利于引导各责任中心实事求是地编报预算指标,努力实现组织目标。

**2. 客观公正原则**

奖惩方案与员工个人利益密切相关,注意各部门利益分配的合理性,根据各部门工作难度合理确定奖励差距,奖惩方案设计完成后,要经过模拟实验,避免出现失控现象。

**3. 全面性和奖罚并行原则**

奖惩机制要在预算管理的全过程中发挥作用,奖惩机制应该涵盖组织各个部门。奖罚机制既要起到激励作用,也要起到约束作用,实现有奖有罚、奖罚并举,促进预算管理目标的实现。

## (二)预算奖惩方案的设计

为引导各个责任中心实事求是地编报预算,在预算执行过程中要加强预算的监督、考核和管理,实现组织的预算目标,在组织设计预算奖惩方案时,应重点把握以下两点:一是以预算目标为奖励基数,制定具体的预算奖惩方案;二是在制定具体的预算奖惩方案时,应该充分考虑全局目标和具体相关目标,做到预算奖惩方案的全面性和重点性相统一。

 **复习思考题**

1. 什么是公益慈善组织的预算管理?其编制原则是什么?
2. 公益慈善组织全面预算管理体系具体包括哪些内容?
3. 公益慈善组织的预算管理程序包括哪几个阶段?
4. 简述公益慈善组织财务预算管理的基本方法及其概念。
5. 公益慈善组织财务预算考核遵循的原则有哪些?
6. 公益慈善组织财务预算考核体系的内容有哪些?

# 第三章 公益慈善组织日常资金管理

**学习目标**

- 了解公益慈善组织日常资金管理的概念
- 了解公益慈善组织日常资金管理的相关制度规定
- 掌握公益慈善组织日常资金管理的会计核算

## 第一节 公益慈善组织日常资金管理概述

### 一、日常资金管理的概念

公益慈善组织的日常资金管理是指对组织的流动资金及日常财务收支进行的管理。通过日常资金管理,能够保证组织的各个职能部门(财务部、办公室等)的资金得到合理化运用,保证组织的各个职能部门能够正常运转,实现组织的收支平衡。一般而言,公益慈善组织的日常资金管理,属于为了使组织能够正常运转,进行的日常化、常规化的资金管理。通常公益慈善组织的日常资金管理,包括的主要内容有现金管理、银行存款管理、其他货币资金管理和存货管理。

### 二、日常资金管理的相关制度规定

根据财政部颁布的《民间非营利组织会计制度》等相关制度的规定,具体内容如下:

#### (一)现金

现金是指公益慈善组织的库存现金。公益慈善组织应当严格按照国家有关现金管理的规定收支现金,并严格按照《民间非营利组织会计制度》的规定,核算现金的各项收支业务。

公益慈善组织应当设置"现金日记账",由出纳人员根据收付款凭证,按照业务发生顺序逐笔登记。每日终了,做到现金的"日清月结",应当计算当日的现金收入合计数、现金支出合计数和结余数,并将结余数与实际现金库存数进行核对,做到账款相符、账实相符。每日终了,通过结算现金收支、财产清查等发现的现金短缺或溢余,应当及时查明原因,并根据管理权限,报经批准后,在期末结账前处理完毕。

## (二)银行存款

银行存款是指公益慈善组织存入银行或其他金融机构的存款。《民间非营利组织会计制度》对银行存款的收款凭证和付款凭证的填制日期和依据,做出了比较详细的规定,具体如下:

**1. 采用支票结算方式**

收款单位对于收到的支票,应填制进账单,并连同支票送交银行,根据银行盖章退给收款单位的收款凭证联和有关的原始凭证编制收款凭证,或根据银行转来由签发人送交银行的支票,经银行审查盖章的收款凭证联和有关的原始凭证编制收款凭证;付款单位对于付出的支票,应根据支票存根和有关原始凭证编制付款凭证。

**2. 采用汇兑结算方式**

收款单位对于汇入的款项,应在收到银行的收账通知时,据以编制收款凭证;付款单位对于汇出的款项,应在向银行办理汇款后,根据汇款回单编制付款凭证。

**3. 采用银行汇票结算方式**

收款单位应当将汇票、解讫通知和进账单送交银行,根据银行退回的进账单和有关的原始凭证编制收款凭证;付款单位应在收到银行签发的银行汇票后,根据"银行汇票申请书(存根联)"编制付款凭证。如有多余款项或因汇票超过付款期等原因而退款时,应根据银行的多余款收账通知编制收款凭证。

**4. 采用商业汇票结算方式**

商业汇票的结算方式分为两种,即商业承兑汇票结算和银行承兑汇票结算方式。

采用商业承兑汇票结算方式的,收款单位将要到期的商业承兑汇票连同填制的邮划或电划委托收款凭证,一并送交银行办理转账,根据银行的盖章退回的收账通知,据以编制收款凭证;付款单位在收到银行的付款通知时,据以编制付款凭证。

采用银行承兑汇票结算方式的,收款单位将要到期的银行承兑汇票连同填制的邮划或电划委托收款凭证,一并送交银行办理转账,根据银行的收账通知,据以编制收款凭证;付款单位在收到银行的付款通知时,据以编制付款凭证。

收款单位将未到期的商业汇票向银行申请贴现时,应按规定填制贴现凭证,连同汇票一并送交银行,根据银行的收账通知,据以编制收款凭证。

**5. 采用银行本票结算方式**

收款单位按规定受理银行本票后,应将本票连同进账单送交银行办理转账,根据银行盖章退回给收款单位的收款凭证联和有关原始凭证,据以编制收款凭证;付款单位在填送"银行本票申请书"并将款项交存银行,收到银行签发的银行本票后,根据申请书存根联编制付款凭证。收款单位因银行本票超过付款期限或其他原因要求退款时,在交回本票和填制的进账单经银行审核盖章后,根据银行退回给收款单位的收款凭证联编制收款凭证。

**6. 采用委托收款结算方式**

收款单位对于托收款项,根据银行的收账通知,据以编制收款凭证;付款单位在收到银行转来的委托收款凭证后,根据委托收款凭证的付款通知和有关的原始凭证,编制付款凭证。

**7. 采用托收承付结算方式**

收款单位对于托收款项,根据银行的收账通知和有关的原始凭证,据以编制收款凭证;付款单位对于承付的款项,应于承付时根据托收承付结算凭证的承付支款通知和有关发票账单等原始凭证,据以编制付款凭证。如拒绝付款,属于全部拒付的,不作账务处理;属于部分拒付的,付款部分按上述规定处理,拒付部分不作账务处理。

**8. 现金日记账和银行存款日记账的账务处理**

以现金存入银行,应根据银行盖章退回的交款回单及时编制现金付款凭证,据以登记"现金日记账"和"银行存款日记账"。向银行提取现金,根据支票存根编制银行存款付款凭证,据以登记"银行存款日记账"和"现金日记账"。收到的存款利息,根据银行通知及时编制收款凭证。

除此之外,鉴于银行存款的重要性,《民间非营利组织会计制度》还做出了关于日常资金管理中银行存款方面的其他要求,具体如下:

(1)公益慈善组织应按开户银行和其他金融机构、存款种类等,分别设置"银行存款日记账",由出纳人员根据收付款凭证,按照业务的发生顺序逐笔登记,每日终了应结出余额。"银行存款日记账"应定期与"银行对账单"核对,至少每月核对一次。月度终了,公益慈善组织账面余额与银行对账单余额之间如有差额,必须逐笔查明原因并进行处理,并按月编制"银行存款余额调节表"以调节相符。

将公益慈善组织银行存款日记账与其开户银行提供的银行存款对账单进行核对。核对过程中不一致的情况分为四种:银行已收,组织未收;银行已付,组织未付;组织已收,银行未收;组织已付,银行未付。这四种情况统称未达账项,进行调解时编制的"银行存款余额调节表"格式如表 3-1 所示,最后的结果应该是①=②。

表 3-1　银行存款余额调节表

| 项目 | 金额 | 项目 | 金额 |
|---|---|---|---|
| 公益慈善组织银行存款日记账余额<br>　加：银行已收，组织未收<br>　减：银行已付，组织未付 | | 银行对账单余额<br>　加：组织已收，银行未收<br>　减：组织已付，银行未付 | |
| 调节后的存款余额① | | 调节后的存款余额② | |

（2）公益慈善组织应加强对银行存款的管理，并定期对银行存款进行检查，如果有确凿证据表明存在银行或其他金融机构的款项，已经部分或者全部不能收回的，应当将不能收回的金额确认为当期损失，冲减银行存款。

### （三）其他货币资金

其他货币资金是指公益慈善组织的外埠存款、银行汇票存款、银行本票存款、信用卡存款、信用证保证金存款、存出投资款（或者存入其他金融机构）等各种货币资金。

外埠存款，是指公益慈善组织到外地进行临时或零星采购时，汇往采购地银行并开立采购专户的款项。

银行汇票存款，是指公益慈善组织为取得银行汇票按规定存入银行的款项。

银行本票存款，是指公益慈善组织为取得银行本票按规定存入银行的款项。

信用卡存款，是指公益慈善组织为取得信用卡按规定存入银行的款项。

信用证保证金存款，是指公益慈善组织为取得信用证按规定存入银行的保证金。

存出投资款，是指公益慈善组织存入证券公司或其他金融机构但尚未进行投资的现金。

《民间非营利组织会计制度》针对日常资金管理的其他货币资金方面要求如下：

（1）设置"其他货币资金"主科目，并设置"外埠存款""银行汇票""银行本票""信用卡存款""信用证保证金存款""存出投资款"等明细科目，同时需要按外埠存款的开户银行、银行汇票或本票的收款单位等设置明细账。

（2）公益慈善组织应加强对其他货币资金的管理，及时办理结算，对于逾期尚未办理结算的银行汇票、银行本票等，应按规定及时转回。

### （四）存货

存货是指公益慈善组织在日常业务活动中持有以备出售或捐赠的，或者为了出售或捐赠仍处在生产过程中的，或者将在生产、提供服务或日常管理过程中耗用的材料、物资、商品等，包括材料、库存商品、委托加工材料，以及达不到固定资产标准的工具、器具等。公益慈善组织设置"存货"主科目进行账务处理，且应当按照存货的种类和存在形式设置明细账进行明细核算。

存货在取得时，应当以其实际成本入账。存货成本包括采购成本、加工成本和其他成本。其中，采购成本一般包括实际支付的采购价款、相关税费、运输费、装卸费、保险费以及其他可直接归属于存货采购的费用。加工成本包括直接人工以及按照合理方法分配的与存货加工有关的间接费用。其他成本是指除采购成本、加工成本以外的，使存货达到目前场所和状态所发生的其他支出。

接受捐赠的存货，应当依据《民间非营利组织会计制度》第十六条的规定，按照以下方法确定其入账价值：①如果捐赠方提供了有关凭据（如发票、报关单、有关协议等）的，应当按照凭据上标明的金额作为入账价值。如果凭据上标明的金额与受赠资产公允价值相差较大，受赠资产应当以其公允价值作为入账价值。②如果捐赠方没有提供有关凭据的，受赠资产应当以其公允价值作为入账价值。对于公益慈善组织接受的劳务捐赠，不予确认，但应当在会计报表附注中作相关披露。在《民间非营利组织会计制度》中所称的公允价值是指在公平交易中，熟悉情况的交易双方自愿进行资产交换或者债务清偿的金额。公允价值的确定顺序如下：①如果同类或者类似资产存在活跃市场的，应当按照同类或者类似资产的市场价格确定公允价值；②如果同类或类似资产不存在活跃市场，或者无法找到同类或类似资产的，应当采用合理的计价方法确定资产的公允价值。通过非货币性交易换入的存货，按照《民间非营利组织会计制度》第十八条的规定确定其成本。

对于存货在发出时的计量，应当依据《民间非营利组织会计制度》的规定，根据实际情况，选择采用个别计价法、先进先出法或者加权平均法，合理确定发出存货的实际成本。公益慈善组织的各种存货，应当实行定期清查盘点制度，每年至少盘点一次。对于发生的盘盈、盘亏以及变质、毁损的存货，应当及时查明原因，并根据公益慈善组织的管理权限，经理事会或类似权力机构批准后，在期末结账前处理完毕。

公益慈善组织可以设置"存货跌价准备"科目，期末公益慈善组织应当对存货是否发生了减值进行检查。如果存货的可变现净值低于其账面价值，应当按照可变现净值低于账面价值的差额计提存货跌价准备。如果存货的可变现净值高于其账面价值，应当在该存货期初已计提跌价准备的范围内转回可变现净值高于账面价值的差额，冲减当期费用。

## 第二节　公益慈善组织日常资金管理制度

### 一、岗位设置与人员分工

岗位设置与人员分工是日常资金管理的基础，公益慈善组织应根据不同岗位特点进行分工，采用分级授权原则，积极推进财务与业务一体化工作，从组织机构设置上确保资金流通安全，具体内容如下：

（1）会计人员应负责总分类账的登记、收支原始凭证的复核及收付款记账凭证的编制工作。

（2）出纳人员应负责现金的收支和保管、收支原始凭证的保管和签发、日记账的登记。出纳人员不得登记现金总账，也不得兼任稽核、会计档案保管和收入、支出、费用、债权债务账务的登记工作。

（3）内审人员应负责收支凭证和账目的定期审计以及现金的突击盘点和银行存款账户的定期核对。

（4）会计主管应负责审核收支，保管和使用组织及组织负责人印章，定期与银行对账并编制银行存款余额调节表。

（5）组织负责人应负责审批收支预算、决算及各项支出，但是对于重大支出项目应由组织集体审批。

（6）会计信息系统负责人员（或电脑程序设计员），应负责程序设计和信息系统的维护和保养，不得负责具体会计信息内容的录入与修改，非必要不得出入财会部门。

### 二、现金管理制度

公益慈善组织应根据实际情况，在符合《民间非营利组织会计制度》的基础上建立现金管理制度，主要包括以下内容：

（1）制定库存现金管理制度。库存现金不得超过规定限额，一般为3～5天的日常需要量，如有特殊需要可超过5天但不得超过15天的日常需要量。库存现金超过一定数额时必须存入银行，如遇到特殊情况，超过规定限额应及时向理事会或相关管理部门通报，做好保卫值班工作。

（2）不得坐支现金。收到的现金应及时存入银行账户，严格执行现金收支"两条线"。

（3）不得以"白条"抵库。"白条"是指没有审批手续的凭证，其不能够作为记账的依据。

(4)认真做好现金的日常管理工作。日记账必须做到日清月结,并保证库存现金与账面金额相符。

(5)认真做好现金盘点工作。出纳人员应定期(每月、季、年末)、不定期地对现金进行盘点,编制现金盘点表;财务机构负责人(或授权的会计)应对现金盘点进行监盘和不定期的抽盘,确保现金账面余额与实际库存相符,如发现不符,应及时查明原因并作出处理。

### 三、银行存款管理制度

公益慈善组织应根据实际情况,在符合《民间非营利组织会计制度》的基础上建立银行存款管理制度,主要包括以下内容:

(1)开立银行存款账户。开立账户用于银行收付业务,一般应开立两个账户,基本账户用来付款,一般账户用来收款。如根据业务需要,确需增开专用账户,需由计划财务部提出申请报理事会或相关管理部门批准后方能开立。

(2)应遵照国家相关银行账户管理的规定,不得出租、出借账户。

(3)尽可能使用转账结算。根据自身情况,设定结算起点,对于超过起点金额的所有公共业务,应当通过银行转账进行结算。

(4)对于各种银行存款方式的收款凭证和付款凭证的填制日期和依据,应按照《民间非营利组织会计制度》的要求进行。

(5)收到的汇票、支票等银行收款凭单应及时送存银行,并进行账务处理。

(6)支票、汇票、汇兑等付款,均须登记在备查簿上,详细填写单据编号、收款人名称、金额、用途、借款日期、报销日期等,并由经手人签字。

(7)出纳人员定期与银行核对银行存款余额,并编制银行余额调节表,会计需对银行余额调节表进行审核,对未达账项进行及时处理。

### 四、存货管理制度

公益慈善组织应根据实际情况,在符合《民间非营利组织会计制度》的基础上建立存货管理制度,主要包括以下内容:

(1)合理的存货收付制度。存货取得和发出时,仓储管理员应当和当事人当面点清数量,当面开具单据(包括入库单、出库单和发票或收据证明单据),并确保财务审核审批人员和相关经办人都签字确认后,才能入库或出库,且做到单据和数量完全相符。

(2)仓储管理员管理制度。存放存货的仓库钥匙必须专人保管,除了仓库管理员以外的人员不得私自进出,并且需要做好清洁、整齐、防霉、防蛀、防潮等工作。仓库管理员必须经常定期及不定期地抽查物资,如发现问题及时上报上级主管并会同有关部门及时采取补救措施。

(3)存货的合理存放制度。存货的摆放讲究科学、合理,区域要分开、清晰,摆列要整齐、有序,高低要适当、均衡。

(4)存货盘点制度。定期对存货进行清查盘点,每年至少盘点一次。对于发生的盘盈、盘亏以及变质、毁损的存货,应当及时查明原因,并根据管理权限,报经批准后,在期末结账前处理完毕。

(5)存货的减值制度。应当定期或者至少于每年年度终了,对存货是否发生了减值进行检查,并进行相应的会计处理。

## 五、报销管理制度

公益慈善组织应根据实际情况,在符合《民间非营利组织会计制度》的基础上建立报销管理制度,主要包括以下内容:

(1)报销的流程管理制度。报销前应将原始凭证分类汇总、粘贴后,填写支出凭单,在支出凭单上注明摘要和用途、报销金额(大小写必须相符)、单据张数。报销的发票,必须是合法的原始凭证,发票上印有税务局或财政局收费专用章和收款单位财务专用章,各种印章必须清晰。发票上要填写购货单位名称、购货品名、单价、数量、金额和日期。

(2)将填好且按规定审核、核准的支出凭单(附上原始单据)交部门负责人审签。

(3)将部门负责人审签的支出凭单(附上原始单据)报会计审核,审核无误后交由理事会或相关管理部门核准后报销。

(4)根据自身情况,设立一次性报销限额和财务办理报销时间,对于超过一次性报销限额的,通常需提前一个工作日通知财务。

## 六、借款管理制度

公益慈善组织应根据实际情况,在符合《民间非营利组织会计制度》的基础上建立借款管理制度或备用金管理制度,主要包括以下内容:

(1)现金及转账支票不应以任何理由借给外单位使用。

(2)组织内部人员因公务出差借款,需填写借款单,由各部门领导批准后方可办理借款,设立借款限额,超过限额的借款需经理事会或相关管理部门签字,同时规定出差借款的报销期限。

(3)所借支票必须妥善保管,不得遗失,如因遗失而造成的经济损失,由借票人负责赔偿。

## 第三节　公益慈善组织日常资金管理的会计核算

### 一、现金的会计核算

**（一）科目的设置**

应设"现金"科目，该科目属资产类科目，其借方登记现金的增加，贷方登记现金的减少，期末余额在借方，反映公益慈善组织实际持有的库存现金。

**（二）具体会计核算**

(1) 从银行提取现金，按照支票存根所记载的提取金额，借记"现金"科目，贷记"银行存款"科目；将现金存入银行，根据银行退回的进账单第一联，借记"银行存款"科目，贷记"现金"科目。

(2) 因支付内部职工出差等原因所需的现金，按照支出凭证所记载的金额，借记"其他应收款"等科目，贷记"现金"科目；收到出差人员交回的差旅费剩余款并结算时，按实际收回的现金，借记"现金"科目，按应报销的金额，借记有关科目，按实际借出的现金，贷记"其他应收款"科目。

(3) 因其他原因收到现金，借记"现金"科目，贷记有关科目；支出现金，借记有关科目，贷记"现金"科目。

(4) 现金的清查结果，可能出现账实相符的情况，也可能出现账实不符的情况。在账实不符的情况下，就会出现现金短缺或溢余，应及时查明原因，报批后在期末结账前处理完毕。

① 如果为现金短缺，属于应由责任人或保险公司赔偿的部分，借记"其他应收款"科目，贷记"现金"科目；属于无法查明的其他原因的部分，借记"管理费用"科目，贷记"现金"科目。

② 如果为现金溢余，属于应支付给有关人员或单位的部分，借记"现金"科目，贷记"其他应付款"科目；属于无法查明的其他原因的部分，借记"现金"科目，贷记"其他业务收入"科目。

### 二、银行存款的会计核算

**（一）科目的设置**

应设"银行存款"科目，该科目属资产类科目，其借方登记银行存款的增加额，贷方登记银行存款的减少额，期末余额在借方，反映公益慈善组织实际存在于银行或其他金融机构的款项。

(二)具体会计核算

(1)将款项存入银行和其他金融机构,借记"银行存款"科目,贷记"现金""应收账款""捐赠收入""会费收入"等有关科目。

(2)提取和支出存款时,借记"现金""应付账款""业务活动成本""管理费用"等有关科目,贷记"银行存款"科目。

(3)收到的存款利息,借记"银行存款"科目,贷记"其他应收款""筹资费用"等科目。但是,收到的属于在借款费用应予资本化的期间内发生的与购建固定资产专门借款有关的存款利息,借记"银行存款"科目,贷记"其他应收款""在建工程"科目。

(4)公益慈善组织发生外币业务时的账务处理:

①以外币购入商品、设备、服务等,按照购入当日(或当期期初)的市场汇率将支付的外币或应支付的外币折算为人民币金额,借记"固定资产""存货"等科目,贷记"现金""银行存款""应付账款"等科目的外币账户。

②以外币销售商品、提供服务或者获得外币捐赠等,按照收入确认当日(或当期期初)的市场汇率将收取的外币或应收取的外币折算为人民币金额,借记"银行存款""应收账款"等科目的外币账户,贷记"捐赠收入""提供服务收入""商品销售收入"等科目。

③借入外币借款时,按照借入当日(或当期期初)的市场汇率将借入款项折算为人民币金额,借记"银行存款"科目的外币账户,贷记"短期借款""长期借款"等科目的外币账户;偿还外币借款时,按照偿还当日(或当期期初)的市场汇率将偿还款项折算为人民币金额,借记"短期借款""长期借款"等科目的外币账户,贷记"银行存款"科目的外币账户。

④发生外币兑换业务时,如为购入外币,按照购入当日(或当期期初)的市场汇率将购入的外币折算为人民币金额,借记"银行存款"科目的外币账户,按照实际支付的人民币金额,贷记"银行存款"科目的人民币账户,两者之间的差额,借记或贷记"筹资费用"等科目;如为卖出外币,按照实际收到的人民币金额,借记"银行存款"科目的人民币账户,按照卖出当日(或当期期初)的市场汇率将卖出的外币折算为人民币金额,贷记"银行存款"科目的外币账户,两者之间的差额,借记或贷记"筹资费用"等科目。

各种外币账户的外币余额,期末时应当按照期末汇率折合为人民币,按照期末汇率折合的人民币金额与账面人民币金额之间的差额,作为汇兑损益计入当期费用。但是,属于在借款费用应予资本化的期间内发生的与购建固定资产有关的外币专门借款本金及其利息所产生的汇兑差额,应当予以资本化,记入"在建工程"科目。

⑤有确凿证据表明存在银行或其他金融机构的款项已经部分或者全部不能收回的,应当将不能收回的金额确认为当期损失,借记"管理费用"科目,贷记"银行存款"科目。

### 三、其他货币资金的会计核算

#### (一)科目的设置

应设"其他货币资金"科目,该科目属资产类科目,其借方登记其他货币资金的增加额,贷方登记其他货币资金的减少额,期末余额在借方,反映公益慈善组织实际持有的其他货币资金。

#### (二)具体会计核算

(1)外埠存款业务。公益慈善组织将款项委托当地银行汇往采购地开立专户时,借记"其他货币资金"科目,贷记"银行存款"科目。收到采购员交来供应单位发票账单等报销凭证时,借记"存货"等科目,贷记"其他货币资金"科目。将多余的外埠存款转回当地银行时,根据银行的收账通知,借记"银行存款"科目,贷记"其他货币资金"科目。

(2)银行汇票存款业务。公益慈善组织在填送"银行汇票申请书"并将款项交存银行,取得银行汇票后,根据银行盖章退回的申请书存根联,借记"其他货币资金"科目,贷记"银行存款"科目。公益慈善组织使用银行汇票后,根据发票账单等有关凭证,借记"存货"等科目,贷记"其他货币资金"科目;如有多余款或因汇票超过付款期等原因而退回款项,根据开户行转来的银行汇票第四联(多余款收账通知),借记"银行存款"科目,贷记"其他货币资金"科目。

(3)银行本票存款业务。公益慈善组织向银行提交"银行本票申请书"并将款项交存银行,取得银行本票后,根据银行盖章退回的申请书存根联,借记"其他货币资金"科目,贷记"银行存款"科目。公益慈善组织使用银行本票后,根据发票账单等有关凭证,借记"存货"等科目,贷记"其他货币资金"科目。因本票超过付款期等原因而要求退款时,应当填制进账单一式两联,连同本票一并送交银行,根据银行盖章退回的进账单第一联,借记"银行存款"科目,贷记"其他货币资金"科目。

(4)信用卡存款业务。公益慈善组织应按规定填制申请表,连同支票和有关资料一并送交发卡银行,根据银行盖章退回的进账单第一联,借记"其他货币资金"科目,贷记"银行存款"科目。公益慈善组织用信用卡购物或支付有关费用,借记有关科目,贷记"其他货币资金"科目。公益慈善组织的信用卡在使用过程中,需向其账户续存资金的,借记"其他货币资金"科目,贷记"银行存款"科目。

(5)信用证保证金存款业务。公益慈善组织向银行交纳信用证保证金时,根据银行退回的进账单第一联,借记"其他货币资金"科目,贷记"银行存款"科目。根据开证行交来的信用证来单通知书及有关单据列明的金额,借记"存货"等科目,贷记"其他货币资金"和"银行存款"科目。

(6)存出投资款业务。公益慈善组织向证券公司划出资金时,应按实际划出的金额,借记"其他货币资金"科目,贷记"银行存款"科目;利用存出投资款购买股票、债券等时,按实际发生的金额,借记"短期投资"等科目,贷记"其他货币资金"科目。

(7)公益慈善组织对于逾期尚未办理结算的银行汇票、银行本票等,应按规定及时转回,借记"银行存款"科目,贷记"其他货币资金"科目。

## 四、存货的会计核算

### (一)科目的设置

应设"存货"科目,该科目属于资产类科目,借方登记存货的增加,贷方登记存货的减少,期末余额在借方,反映公益慈善组织存货实际库存价值。

应设"存货跌价准备"科目,该科目是资产的备抵类科目,可以视为一个资产类科目来理解。这个资产类科目代表的是反向资产,即资产的减项。该科目用于核算提取的存货跌价准备。当存货可变现净值小于成本时,计入存货跌价准备的贷方,当减值因素消失后,冲减存货跌价准备,计入其借方,期末余额在贷方,反映公益慈善组织已计提的存货跌价准备。

### (二)具体会计核算

(1)外购存货。按照采购成本(一般包括实际支付的采购价格、相关税费、运输费、装卸费、保险费以及其他可直接归属于存货采购的费用),借记"存货"科目,贷记"银行存款""应付账款"等科目。公益慈善组织可以根据需要,在"存货"科目下设置"材料""库存商品"等明细科目。

(2)自行加工或委托加工完成的存货。按照采购成本、加工成本(包括直接人工以及按照合理方法分配的与存货加工有关的间接费用)和其他成本(指除采购成本、加工成本以外的,使存货达到目前场所和状态所发生的其他支出),借记"存货"科目,贷记"银行存款""应付账款""应付工资"等科目。

(3)接受捐赠的存货。按照《民间非营利组织会计制度》第十六条的规定,确定成本,借记"存货"科目,贷记"捐赠收入"科目。

(4)业务活动过程中领用存货。按照确定的成本,借记"管理费用"等科目,贷记"存货"科目。

(5)对外出售或捐赠存货。按照确定的出售存货成本,借记"业务活动成本"等科目,贷记"存货"科目。

(6)存货盘盈。按照其公允价值,借记"存货"科目,贷记"其他收入"科目。

(7)存货盘亏或者毁损。按照存货账面价值扣除残料价值、可以收回的保险赔偿和过失人的赔偿等后的金额,借记"管理费用"科目,按照可以收回的保险赔偿和过失人赔偿等,借记"现金""银行存款""其他应收款"等科目,按照存货的账面余额,贷记"存货"科目。

(8)存货跌价准备。如果存货的期末可变现净值低于账面价值,按照可变现净值低于账面价值的差额,借记"管理费用——存货跌价损失"科目,贷记"存货跌价准备"科目。

(9)如果以前期间已计提跌价准备的存货价值在当期得以恢复,即存货的期末可变现净值高于账面价值,按照可变现净值高于账面价值的差额,在原已计提跌价准备的范围内,借记"存货跌价准备"科目,贷记"管理费用——存货跌价损失"科目。

▶

**例3-1**:A为某公益慈善组织,20×2年3月5日A支付内部职工李某出差所需现金3000元。4月3日以5000美元购入某公益慈善项目所需商品补充库存,当日汇率为6.8,4月25日,A通过银行支付货款。由于业务活动的需要,4月28日A委托当地银行汇往采购地开立专户10000元。5月6日购入某公益慈善项目所需存货一批,采购价格15000元,运输费1000元,假设增值税税率为17%,当日通过银行交付货款。6月30日A在进行现金清查时,发现现金短缺1000元,且无法查明原因。A在年末对存货是否减值进行检查时,发现存货可变现净值为200000元,账面价值为210000元,之前未计提减值准备。根据以上信息,编制相关会计分录。

①3月5日A支付内部职工李某出差所需现金

借:其他应收款          3000

 贷:现金            3000

②4月3日以美元购入商品补充库存

借:存货            34000

 贷:应付账款          34000

③4月25日,A通过银行支付货款

借:应付账款           34000

 贷:银行存款          34000

④4月28日A委托当地银行汇往采购地开立专户

借:其他货币资金　　　　　　　　　　　　10000

　贷:银行存款　　　　　　　　　　　　　　　　10000

⑤5月6日购入存货

借:存货　　　　　　　　　　　　　　　　　18550

　贷:银行存款　　　　　　　　　　　　　　　　18550

⑥6月30日A在进行现金清查

借:管理费用　　　　　　　　　　　　　　　1000

　贷:现金　　　　　　　　　　　　　　　　　　1000

⑦年末对存货是否减值进行检查

借:管理费用——存货跌价损失　　　　　　　10000

　贷:存货跌价准备　　　　　　　　　　　　　　10000

 复习思考题

1.什么是公益慈善组织日常资金管理?为何要进行日常资金管理?

2.公益慈善组织银行存款日记账与银行存款对账单不符时应该怎么办?

3.公益慈善组织日常资金管理制度应如何建立?

4.公益慈善组织在现金清查结果账实不符时应如何进行会计处理?

5.公益慈善组织应如何对外购的存货进行会计处理?

6.请进行如下事项的会计处理:

A为某公益慈善组织,20×2年8月发生如下业务:

(1)将现金10000元存入银行。

(2)收到出差人员交回的差旅费剩余款500元。

(3)现金清查时发现现金溢余1000元,且无法查明原因。

(4)借入外币借款5000美元,借款期限为1个月,当日汇率为6.0。

(5)向证券公司划出资金100000元。

(6)由于业务活动所需,领用存货,其成本为8000元。

根据以上信息,编制相关会计分录。

# 第四章　公益慈善组织项目资金管理

**学习目标**

- 了解公益慈善组织项目资金的收入管理
- 了解公益慈善组织项目资金的支出管理
- 理解公益慈善组织项目资金的评估

## 第一节　公益慈善组织项目资金的收入管理

### 一、项目资金的收入管理制度

#### (一)公益慈善组织项目的概念

项目是在一定时间内(有预期执行的时间)为了达到特定目标,通过调集资源,取得特定的成果而开展的一系列相关活动。项目的完成需要具体的主体、目标、计划、技能、投入和管理,是系统性的工作。

公益慈善项目的概念,有广义和狭义之分。广义的公益慈善项目,是指为了满足社会成员在社会、经济、健康、文化等各个方面需求的项目。狭义的公益慈善项目,是指以改善社会成员福利、促进社会发展为目的的非营利性项目,属于社会福利项目的范畴。在日常中,经常采用公益慈善项目的狭义概念。

公益慈善项目除了具备一般项目的特点,还具有以下特征:①公益慈善项目是以改善"人"的福利为目标;②公益慈善项目的设计是以需求评估为导向;③公益慈善项目涉及的领域非常广泛,有时候项目之间涉及的边界比较模糊,经常存在项目之间有交叉的现象;④公益慈善项目的实施通常受到的干扰因素较多;⑤公益慈善项目的绩效比较难以评价。

#### (二)公益慈善组织项目资金的收入管理概述

公益慈善组织项目资金的收入管理制度的内容包括:一是建立有效的项目立项申报工作制度,做好项目预算。做到申报的每一个项目都有充分合理的科学依据支撑。做好项目的需求评估、可行性分析、项目申请书的撰写等申请环节的各项工作，提高项目申请的成功率，保证项目的资金来源。二是设置合理的岗位进行项目资金的专项管理，确保项目资金的合法性、合理性、真实性和完整性。三是建立合理的会计核算和资金管理制度，对项目资金的收入进行合法有效的管理。

## 二、岗位设置和人员分工

### (一) 岗位设置

公益慈善组织的项目管理目前存在两种管理模式：①矩阵式的项目管理模式。在矩阵式项目管理模式下，其岗位设置是项目管理部门属于临时性管理部门，由秘书长临时指派项目经理，由项目经理再从各个职能部门抽调人员组成临时性的项目管理小组，项目经理直接对秘书长负责，受秘书长领导。这种模式决定了其岗位设置的特殊性，即项目管理部门属于由秘书长领导的临时性部门，主要目标是为了完成某一公益慈善项目任务。这种矩阵式的项目管理模式具有权力集中的特点，但是同时具有等级制度明显、容易产生信息不畅通的缺点。②网络式的项目管理模式。这种模式是当前公益慈善组织更多选择的项目管理模式。采取网络式的管理结构，是在秘书长下面设置多个职能部门，其中，新增一个项目部，项目部下面再分设项目经理，项目经理不再直接面对秘书长，项目经理和各个职能部门之间更多的是一种横向的合作关系。这种结构有利于保障项目经理的权责统一，使单个的项目管理机构更为独立，自主权更大，有利于公益慈善项目的开展。但是，该模式也容易产生横向部门之间沟通的不畅，影响项目的顺利开展。因此，在选择网络式的项目管理模式时，需要更加关注项目部门与其他部门之间的合作与沟通，以促使项目能够高效完成。

### (二) 人员分工

在项目组织实施的过程中，项目经理是一个至关重要的角色，应规划好项目经理的职业生涯，如项目经理的定位与地位、如何使项目经理责权利对等。在此基础上，制定项目经理的职业发展路线，如项目助理、项目经理、高级项目经理、项目总监等每个级别的素质要求和待遇等。通过项目经理的职业生涯规划，增强项目经理的归属感，提高人力资源的稳定性。同时，应设置相应的人员考评激励机制，调动组织成员为实现项目的目标而努力工作，提高各类人员工作的积极性。在绩效评价系统内应包括对项目经理、项目团队和项目组成员的考核制度。

## 三、会计核算

项目资金的收入来源包括捐赠收入、会费收入、提供服务收入、政府补助收入、商品销售收入、投资收益和其他收入。对于不同的收入,需要进行不同的会计核算。

**(一)捐赠收入**

捐赠收入是指公益慈善组织接受其他单位或者个人捐赠所取得的收入。为核算捐赠收入业务,公益慈善组织应设置"捐赠收入"总账科目。其主要的会计处理如下:

(1)接受的捐赠,按照应确认的金额,借记"现金""银行存款""短期投资""存货""长期股权投资""长期债权投资""固定资产""无形资产"等科目,贷记"捐赠收入"科目,该科目应该设置"限定性收入"和"非限定性收入"明细科目。

对于接受的附条件捐赠,如果存在需要偿还全部或部分捐赠资产或者相应金额的现时义务时(比如因无法满足捐赠所附条件而必须将部分捐赠款退还给捐赠人时),按照需要偿还的金额,借记"管理费用"科目,贷记"其他应付款"等科目。

(2)如果限定性捐赠收入的限制在确认收入的当期得以解除,应当将其转为非限定性捐赠收入,借记"捐赠收入——限定性收入"科目,贷记"捐赠收入——非限定性收入"科目。

(3)期末,将"捐赠收入——限定性收入"科目余额转入限定性净资产科目时,借记"捐赠收入——限定性收入"科目,贷记"限定性净资产"科目;将"捐赠收入——非限定性收入"科目余额转入净资产科目时,借记"捐赠收入——非限定性收入"科目,贷记"非限定性净资产"科目。期末结账后,该科目应无余额。

**(二)会费收入**

会费收入是指某些公益慈善组织,比如慈善会系统,根据章程等的规定向会员收取的会费收入。公益慈善组织应当按照会费种类(如团体会费、个人会费等)设置明细账,进行明细核算。为核算会费收入业务,公益慈善组织应设置"会费收入"总账科目。其主要的会计处理如下:向会员收取会费,在满足收入确认条件时,借记"现金""银行存款""应收账款"等科目,贷记"会费收入——非限定性收入"科目。期末将该科目余额转入净资产科目时,借记"会费收入——非限定性收入"科目,贷记"非限定性净资产"科目。如果存在限定性会费收入,公益慈善组织确认会费收入时,借记"现金""银行存款""应收账款"等科目,贷记"会费收入——限定性收入"科目。期末将该科目余额转入净资产科目时,借记"会费收入——限定性收入"科目,贷记"限定性净资产"科目。期末结账后,该科目应无余额。该科目应按会费种类,比如团体会费、个人会费等设置明细账,进行明细核算。

**(三)提供服务收入**

提供服务收入是指公益慈善组织根据章程等的规定向其服务对象提供服务取得的收入。为了核算提供服务收入业务,公益慈善组织应设置"提供服务收入"总账科目,应当按照提供服务的种类设置明细科目,进行明细核算。其主要的会计处理如下:提供服务取得收入时,按照实际收到或应当收取的金额,借记"现金""银行存款""应收账款"等科目,按照应当确认的提供服务收入金额,贷记"提供服务收入——非限定性收入"科目。期末将该科目余额转入净资产科目时,借记"提供服务收入——非限定性收入"科目,贷记"非限定性净资产"科目。如果存在限定性提供服务收入,公益慈善组织在提供服务取得收入时,借记"现金""银行存款""应收账款"等科目,按照应当确认的提供服务收入金额,贷记"提供服务收入——限定性收入"科目。期末将该科目余额转入净资产科目时,借记"提供服务收入——限定性收入"科目,贷记"限定性净资产"科目。期末结账后,该科目应无余额。该科目应当按照提供服务的种类设置明细账,进行明细分类核算。

### (四)政府补助收入

政府补助收入是指公益慈善组织接受政府拨款或者政府机构给予的补助而取得的收入。为核算政府补助收入业务,公益慈善组织应设置"政府补助收入"总账科目。公益慈善组织确认政府补助收入时,按照应确认收入的金额,借记"现金""银行存款"等科目,贷记"政府补助收入——非限定性收入"或"政府补助收入——限定性收入"科目。限定性政府补助收入的限制条件在确认收入当期得到满足时,借记"政府补助收入——限定性收入"科目,贷记"政府补助收入——非限定性收入"科目。确定无法满足限制条件从而需要向政府退还补助款项时,借记"管理费用"科目,贷记"其他应付款"科目。期末结账时,借记"政府补助收入——非限定性收入"科目,贷记"非限定性净资产"科目;或借记"政府补助收入——限定性收入"科目,贷记"限定性净资产"科目。

### (五)商品销售收入

商品销售收入是指公益慈善组织销售商品所形成的收入。为了核算商品销售收入业务,公益慈善组织应设置"商品销售收入"总账科目,应当按照商品的种类设置明细账,进行明细核算。其主要的会计处理如下:

(1)销售商品取得收入时,按照实际收到或应当收取的价款,借记"现金""银行存款""应收票据""应收账款"等科目,贷记"商品销售收入——非限定性收入"科目。

公益慈善组织售出的商品,由于质量、品种不符合要求等原因而发生的销售退回作为冲减商品销售收入处理,借记"商品销售收入——非限定性收入"科目,贷记"银行存款""应收票据""应收账款"等科目;同时,借记"存货"科目,贷记"业务活动成本"科目。

在资产负债表日后、财务报告批准报出日前发生的销售退回,作为资产负债表日后事项的调整事项处理,借记"非限定性净资产"科目,贷记"银行存款""应收账款""应收票据"等科目;按照退回商品的成本,借记"存货"科目,贷记"非限定性净资产"科目。如果该项销售已发生现金折扣,应当一并处理。

(2)现金折扣是指公益慈善组织为了尽快回笼资金而发生的理财费用。现金折扣在实际发生时直接计入当期筹资费用。按照实际收到的金额,借记"银行存款"等科目,按照应给予的现金折扣,借记"筹资费用"科目,按照应收的账款,贷记"应收账款""应收票据"等科目。

购买方实际获得的现金折扣,冲减取得当期的筹资费用。按照应付的账款,借记"应付账款""应付票据"等科目,按照实际获得的现金折扣,贷记"筹资费用"科目,按照实际支付的价款,贷记"银行存款"等科目。

(3)销售折让是指在商品销售时直接给予购买方的折让。销售折让应当在实际发生时直接从当期实现的销售收入中抵减。借记"商品销售收入——非限定性收入"等科目,贷记"应收账款""应收票据"等科目。

(4)期末结转该科目余额时,借记"商品销售收入——非限定性收入",贷记"非限定性净资产"科目。如果存在限定性商品销售收入,则借记"商品销售收入——限定性收入",贷记"限定性净资产"科目。期末结转后,该科目应无余额。

### (六)投资收益

关于投资收益的会计核算详见第五章。

### (七)其他收入

其他收入是指公益慈善组织除捐赠收入、会费收入、提供服务收入、商品销售收入、政府补助收入、投资收益等主要业务活动收入以外的其他杂项收入,如确实无法支付的应付款项、存货盘盈、固定资产盘盈、固定资产处置净收入、无形资产处置净收入等。公益慈善组织的其他收入为非限定性收入,除非相关资产提供者对资产的使用设置了限制条件。

为核算其他业务收入,公益慈善组织应设置"其他收入"总账科目,应当按照其他收入种类设置明细账,进行明细核算。其主要的会计核算如下:

(1)现金、存货、固定资产等盘盈的,根据管理权限报经批准后,借记"现金""存货""固定资产""文物文化资产"等科目,贷记"其他收入——非限定性收入"明细科目,如果存在限定性的其他收入,应当贷记"其他收入——限定性收入"明细科目。对于固定资产处置净收入,借记"固定资产清理"科目,贷记本科目。对于无形资产处置净收入,按照实际取得的价款,借记"银行存款"等科目,按照该项无形资产的账面余额,贷记"无形资产"科目,按照其差额,贷记本科目。确认无法支付的应付款项,借记"应付账款"等科目,贷记本科目。在非货币性交易中收到补价情况下应确认的损益,借记有关科目,贷记"其他收入"科目。

(2)期末将本科目的余额转入净资产科目时,借记该科目,贷记"非限定性净资产"科目。如果存在限定性的其他收入,则将其金额转入限定性净资产,借记本科目,贷记"限定性净资产"科目。期末结账后,该科目应无余额。

▶

**例4-1:**:A为某公益慈善组织,20×2年3月A的某项目接受附条件捐款银行存款50000元,该捐款需偿还10%。6月通过银行存款收到会费10000元,均为非限定性收入。6月末提供服务获得非限定性收入8000元,7月通过银行收到该服务收入。7月收到政府限定性补助60000元,销售商品收到非限定性价款4000元,销售当日收到银行存款。期末对存货进行检查时,非限定性存货盘盈1000元。根据以上信息,编制相关会计分录。

①3月收到需部分偿还的捐款时

借:银行存款　　　　　　　　　　　　　　50000
　贷:捐赠收入——限定性收入　　　　　　　　　50000
借:管理费用　　　　　　　　　　　　　　5000
　贷:其他应付款　　　　　　　　　　　　　　5000

②6月收到会费时

借:银行存款　　　　　　　　　　　　　　10000
　贷:会费收入——非限定性收入　　　　　　　　10000

③6月末提供服务获得收入时

借:应收账款　　　　　　　　　　　　　　8000
　贷:提供服务收入——非限定性收入　　　　　　8000

④7月收到服务收入时

借:银行存款　　　　　　　　　　　　　　8000
　贷:应收账款　　　　　　　　　　　　　　　8000

⑤7月收到政府补助时

借:银行存款　　　　　　　　　　　　　　60000
　贷:政府补助收入——限定性收入　　　　　　　60000

⑥7月销售商品时

借:银行存款　　　　　　　　　　　　　　4000
　贷:商品销售收入——非限定性收入　　　　　　4000

⑦期末存货盘盈时

借：存货　　　　　　　　　　　　　　　　　　1000
　　贷：其他收入——非限定性收入　　　　　　　　1000

⑧期末进行结转时

借：捐赠收入——限定性收入　　　　　　　　　50000
　　政府补助收入——限定性收入　　　　　　　60000
　　贷：限定性净资产　　　　　　　　　　　　　110000
借：会费收入——非限定性收入　　　　　　　　10000
　　提供服务收入——非限定性收入　　　　　　　8000
　　商品销售收入——非限定性收入　　　　　　　4000
　　其他收入——非限定性收入　　　　　　　　　1000
　　贷：非限定性净资产　　　　　　　　　　　　23000

## 第二节　公益慈善组织项目资金的支出管理

### 一、项目资金的支出管理制度

建立项目资金的支出管理制度，应该从项目资金的预算、使用、项目结算及资金使用效果的绩效评价等环节进行。完善并细化各环节的实施办法及操作流程，形成一套行之有效的项目资金支出管理机制，使项目的开展和资金的使用做到公开透明。公益慈善组织可以通过完善项目设立申报阶段的支出管理机制、项目实施阶段的支出管理机制和项目验收考评阶段的支出管理机制来提高项目资金的使用效率，具体包含以下方面。

#### (一)建立资金预算项目库，减少立项随意性

预算项目库是指对申请预算项目进行规范化、程序化管理的数据库系统，系统中完整地反映项目名称、总投资、补助额、项目执行情况以及资金使用绩效等信息，并实现与预算编制系统衔接，每年列入预算的项目，须从项目库中选取。对各类项目申请，从立项依据、可行性论证等方面进行严格审核，按照规模均衡的要求进行筛选、分类、排序，从而建立项目库。根据工作任务、事业发展目标，确定当年项目安排的原则和重点，结合年度财力状况、项目排序和项目资金结余情况，按轻重缓急分类择优筛选，统筹安排项目支出预算。在现行我国的项目资金支出预算管理办法的要求下，根据本单位自身的实际情况和数据支撑，对项目支出资金的需求量进行科学

合理的预测,提高预算编制的科学化水平,使得项目资金的支出预算具有可操作性。

### (二)细化预算支出内容,做实资金预算

细化预算支出是当前推进项目支出资金精细化管理的重要手段。应逐步建立一套项目支出预算的定额标准,切实推行"零基预算"。做实资金预算就是要使预算落实到每一个项目和每项支出的每一科目,原则上不应安排尚未明确具体支出内容的预算。因客观因素年初确实无法细化到具体项目的,可以预留一个预算控制额度,待具体方案明确后,再编制该项目的明细化预算。

### (三)规范预算调整程序,强化预算约束力

为了保持项目支出资金预算的严肃性,必须按照批复下达的预算项目、科目和数额执行,不得随意变动,严格控制预算。如遇难以预见的特殊情况确需调整的,必须按照规定的程序办理调整手续。

对于确需调整且随时提请审批执行难度较大的情况,可以改进预算调整的程序和方法,确定预算调整的比例或绝对额,实行总量控制,在规定范围内采取备案制和审批制相结合的预算调整方式。对一定标准内的预算调整,采取备案制,将调整事项送相关审批部门备案存查;而对于超出标准的预算调整,则采取审批制,先将预算调整方案提交相关审批部门审查批准,维护预算的刚性约束力。

### (四)加强资金支出管理,保证专款专用

加大对项目资金使用团队相关人员的宣传教育,提高对项目支出资金"专款专用"的重要性和必要性的认识。财务管理部门要严格规范资金的支付管理,严格执行财经纪律,确保项目支出资金做到专款专用。加强预算执行改革,推行集中支付管理制度,将项目支出资金纳入财务管理体系,由财务部门直接支付到最终受益人,使每一笔项目支出资金去向都掌握在财务部门的监控之下,防止挪用移用现象发生。

### (五)及时拨付资金,改善资金结余管理

加快对项目支出的审核速度,对资料齐全、符合条件的项目,缩短在业务部门流转的过程,尽快拨付资金。将项目支出资金申报作为日常工作,常年受理,及早受理,不断提高项目审核和资金拨付效率,加快项目支出资金预算执行进度。通过实施财务直接支付改革措施,项目支出的结余资金会留在财务账上,实现对项目支出结余资金的统筹管理,从而有效控制结余资金规模,减少资金沉淀。

## 二、岗位设置和人员分工

### (一)岗位设置

公益慈善组织应该设置专门的项目资金管理部门或者岗位,对项目资金的支出

进行有效的管理。项目资金管理部门应当加强与人事部门的沟通合作,联合人事部门统一培训和安排项目资金的管理人员,提高公益慈善组织项目资金管理的工作效率。具体包括:第一,项目资金管理部门应积极配合人事部门统一招聘项目资金管理人员。吸纳专业素养优秀、胜任能力强的高素质人才,加入到本单位的项目资金管理工作中。第二,财务部门应根据本单位特点和实际情况制定项目资金管理人员培训和轮岗制度,通过定期的培训和轮岗制度,项目管理人员不仅能胜任某一个具体岗位的资金管理工作,还能够熟悉公益慈善组织整个项目流程涉及的其他管理工作,从而提升公益慈善组织项目资金管理的整体工作水平和效率。

### (二)人员分工

公益慈善组织应提高项目管理人员对项目资金管理的重视程度,将项目资金管理的工作职能,定位于全面参与项目资金的使用决策与控制全过程。项目资金管理人员应该参与到项目资金管理的整个过程中,对整个过程进行统筹规划,以保证资金使用的高效率和安全性。

公益慈善组织在项目资金的管理过程中,要充分发挥财务部门在项目资金管理过程中的作用。推进项目资金管理人员的能力建设,全面提高项目资金管理人员的综合素质,具体包括:一是加强业务学习和培训。项目资金管理人员应及时更新知识,全面掌握会计核算、目标管理和分析预测方法,掌握社会科学领域相关知识,理解项目管理基本原理和方法,以适应现代管理的需要。二是转变观念,确立先进的资金管理的理念,不断提高项目资金管理人员的综合素质。三是充分利用财务管理信息系统,全面提高项目资金管理的工作效率,提高项目资金管理的执行能力,灵活运用现代财务管理办法,努力使项目管理人员成为复合型的管理人才。

## 三、会计核算

项目资金支出涉及的会计科目包括业务活动成本、管理费用、筹资费用和其他费用,对于不同的支出科目,需进行不同的会计核算。

### (一)业务活动成本

业务活动成本是指公益慈善组织为了实现其业务活动目标、开展项目活动或者提供项目服务所发生的费用支出。如果公益慈善组织从事的项目、提供的服务或者开展的业务比较单一,可以将相关费用全部归集在"业务活动成本"会计科目下,进行核算和列报;如果公益慈善组织从事的项目、提供的服务或者开展的业务种类较多,公益慈善组织应当在"业务活动成本"科目下分别按照不同项目、服务或者业务大类进行分类核算和列报。为了核算业务活动成本,公益慈善组织应设置"业务活动成本"总账科目。其主要的会计处理如下：公益慈善组织发生业务活动成本时，借记"业务活动成本"，贷记"现金""银行存款""存货""应付账款"等科目。期末将该科目借方余额转入净资产科目时，借记"非限定性净资产"科目，贷记本科目。期末结账后，该科目应无余额。

### （二）管理费用

管理费用是指公益慈善组织为组织和管理其业务活动所发生的各项费用，包括公益慈善组织理事会或者类似权力机构的经费和行政管理人员的工资、奖金、住房公积金、住房补贴、社会保障费、离退休人员工资与补助，以及办公费、水电费、邮电费、物业管理费、差旅费、折旧费、修理费、租赁费、无形资产摊销费、资产盘亏损失、资产减值损失、因预计负债所产生的损失、聘请中介机构费和应偿还的受赠资产等。其中，福利费应当依法根据公益慈善组织的管理权限，按照理事会或类似权力机构等的规定据实列支。为核算管理费用业务，公益慈善组织应设置"管理费用"总账科目。公益慈善组织发生的管理费用，应当在发生时按其发生额计入当期费用，且应当按照管理费用种类设置明细账，进行明细核算。其主要的会计处理如下：现金、存货、固定资产等盘亏，根据管理权限报经批准后，按照相关资产账面价值扣除可以收回的保险赔偿和过失人的赔偿等后的金额，借记本科目"管理费用"，按照可以收回的保险赔偿和过失人的赔偿等，借记"现金""银行存款""其他应收款"等科目，按照已提取的累计折旧，借记"累计折旧"科目，按照相关资产的账面余额，贷记相关资产科目。对于因提取资产减值准备而确认的资产减值损失，借记本科目"管理费用"，贷记"相关资产减值准备"科目。冲减或转回资产减值准备，借记"相关资产减值准备"科目，贷记本科目"管理费用"。提取行政管理用固定资产折旧时，借记本科目"管理费用"，贷记"累计折旧"科目。无形资产摊销时，借记本科目"管理费用"，贷记"无形资产"科目。发生的应归属于管理费用的应付工资、应交税金等，借记本科目"管理费用"，贷记"应付工资""应交税金"等科目。对于因确认预计负债而确认的损失，借记本科目"管理费用"，贷记"预计负债"科目。发生的其他管理费用，借记本科目"管理费用"，贷记"现金""银行存款"等科目。期末，将本科目"管理费用"的余额转入非限定性净资产，借记"非限定性净资产"科目，贷记本科目"管理费用"。期末结账后，该科目应无余额。

### （三）筹资费用

有关筹资费用的会计核算详见第五章。

## (四)其他费用

其他费用是指公益慈善组织发生的,无法归属到业务活动成本、管理费用和筹资费用中的费用,包括固定资产处置净损失、无形资产处置净损失等。为核算其他费用业务,公益慈善组织应设置"其他费用"总账科目。公益慈善组织发生的其他费用,应当在发生时按其发生额计入当期费用,应当按照费用种类设置明细账,进行明细核算。其主要的会计处理如下:发生的固定资产处置净损失,借记本科目"其他费用",贷记"固定资产清理"科目。发生的无形资产处置净损失,按照实际取得的价款,借记"银行存款"等科目,按照该项无形资产的账面余额,贷记"无形资产"科目,按照其差额,借记本科目。期末,将本科目的余额转入非限定性净资产,借记"非限定性净资产"科目,贷记本科目"其他费用"。期末结账后,该科目应无余额。

**例 4-2:** A 为某公益慈善组织,20×2 年 A 发生的业务活动成本为 20000 元,因提取固定资产减值准备而确认的固定资产减值损失 5000 元,发生固定资产处置净损失 1000 元。根据以上信息,编制相关会计分录。

① 发生业务活动成本时

借:业务活动成本　　　　　　　　　　　　　　20000
　　贷:银行存款　　　　　　　　　　　　　　　20000

② 确认资产减值损失时

借:管理费用　　　　　　　　　　　　　　　　5000
　　贷:固定资产减值准备　　　　　　　　　　　5000

③ 发生固定资产处置净损失时

借:其他费用　　　　　　　　　　　　　　　　1000
　　贷:固定资产清理　　　　　　　　　　　　　1000

④ 期末结转时

借:非限定性净资产　　　　　　　　　　　　　26000
　　贷:业务活动成本　　　　　　　　　　　　　20000
　　　　管理费用　　　　　　　　　　　　　　5000
　　　　其他费用　　　　　　　　　　　　　　1000

## 第三节　公益慈善组织项目资金的评估

### 一、项目绩效考核机制的建立

项目绩效考核机制中包括合理的考评标准和专业的评价团队。建立一个具有独立性的专家组成的评审机构,根据项目的不同特点订立不同的切实可操作的评价指标,对项目资金进行事前、事中、事后的评价,保证项目绩效考核机制的有效运转。项目绩效考核机制包括了对项目的事前评价、事中评价、事后评价。

**1. 事前评价**

事前评价主要是对项目资金的预算进行分析与判断,是对项目资金使用的必要性,也就是对这些资金产生的财务、经济、社会和生态环境等方面效益进行全面和系统性的判断与分析,保证项目资金预算的编制,具有合法性、科学性、合理性,促使项目资金结构不断优化。

**2. 事中评价**

事中评价主要是分析项目在进展过程中资金的使用情况,分析与判断项目的具体进展,与项目预算资金使用的匹配程度,以及对项目资金使用过程中的预算调节情况,及时处理项目资金使用过程中的一些问题,保证项目资金的使用效率。

**3. 事后评价**

事后评价是通过审查和评价项目支出情况是否与项目成果具有一致性。事后评价的结果可以作为以后年度项目资金审批的依据。对项目资金预算完成好的项目组,可以适当予以奖励,比如对有贡献的个人和项目团队给予适当的物质奖励。对于造成组织资产流失的项目组,可以通过暂时不再安排项目,或者适当降低项目组的绩效工资等手段进行处罚。

### 二、建立项目的审计制度

项目审计的目的是通过审计明确项目资金的使用是否按批准的预算进行。对项目资金的审计重点主要是资金的实际使用效果和资金结余两个方面。在建立项目审计制度时,需要重点注意以下方面的内容。

**1. 项目审计具有一定的特殊性**

公益慈善组织项目的特殊性,决定了实施项目审计有别于一般审计的内容:审计客体是项目承担(实施)部门(单位);审计的内容涵盖了项目实施的全过程(立项可行性、项目预算、费用支出、项目绩效等）；审计的重点是项目的绩效性。

**2. 项目审计中包括对项目可行性研究结论的再审计**

该措施是运用审计监督方法来作为控制项目管理的手段，从目前较为普遍的对项目绩效与实施阶段的审计管理，前移到前期对项目源头的可行性研究阶段。对可行性研究的主要内容进行审计，用项目评估和可行性研究审计的"双保障"措施，来确保项目决策的准确性、科学性与规范性，是从源头治理项目决策失误的有效途径之一。

**3. 审计方法的多样性**

针对不同项目的特点开展分层次、分阶段的效益审计，选择相适应的多种审计方法，保证审计结果的可靠性。审计方法主要包括：审计与审计调查相结合的方法，审计专家经验与行业专家经验相结合的方法，项目立项形式审核与专家评估和事前审计相结合的方法，项目预算执行审计与经济责任审计相结合的方法，项目预算审计与项目决算审计相结合的方法，项目预算执行审计、离任经济责任审计与效益审计相结合的方法，项目审计与项目评估相结合的方法，项目财务数据审计与项目业务资料（包括项目成果报告）审计相结合的方法等。

**4. 项目支出预算审计**

项目支出预算是支出预算审计的一个重点，在审查过程中应重点关注是否存在违规转移项目经费、克扣或延压项目资金，是否存在将项目经费挪用或挤占项目资金专有用途，是否严格按照项目经费的预算申请书安排使用资金，是否切实做到专款专用等内容。具体包括以下方面：

（1）审查是否存在克扣或截留下属单位专项资金，以及延压和滞拨专项资金。防止因资金拨付不到位、不及时，造成专项事业任务得不到及时完成和顺利落实。

（2）审查是否存在分解项目不明确的情况。重点审查被审计单位项目预算申报编制时，未在预算说明中明确项目具体承担单位或部门，以及项目决算时资料与实际执行不符的情况。

（3）审查是否存在不按照项目预算执行经费收支的情况。重点审查项目申报文件内容与实际执行情况，审查实际支出与预算的一致性。防止未按规定的时效落实项目的建设，防止项目自筹资金不到位、套取上级财政资金，防止项目支出中超预算或列支无预算支出等情况。

（4）审查是否存在超范围支出或公用经费挤占项目经费的情况。重点审查项目经费签订的合同合约条款、实际采购的项目设备材料与预算中的项目明细、招标文件中合同条款是否相符，审查项目实际执行与预算内容是否相符的情况，防止挤占和挪用项目经费。

（5）审查是否存在基本经费与项目经费调剂使用、项目打包的情况。重点审查项目之间相互调剂使用资金、项目打包合用资金的情况，审查调剂项目和打包项目的原因、资金数额和使用情况，防止专款不专用的情况发生。

### 复习思考题

1. 公益慈善组织的项目活动主要集中在哪几个领域？
2. 公益慈善组织如何申报项目？
3. 公益慈善组织如何提高项目资金的使用效率？
4. 对项目资金进行事前、事中、事后评价的具体内容是什么？
5. 公益慈善组织项目活动的审计方法包括哪些？
6. 公益慈善组织项目评估的内容和步骤包括哪些？
7. A为某公益慈善组织，20×2年6月发生以下业务：
（1）解除限定性捐赠收入10000元的限制。
（2）通过银行存款收到会费8000元，其中20%为限定性收入。
（3）处置固定资产获得净收入1000元。
（4）发生业务活动成本5000元，暂未支付。
（5）提取行政管理用固定资产折旧500元。
（6）处置账面余额为80000元的无形资产，收到银行存款71000元。
根据以上信息，编制相关会计分录。

# 第五章 公益慈善组织筹资管理与投资管理

### 学习目标

- 理解公益慈善组织筹资管理和投资管理的相关概念
- 了解筹资管理和投资管理的相关会计核算
- 理解筹资管理和投资管理的原则

## 第一节 公益慈善组织筹资管理概述

### 一、筹资管理的含义与目的

筹资管理是指公益慈善组织根据其持续经营和业务活动的需要,通过筹资渠道,运用筹资方式,依法经济有效地为组织筹集所需要的资金的财务行为。公益慈善组织的筹资管理,主要目的是为公益慈善组织的存在和发展提供可持续的资源,包括两个具体目标:第一,为保证组织的基本运作募集资源。这是公益慈善组织筹资管理的基本目标。公益慈善组织的设立、生存都需要资金来支撑,满足组织的基本运作是公益慈善组织筹资需要达到的第一个基本目标,这也是实现公益慈善组织社会使命的基本资源。第二,为公益慈善组织的可持续性发展募集资源。公益慈善组织除了需要基本资源,维持基本运作以外,还需要募集资源开展各种公益慈善活动和项目,以实现组织的社会使命。

### 二、影响公益慈善组织筹资的因素

#### （一）内部因素

**1. 公益慈善组织的非营利性特征**

公益慈善组织的非营利性特征,是影响其筹资的重要因素。公益慈善组织不以营利为目的,并且其财产归公益法人所有,资金拥有者在投资、捐赠公益慈善组织时,不得以获取投资回报为目的。这些非营利性的特征决定了公益慈善组织在筹资时,并没有对等的经济利益驱动机制,不能通过给予捐赠人等投资报酬,以吸引捐赠者的关注。捐赠人自愿捐赠的资源,一旦捐赠给公益慈善组织,就形成了"公共资源",捐赠人不能要求公益慈善组织给予"捐赠回报"。因此,相对于营利性组织(比如公司)可以通过提高投资报酬率或者降低资本成本进行融资而言,公益慈善组织的资金筹集具有非营利组织的特殊性。

**2. 公益慈善组织的主要业务类型**

不同的公益慈善组织具有不同的社会使命,不同社会使命的公益慈善组织,在开展公益慈善项目的过程中,由于各个公益慈善领域的社会关注度不同,带来了公益慈善组织之间筹款活动的差异。公益慈善组织的不同使命,决定了公益慈善组织会围绕自己的社会使命,开展不同的公益慈善项目,各种公益慈善组织开展的活动覆盖了环保、养老、教育、医疗卫生、扶贫等许多方面。有些公益慈善组织的社会使命比较单一,且不被社会广泛关注,导致了一些公益慈善组织筹资相对比较困难。有些公益慈善组织由于承担了广泛的社会使命,社会关注度较高,筹资渠道比较通畅,筹资相对容易。因此,公益慈善组织业务类型的不同,会对公益慈善组织的筹资活动产生一定的影响。

**3. 公益慈善组织的治理结构**

合理的内部治理结构有利于公益慈善组织筹资管理水平的提高,有利于筹款活动的开展。公益慈善组织的内部治理结构的优劣,会影响组织的运行效率和透明度,会影响委托代理成本的高低,会对筹资渠道产生广泛的影响。一个拥有良好内部治理结构的公益慈善组织,不仅具有高效的管理能力,通常其筹资能力也比较强。

**4. 公益慈善组织的社会公信力**

接受捐赠是公益慈善组织筹集资金的主要渠道之一。如果组织缺乏社会公信力,会导致组织面向社会的募款能力下降,筹资效果较差,也不容易实现筹资渠道的多元化。相反,如果组织的社会公信力强,有利于提高组织的社会募款能力,筹资效果较好。

当然,还有其他一些内部影响因素,会影响公益慈善组织的筹资活动及筹资效率,比如公益慈善组织的历史背景,公益慈善组织与政府、企业或个人联系的紧密程度,组织的透明度水平,组织的宣传力度等,这些因素都会在不同程度上,对公益慈善组织的筹资活动产生一定的影响。

## (二)外部因素

**1. 国家有关法律法规和政策**

国家有关法律法规和政策对公益慈善组织筹资也有较大的影响,如工会的筹资、国家税收政策等。国家出台的相关法律法规和政策,可能是针对公益慈善组织自身的规定,也可能是针对捐赠方(捐赠机构或捐赠者)的规定。比如税法对于企业捐赠免税比率的规定等,将直接或间接影响公益慈善组织的募款活动。

**2. 国民经济发展水平与民众的收入水平**

国民经济发展水平与民众收入水平,将直接或间接影响人们的捐赠能力和投身公益慈善事业的热情。通常情况下,经济发达地区和公众收入水平较高地区的捐赠活动,相对于经济不发达地区和公众收入水平较低地区而言,更加活跃。

**3. 文化和地域因素**

不同民族和不同地区有着许多自身特有的传统文化观念,面对公益慈善组织开展的捐赠活动,只有为特定的文化习惯所接受,才能产生较好的募款效果。同时,地域因素也影响着筹资渠道,例如在一些发达地区的公益慈善组织,比较容易通过各种网络途径等便捷募款渠道,寻求到更多国内社会和国际社会的关注,更加容易实现募款目标。然而在一些不够发达的地区,由于网络不发达,信息闭塞,很难让捐赠人比较便捷地获取到公益慈善组织开展募款活动的信息,从而导致募款效果不佳。

当然,还有一些其他外部影响因素会影响公益慈善组织的筹资活动,比如社会舆论、媒体曝光度等,均在不同程度上对公益慈善组织的筹资活动产生影响。

## 三、筹资渠道

筹资渠道是指公益慈善组织筹集资金来源的方向与通道,体现了公益慈善组织的资金来源及资金体量。公益慈善组织筹集资金的渠道,从广义上理解,主要包括接受捐赠、财政补助、出资者提供、境外其他组织援助、会费收入、向金融机构借款。

**1. 接受捐赠**

接受捐赠是指公益慈善组织向其他组织或公众募集资金,可以分为组织捐赠和个人捐赠。组织捐赠包括企业捐赠、政府组织或其他组织捐赠,即主要指用组织(或机构)的资金向特定公益慈善组织提供的捐赠。个人捐赠是社会公众根据自身的生活水平和收入情况,自愿地向公益慈善组织提供的捐赠。这里所说的捐赠可以是货币资金,也可以是各种物品、设备等实物资产。碍于当前会计法规制度尚没有统一的关于志愿者服务时间的确认和计量标准,当前的个人捐赠仅限于款物,并不包括公众个人捐赠时间,即从事志愿服务的工作时间。

**2. 财政补助**

财政补助是各级政府向公益慈善组织提供的资金。各级政府的资金主要通过税收等无偿方式取得,原则上是取之于社会,用之于社会。而公益慈善组织提供的是公益性社会服务,与政府组织的社会管理有着共同的目标。因此,为了更好地实现社会可持续性发展,政府可以向公益慈善组织提供一定的资金支持,支持公益慈善活动的开展。

**3. 出资者提供**

出资者提供的资金是公益慈善组织重要的资金来源之一。很多公益慈善组织的出资者,不仅是原始注册资金的出资者,而且由于大多数原始注册资金的出资者都成为了公益慈善组织的理事会成员,他们也成为公益慈善组织后续发展运作过程中的重要资金来源之一。根据我国公益慈善组织相关注册登记条例的规定,任何社会组织都需要依法设立,需要具有与其业务活动相适应的基本经费来源,即每一个公益慈善组织一般都有出资者,负责启动资金的捐赠。这些原始注册资金的出资者,往往会成为公益慈善组织的理事会成员,在公益慈善组织后续的日常运作过程中,继续进行捐赠,支持公益慈善组织的发展。

**4. 境外其他组织援助**

在全球化的今天,公益慈善组织除了从境内各社会组织或其他组织,及社会公众取得捐赠资金外,还可以从境外相关组织取得捐赠资金。在国际上存在着一些专门向世界各地提供国际援助资助的组织,每一个国际资助组织都有其相应的宗旨和固定的援助方向,要取得其援助必须首先符合其标准,其次向该组织提出申请并获得批准。同时,接受境外其他组织的援助资金时,必须遵守国家相关法规制度的规定。

**5. 会费收入**

会费收入是指某些公益慈善组织,可以根据章程规定向会员收取一定的会费,通常会费收入属于非交换交易收入。比如中华慈善总会在章程中明确规定了"按规定交纳会费"。会费收入一般情况下为非限定性收入。

**6. 向金融机构借款**

向金融机构借款是公益慈善组织的一项重要的筹资渠道,根据借款期限的长短可以分为长期负债和短期负债。公益慈善组织取得银行借款也需要有一定的条件,需要符合银行贷款的各项要求。首先由公益慈善组织向金融机构提出借款申请,金融机构按规定进行审批,审批通过后与金融机构签订借款合同,取得银行借款,并按规定时间偿还借款本息。

### 四、筹资管理的原则

**1. 筹资途径的合法化原则**

公益慈善组织的筹资行为和筹资活动，必须遵循国家的相关法律法规，依法履行法律法规和合同约定的责任，合法、合规地进行筹资，必须依法进行信息披露，维护筹资各方的合法权益。

**2. 时间的配比性原则**

筹资管理需要考虑的时间包括资金需求时间、费用支付时间和还本时间。筹集资金时，以资金的需要时间确定合理的筹集时间，保证资金及时到位，这样可以避免因资金过早取得而导致资金的闲置和不必要的浪费，或者由于筹资滞后影响资金的使用，从而影响公益慈善活动的开展。需要考虑费用支付时间和还本时间，避免还债高峰期对现金流量的影响。

**3. 筹资数目的合理性原则**

公益慈善组织应该合理确定需要筹集资金的总额以及公益慈善项目筹集资金的计划金额，充分考虑筹资管理的两个具体目标，避免资金的浪费与不足，避免由于过分筹资而降低公益慈善组织的公信度，削弱持续筹资能力。

**4. 筹资风险的适当性原则**

公益慈善组织在筹资的时候需要考虑存在的风险，充分考虑组织所能承担风险的程度，防止因债务过多而造成组织的财务风险过高的现象出现。严格按照筹集资金的用途使用资金，将筹资带来的风险控制在可控范围以内。

**5. 筹资成本的最小化原则**

公益慈善组织在筹措资金的时候，要做到既满足资金预算的需要，又尽量降低筹资总成本。因为在收入一定的情况下，筹资总成本支出越少，能提供给组织用于生存发展的资金也就越多。因此在考虑不同来源的资金成本时，应该尽可能选择经济、可行的筹资渠道与方式，并且充分考虑利率风险、汇率风险，权衡利弊，使筹资成本最低。

## 第二节　公益慈善组织筹资管理制度

### 一、筹资费用的管理

公益慈善组织筹资费用，是指公益慈善组织为筹集公益慈善业务活动所需的资金而发生的费用，包括公益慈善组织为了获得捐赠款物而发生的费用，以及应当计入当期费用的借款费用、汇兑损失(减汇兑收益)等。公益慈善组织为了获得捐赠款物而发生的费用,主要包括举办募款活动的费用,准备、印刷和发放募款宣传资料的费用,以及其他与募款或者其他为了获得捐赠发生的相关费用。公益慈善组织发生的筹资费用,应当在发生当期按其实际发生额计入当期费用。以上筹资过程中发生的各项费用,均应纳入公益慈善组织筹资费用管理体系中。

## 二、岗位设置与人员分工

为了提高筹资效率,降低筹资成本,增加筹款金额,公益慈善组织应进行专门的岗位设置与人员分工,实行相应的筹资激励与约束机制。例如,可以设置筹资管理委员会,专门负责资金筹募和管理。该筹资管理委员会的委员一般由公益慈善组织的创始发起人、理事会成员、捐赠方代表等利益相关方组成。筹资管理委员会通常包括主任委员1名,执行主任委员1名,副主任委员和一般委员若干名,由执行主任负责主持筹资管理委员会的具体筹款工作。筹资管理委员会的具体职责如下:

(1)对筹资方面有关章程进行制定和修改。

(2)选举和罢免执行主任委员、副主任委员、一般委员。

(3)对筹款项目计划书和筹款项目预算进行审核,提交公益慈善组织理事会或类似决策机构审批。

(4)拟定当期筹款工作报告和工作计划,提交公益慈善组织理事会或类似决策机构审议。

(5)对拟开展筹款项目活动的立项和相应的执行方案、项目预算进行审核,提交公益慈善组织理事会或类似决策机构审批。

(6)对资金的募集、资金使用情况和项目实施进行审核、监督与管理。

(7)拟定筹资方面的项目终止及其他重大事项,报公益慈善组织理事会或类似决策机构审议。

一般而言,筹资管理委员会必须有2/3以上委员出席方能召开,其决议须经2/3以上到会委员表决通过方能生效。

## 三、筹资管理的会计核算

### (一)科目设置

为了核算公益慈善组织的筹资费用,公益慈善组织设置"筹款费用"总账科目。该科目应该按照筹资费用的种类设置明细账,进行明细分类核算。发生筹资费用时,借记"筹资费用"科目,贷记"预提费用""银行存款""长期借款"等科目。发生应冲减筹资费用的利息收入、汇兑收益时,借记"银行存款""长期借款"等科目,贷记"筹资费用"科目。期末,将本科目的借方余额转入非限定性净资产科目时,借记"非限定性净资产"科目,贷记"筹资费用"科目。期末结账后,该科目应无余额。

(二)会计核算

**1. 为获得捐赠资产而发生筹资费用的会计核算**

公益慈善组织发生的为获得捐赠资产的筹资费用,应当在发生时按其发生额计入当期筹资费用。发生捐赠费用时,借记"筹资费用"科目,贷记"现金""银行存款"等科目。

**2. 借款费用的会计核算**

公益慈善组织发生的借款费用,应当在发生时按其发生额计入当期筹资费用。发生借款费用时,借记"筹资费用"科目,贷记"预提费用""银行存款""长期借款"等科目。发生的应冲减筹资费用的利息收入,借记"银行存款""长期借款"等科目,贷记"筹资费用"科目。

**3. 汇兑损失的会计核算**

公益慈善组织在筹资过程中发生汇兑损失时,应借记"筹资费用"科目,贷记"银行存款""长期借款"等科目;发生的应冲减的汇兑收益,借记"银行存款""长期借款"等科目,贷记"筹资费用"科目。

**4. 筹资费用科目的结转**

期末,应将"筹资费用"科目余额转入"非限定性净资产"科目。结转后,"筹资费用"科目无余额。

例5-1:A为某公益慈善组织,20×2年6月5日A因获得捐赠资产的募款过程产生费用2000元,通过现金支付。6月30日A通过银行存款支付借款费用5000元。期末,筹资费用科目借方余额为10000元。根据以上信息,编制相关会计分录。

①因获得捐赠资产产生费用

借:筹资费用            2000

 贷:现金             2000

②支付借款费用

借:筹资费用            5000

 贷:银行存款            5000

③期末结转筹资费用

借:非限定性净资产         10000

 贷:筹资费用            10000

# 第三节　公益慈善组织投资管理概述

## 一、投资管理的含义与目的

投资是指用某种有价值的资产,其中包括资金、人力、知识产权等投入到某个企业、项目或经济活动,以获取未来收益的经济行为。广义的投资包括股票投资、债券投资、房地产投资、期货投资、固定资产投资、存货投资等。笼统来看,投资可分为实物投资、资本投资和证券投资。投资管理是指投资者对投资方向、投资金额,以及何时投资进行决策的过程。

对于公益慈善组织而言,其投资的主要目标是对慈善资产进行保值,并在保值的基础上,适当地保持慈善资产的增值。2018年10月中华人民共和国民政部颁布了《慈善组织保值增值投资活动管理暂行办法》,自2019年1月1日起施行,对慈善组织的保值增值投资活动进行了详细的规定。

当前的公益慈善组织的投资,主要是委托金融机构进行固定收益证券投资,实现公益慈善组织的资产保值增值。公益慈善组织投资管理一般分五个步骤进行,如图3-1所示。

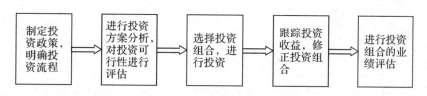

图3-1　公益慈善组织投资管理步骤图

## 二、投资的分类

### (一)按投资回收期限分类

按投资回收期限的长短,投资可分为短期投资和长期投资。短期投资是指公益慈善组织持有的能够随时变现并且持有时间不准备超过1年(含1年)的投资,包括股票、债券投资等。长期投资是指不满足短期投资条件的投资,即公益慈善组织持有的超过1年以上的投资。短期投资具有容易变现、风险较低、收益低的特点。长期投资一般不易变现,风险相对短期投资更高,但收益也更高。

### (二)按投资行为的介入程度分类

按投资行为的介入程度,投资可分为直接投资和间接投资。直接投资包括公益慈善组织内部直接投资和对外直接投资，前者形成公益慈善组织内部直接用于运作的各项资产，后者形成公益慈善组织持有的各种股权性资产。间接投资是指通过购买被投资对象发行的金融工具而将资金间接转移交付给被投资对象使用的投资，如企业购买特定投资对象发行的股票、债券、基金等。

### （三）按投资的性质分类

按投资的性质，投资可分为债权性投资、权益性投资和混合性投资。债权性投资是指定期获得固定数额的利息，并在债权期满时收回本金的投资，公益慈善组织可通过购买债务证券获得债权性投资。权益性投资是指为获取其他企业的权益或净资产所进行的投资，如对其他企业的普通股的股票投资。混合性投资是指同时兼有债务性和权益性的投资，公益慈善组织可购买混合性债券，如购买可转换债券进行投资。

## 三、投资方案的评价方法

投资方案的评价方法，根据是否考虑货币时间价值，可以分为静态投资评价方法和动态投资评价方法。静态投资评价方法，又叫作非贴现法，通常不考虑货币时间价值，主要包括投资回收期法和会计收益率法。应用动态投资评价方法时，需要充分考虑货币时间价值，主要包括净现值法、内部报酬率法、盈利指数法以及动态投资回收期法等。

### （一）静态投资评价方法

**1. 投资回收期法**

投资回收期是指收回初始投资所需要的时间，即投资项目营业净现金流量抵偿原始总投资所需要的全部时间，一般以年为单位。这种方法比较简单，实用性强。该方法主要用于多项目之间的筛选和初评。

投资回收期的计算，按每年的营业现金净流量是否相等而有所不同。

(1)如果每年的营业现金净流量相等，计算公式如下：

$$投资回收期 = 原始投资额 / 每年营业现金净流量$$

(2)如果每年的营业现金净流量不等，计算回收期需要根据每年末尚未回收的投资额加以确定，计算公式如下：

$$投资回收期 = (前几年收回的原始投资额部分 + 最后一年尚未回收原始投资额部分) / 次年营业现金净流量$$

在运用投资回收期法进行投资项目的分析时，其判定原则是：项目回收期小于预期回收期，项目可行；如果存在若干项目，则选择回收期最短的投资项目。投资回收期的优点如下：①可作为衡量备选方案风险程度的指标。回收期越短，风险越小。

②可以衡量方案的投资回收速度。③计算简便，容易掌握，决策成本较低。

投资回收期法的缺点在于：忽视投资方案的获利能力；没有考虑资金时间价值；忽视回收期满后发生的现金流量。

**2. 会计收益率法**

会计收益率法，也称为平均报酬率法，是用投资项目寿命周期内年平均报酬率来评估投资项目的一种方法。计算公式如下：

$$会计收益率 = 年平均现金净流量 / 初始投资额$$

在采用会计收益率这一指标时，需事先确定一个企业要求达到的会计收益率，或称必要报酬率。在进行决策时，只有高于必要报酬率的投资方案才是可行的。而在有多个方案的互斥投资方案选择中，应选用会计收益率最高的方案。会计收益率法的优点如下：①考虑了方案寿命期的全部现金流量所体现出来的获利能力；②计算简单，容易理解。会计收益率法的缺点如下：①忽视各年现金流量的差异；②没有考虑风险因素；③没有考虑资金的时间价值。

### （二）动态投资评价方法

**1. 净现值法**

净现值法是运用投资项目的净现值进行投资评估的基本方法，是利用营业净现金流量的现值之和与投资额现值的差额，来判断投资方案是否可行的一种投资方案评价方法，通常用 NPV 表示。具体计算公式如下：

$$NPV = 未来各年的净现金流量的现值之和 = 各年净现金流量的折现值之和 - 初始投资现值之和$$

在运用净现值法进行投资方案选择时的决策规则是：当 NPV>0 时，投资项目可行；否则，投资项目不可行。对于多种投资方案的筛选，应选择 NPV 最大的投资项目。

运用净现值法进行投资方案分析时的计算步骤如下：

(1)计算各种备选投资方案的每年营业现金净流量。

(2)计算各种备选投资方案的未来报酬的总现值（各年净现金流量的折现值之和）。

①将每年的营业现金净流量折成现值。如果每年的净现金流量相等，则按年金法折成现值；如果每年的净现金流量不等，则先对每年的净现金流量用复利法折成现值，然后加以合计。

②将终结现金流量折算成现值。

③计算各年净现金流量的折现值之和。

净现值＝各年净现金流量的折现值之和－初始投资现值之和

**2. 盈利指数法**

盈利指数法，又称获利指数法或现值指数法，是指用项目未来现金流量总现值与初始投资额现值之比，来衡量投资项目经济效益的一种方法，通常用 PI 表示。其计算公式如下：

PI＝经营期各年现金流量的现值合计/原始投资额的现值合计

盈利指数法的判定原则：通常投资项目的获利指数应大于1。若投资项目的获利指数大于1，投资项目可行；否则，不可行。获利指数越大，投资方案越好。

**3. 内部收益率法**

内部收益率法，也称为内部报酬率法或内涵报酬率法，是运用计算使项目的净现值等于零时的贴现率来评估投资项目的一种方法，这个贴现率即该投资方案本身的报酬率，通常用 IRR 表示。内部收益率既是项目投资实际期望达到的内部报酬率，也是投资项目的净现值等于零时的折现率。

（1）内部收益率计算步骤。

①建立净现值等于零的关系式。

②采用试错法和插值法，计算投资项目的内部收益率。

采用内部收益率法进行投资方案分析时，具体的判定原则是：内部收益率大于资本成本，该投资方案可行；否则，方案不可行。内部收益率指标越大，投资方案就越好。

运用内部收益率法进行投资方案分析时，其优点在于计算非常准确，能够了解投资项目自身的报酬率，有利于准确地做出投资决策，其缺点在于运用内部收益率法进行投资方案分析时，计算难度较大。

（2）内部收益率计算方法。

内部收益率计算方法可以分两种情况：

①每年现金净流量相等时的计算方法。

第一，求出使净现值为零时的年金现值系数。

第二，查找附录中的表格，确定内部报酬率的范围，在表中找出对应的贴现率，即内部报酬率。

第三，如查不到正好对应的贴现率，则在表中找出相邻的两个数字，用插值法求出内部报酬率。

②年现金流量不等时，采用试算法，预估几个贴现率计算净现值。

第一，估算贴现率 $i_1$，并以此来计算净现值。如果计算出的净现值为正数，则表示预估的贴现率(资本成本率)小于实际的内部报酬率,应提高贴现率,再进行测算,最终使 $NPV_1$ 大于零又最接近于零;

第二,如果计算出的净现值为负数,则表明预估的贴现率大于该方案的实际内部报酬率,应降低贴现率,再进行测算,最终估算出另一个贴现率 $i_2$,使得用 $i_2$ 计算出来的 $NPV_2$ 小于零又最接近于零;

第三,用插值法求出介于这两个贴现率(使净现值一正一负且最接近于零)之间的,使净现值等于零时的内部报酬率。

### 四、投资管理的原则

**1. 收益与风险最佳组合原则**

投资是一个收益与风险并存的经济活动,因此投资方案应该遵循收益与风险最佳组合原则,即在风险一定的前提下,尽可能使收益最大化,或在收益一定的前提下,风险最小化。

**2. 分散投资原则**

分散投资也称为组合投资,是指同时投资在不同的资产类型或不同的证券上。分散投资引入了对风险和收益均衡原则的一个重要的改变,分散投资相对单一证券投资的优势在于,分散投资可以在不降低收益的同时,降低风险。

**3. 理性投资原则**

投资时需要考虑到投资资金被占用的时间、机会成本、预期的通货膨胀率以及未来收益等一系列因素,分析比较后审慎地投资。

**4. 适度原则**

公益慈善组织的主要任务并不是投资,因此在投资时要量力而行,考虑到自身的资金状况,不能由于过度投资而影响到组织业务活动的正常开展。

## 第四节　公益慈善组织投资管理制度

### 一、岗位设置与人员分工

投资管理的岗位设置一般有挑选、决策、评估、财务、监督五个。其中,挑选岗位主要是在众多可供选择的投资方案中,结合组织的实际情况以及其他相关信息,挑选出最合适的投资方案,并交予决策者进行决策。决策岗位的设置主要是根据挑选岗位给出的方案,进行投资方案的决策。评估岗位主要是对投资的效果进行评估。

财务岗位主要是在投资方案确定后,负责投资时的相关财务事宜,如银行开户、支付手续费等。监督岗位主要是对投资进行日常管理,并监管投资是否根据国家相关法规进行。

## 二、投资管理的会计核算

根据《民间非营利组织会计制度》的规定,在投资管理中涉及的会计核算有短期投资、短期投资跌价准备、长期股权投资、长期债券投资、长期投资减值准备、投资收益六个科目。

### (一)短期投资

短期投资科目应按照短期投资种类设置明细账,进行明细核算。该科目主要是用于核算公益慈善组织持有的能够随时变现并且持有时间不准备超过1年(含1年)的投资,包括股票、债券投资等,其期末借方余额反映公益慈善组织持有的各种股票、债券等短期投资的成本。如果公益慈善组织有委托贷款或者委托投资(包括委托理财)且作为短期投资核算的,也应当在短期投资科目下进行核算,并单设明细科目核算。其会计核算如下:

(1)短期投资在取得时应当按照投资成本计量以现金购入的短期投资,按照实际支付的全部价款,包括税金、手续费等相关费用作为其投资成本,借记"短期投资"科目,贷记"银行存款"等科目。如果实际支付的价款中包含已宣告但尚未领取的现金股利或已到付息期但尚未领取的债券利息,则按照实际支付的全部价款减去其中已宣告但尚未领取的现金股利或已到付息期但尚未领取的债券利息后的金额作为短期投资成本,借记"短期投资"科目,按照应领取的现金股利或债券利息,借记"其他应收款"科目,按照实际支付的全部价款,贷记"银行存款"等科目。接受捐赠的短期投资,按照所确定的投资成本,借记"短期投资"科目,贷记"捐赠收入"科目。

(2)收到被投资单位发放的利息或现金股利时,按照实际收到的金额借记"银行存款"等科目,贷记"短期投资"科目。但是,实际收到在购买时已计入"其他应收款"科目的利息或现金股利时,借记"银行存款"等科目,贷记"其他应收款"科目。需要注意的是,持有股票期间所获得的股票股利,不作账务处理,但应在辅助账簿中登记所增加的股份。

(3)出售短期投资或到期收回债券本息,按照实际收到的金额,借记"银行存款"科目,按照已计提的减值准备,借记"短期投资跌价准备"科目,按照所出售或收回短期投资的账面余额,贷记"短期投资"科目,按照未领取的现金股利或利息,贷记"其他应收款"科目,按照其差额,借记或贷记"投资收益"科目。

## (二)短期投资跌价准备

短期投资跌价准备科目是用于核算公益慈善组织提取的短期投资跌价准备,期末贷方余额反映公益慈善组织已计提的短期投资跌价准备。公益慈善组织应当定期或者至少于每年年度终了,对短期投资是否发生了减值进行检查。如果短期投资的市价低于其账面价值,即发生了减值,则应当按照市价低于账面价值的差额计提短期投资跌价准备。如果短期投资的市价高于其账面价值,应当在该短期投资期初已计提跌价准备的范围内转回市价高于账面价值的差额,冲减当期费用。其会计核算如下:

(1)如果短期投资的期末市价低于账面价值,按照市价低于账面价值的差额,借记"管理费用——资产减值损失(短期投资跌价损失)"科目,贷记"短期投资跌价准备"科目。

(2)如果以前期间已计提跌价准备的短期投资的价值在当期得以恢复,即短期投资的期末市价高于账面价值,按照市价高于账面价值的差额,在原已计提跌价准备的范围内,借记"短期投资跌价准备"科目,贷记"管理费用——资产减值损失(短期投资跌价损失)"科目。

(3)公益慈善组织出售或收回短期投资,或者以其他方式处置短期投资时,应当同时结转已计提的跌价准备。

例5-2:公益慈善组织A于20×2年1月委托X基金管理公司,买入按年付息的B企业的债券50000元,拟作为短期投资持有,2月收到20×1年债券利息3000元,3月A委托X基金管理公司,将B企业债券以55000元卖出。根据以上信息,编制相关会计分录。

①20×2年1月购买短期债券

借:短期投资——B债券　　　　　　　　　　47000
　　其他应收款　　　　　　　　　　　　　 3000
　贷:银行存款　　　　　　　　　　　　　　50000

②收到上一年的年债券利息

借:银行存款　　　　　　　　　　　　　　 3000
　贷:其他应收款　　　　　　　　　　　　　3000

③3月将债券卖出

借:银行存款　　　　　　　　　　　　　　55000
　贷:短期投资——B债券　　　　　　　　　47000
　　　投资收益　　　　　　　　　　　　　 8000

## (三)长期股权投资

长期股权投资科目应当按照被投资单位设置明细账,进行明细核算,其主要是用于核算公益慈善组织持有时间准备超过1年(不含1年)的各种股权性质的投资,包括长期股票投资和其他长期股权投资,其期末借方余额,反映公益慈善组织持有的长期股权投资的价值。

公益慈善组织如果有委托贷款或者委托投资(包括委托理财)且作为长期股权投资核算的,应当在长期股权投资科目下单设明细科目核算。同企业这类营利性组织一样,公益慈善组织也应当对长期股权投资区别对待,分别采用成本法或者权益法核算。如果公益慈善组织对被投资单位没有控制、共同控制和重大影响,长期股权投资应当采用成本法进行核算;如果公益慈善组织对被投资单位具有控制、共同控制或重大影响,长期股权投资应当采用权益法进行核算。其会计核算如下:

(1)长期股权投资在取得时,应当按照取得时的实际成本作为初始投资成本。以现金购入的长期股权投资,按照实际支付的全部价款,包括税金、手续费等相关费用作为其初始投资成本,借记"长期股权投资"科目,贷记"银行存款"等科目。如果实际支付的价款中包含已宣告但尚未领取的现金股利,则按照实际支付的全部价款减去其中已宣告但尚未领取的现金股利后的金额作为其初始投资成本,借记"长期股权投资"科目,按照应领取的现金股利,借记"其他应收款"科目,按照实际支付的全部价款,贷记"银行存款"等科目。接受捐赠的长期股权投资,按照所确定的初始投资成本,借记"长期股权投资"科目,贷记"捐赠收入"科目。

(2)采用成本法核算时,除非追加(或收回)投资或者发生减值,长期股权投资的账面价值一般保持不变。

①被投资单位宣告发放现金股利或利润时,按照宣告发放的现金股利或利润中属于公益慈善组织应享有的部分,确认当期投资收益,借记"其他应收款"科目,贷记"投资收益"科目。

②实际收到现金股利或利润时,按照实际收到的金额,借记"银行存款"等科目,贷记"其他应收款"科目。

(3)采用权益法核算时,长期股权投资的账面价值应当根据被投资单位当期净损益中公益慈善组织应享有或分担的份额,以及被投资单位宣告分派的现金股利或利润中属于公益慈善组织应享有的份额进行调整。

①期末按照应当享有或应当分担的被投资单位当年实现的净利润或发生的净亏损的份额,调整长期股权投资账面价值,如被投资单位实现净利润,借记"长期股权投资"科目,贷记"投资收益"科目,如被投资单位发生净亏损,借记"投资收益"科

目,贷记"长期股权投资"科目,但以长期股权投资账面价值减记至零为限。

②被投资单位宣告分派利润或现金股利时,按照宣告分派的现金股利或利润中属于公益慈善组织应享有的份额,调整长期股权投资账面价值,借记"其他应收款"科目,贷记"长期股权投资"科目。在实际收到现金股利或利润时,借记"银行存款"等科目,贷记"其他应收款"科目。

(4)被投资单位宣告分派的股票股利,不作账务处理,但应当设置辅助账簿,进行数量登记。

(5)处置长期股权投资时,按照实际取得的价款,借记"银行存款"等科目,按照已计提的减值准备,借记"长期投资减值准备"科目,按照所处置长期股权投资的账面余额,贷记"长期股权投资"科目,按照尚未领取的已宣告发放的现金股利或利润,贷记"其他应收款"科目,按照其差额,借记或贷记"投资收益"科目。

(6)如果改变投资目的,将短期股权投资划转为长期股权投资,应当按短期股权投资的成本与市价孰低结转,并按此确定的价值作为长期股权投资的成本,借记"长期股权投资"科目,按照已计提的相关短期投资跌价准备,借记"短期投资跌价准备"科目,按照原短期股权投资的账面余额,贷记"短期投资"科目,按照其差额,借记或贷记"管理费用"科目。

### (四)长期债权投资

长期债权投资科目用于核算公益慈善组织购入的在1年内(不含1年)不能变现或不准备随时变现的债券和其他债权投资,期末借方余额反映公益慈善组织持有的长期债权投资价值。公益慈善组织可以根据具体情况设置明细科目,进行明细核算,如果有委托贷款或者委托投资(包括委托理财)且作为长期债权投资核算的,应当在本科目下单设明细科目核算。其会计核算如下:

(1)长期债权投资在取得时,应当按照取得时的实际成本作为初始投资成本。以现金购入的长期债权投资,按照实际支付的全部价款,包括税金、手续费等相关费用作为其初始投资成本,借记"长期债权投资"科目,贷记"银行存款"等科目。

如果实际支付的价款中包含已到付息日但尚未领取的债券利息,则按照实际支付的全部价款减去其中已到付息日但尚未领取的债券利息后的金额作为其初始投资成本,借记"长期债权投资"科目,按照应领取的利息,借记"其他应收款"科目,按照实际支付的全部价款,贷记"银行存款"等科目。

接受捐赠的长期债权投资,按照所确定的初始投资成本,借记"长期债权投资"科目,贷记"捐赠收入"科目。

(2)长期债权投资持有期间,应当按照票面价值与票面利率按期计算确认利息收入,如为到期一次还本付息的债券投资,借记"长期债权投资——债券投资(应收利息)"科目,贷记"投资收益"科目,如为分期付息、到期还本的债权投资,借记"其他应收款"科目,贷记"投资收益"科目。

长期债券投资的初始投资成本与债券面值之间的差额,应当在债券存续期间,按照直线法于确认相关债券利息收入时摊销,如初始投资成本高于债券面值,按照应当分摊的金额,借记"投资收益"科目,贷记"长期债权投资——债券投资(溢价)"科目,如初始投资成本低于债券面值,按照应当分摊的金额,借记"长期债权投资——债券投资(折价)"科目,贷记"投资收益"科目。

(3)购入的可转换公司债券在转换为股份之前,应当按一般债券投资进行处理。可转换公司债券转换为股份时,按照所转换债券投资的账面价值减去收到的现金后的余额,借记"长期股权投资"科目,按照收到的现金等,借记"现金""银行存款"科目,按照所转换债券投资的账面价值,贷记"长期债权投资"科目。

(4)处置长期债权投资时,按照实际取得的价款,借记"银行存款"等科目,按照已计提的减值准备,借记"长期投资减值准备"科目,按照所处置长期债权投资的账面余额,贷记"长期债权投资"科目,按照未领取的债券利息,贷记"长期债权投资——债券投资(应收利息)"科目或"其他应收款"科目,按照其差额,借记或贷记"投资收益"科目。

(5)如果改变投资目的,将短期债权投资划转为长期债权投资,应当按短期债权投资的成本与市价孰低结转,并按此确定的价值作为长期债权投资的成本,借记"长期债权投资"科目,按照已计提的相关短期投资跌价准备,借记"短期投资跌价准备"科目,按照原短期债权投资的账面余额,贷记"短期投资"科目,按照其差额,借记或贷记"管理费用"科目。

**(五)长期投资减值准备**

长期投资减值准备科目用于核算公益慈善组织提取的长期投资减值准备,期末贷方余额,反映公益慈善组织已计提的长期投资减值准备。公益慈善组织应当定期或者至少于每年年度终了,对长期投资(包括长期股权投资和长期债权投资)是否发生了减值进行检查。如果长期投资的市价低于其账面价值,即发生了减值,则应当按照市价低于账面价值的差额计提长期投资减值准备。如果长期投资的市价高于其账面价值,应当在该长期投资期初已计提减值准备的范围内转回市价高于账面价值的差额,冲减当期费用。其会计核算如下:

(1)如果长期投资的期末可收回金额低于账面价值,按照可收回金额低于账面价值的差额,借记"管理费用——长期投资减值损失"科目,贷记"长期投资减值准备"科目。

(2)如果以前期间已计提减值准备的长期投资价值在当期得以恢复,即长期投资的期末可收回金额高于账面价值,按照可收回金额高于账面价值的差额,在原计提减值准备的范围内,借记"长期投资减值准备"科目,贷记"管理费用——长期投资减值损失"科目。

(3)公益慈善组织出售或收回长期投资,或者以其他方式处置长期投资时,应当同时结转已计提的减值准备。

▶ ────────────────

例5-3:A为某公益慈善组织,20×1年3月接受捐赠的长期债权投资,捐赠方提供的有关凭证表明该长期债权投资金额为5000元,但该长期债权投资公允价值为10000元,二者相差较大。4月,A公益慈善组织委托X基金管理公司,购入3年期票面利率为6%的B企业长期债权100000元,该债权每年年末付息,到期还本。6月,以货币资金200000元购入C企业5%的股权,采用成本法进行计量,9月C企业宣告发放现金股利100000元,10月A收到该现金股利。年末在对长期投资是否发生减值进行检查,发现长期投资可回收金额为300000元,账面价值290000元,已计提长期投资减值准备7000元。根据以上信息,编制A在20×1年的相关会计分录。

①收到捐赠的长期债权投资

 借:长期债权投资          10000
  贷:捐赠收入           10000

②购入B企业长期债权

 借:长期债券投资——B       100000
  贷:银行存款           100000

③购入C企业股权

 借:长期股权投资——C       200000
  贷:银行存款           200000

④C企业宣告发放股利

 借:其他应收款——C股利      100000
  贷:投资收益           100000

⑤A收到现金股利

 借:银行存款           5000
  贷:其他应收款——C股利      5000

⑥年末对长期投资是否减值进行检查

 借:长期投资减值准备        7000

贷：管理费用——长期投资减值损失　　　　　　　　7000
　⑦年末应收B企业长期债权利息
　　借：其他应收款——B长期债权　　　　　　　　　　4500
　　贷：投资收益　　　　　　　　　　　　　　　　　　4500

## （六）投资收益

　　投资收益科目核算公益慈善组织因对外投资取得的投资净损益。一般情况下，公益慈善组织的投资收益为非限定性收入，除非相关资产提供者对资产的使用设置了限制。对于短期投资、长期股权投资和长期债权投资涉及的投资收益科目的结转，前面会计核算中已经详细描述，这里不再赘述。除此之外，关于投资收益的会计核算如下：期末，将本科目的余额转入非限定性净资产，借记"投资收益"科目，贷记"非限定性净资产"科目。如果存在限定性投资收益，则将其金额转入限定性净资产，借记"投资收益"科目，贷记"限定性净资产"科目。期末结转后，本科目应无余额。

　　**例 5-4**：公益慈善组织 A 在 20×2 年末的投资收益贷方余额为 80000 元，其中有限定性投资收益 10000 元，据此编制相关会计分录。
　①结转限定性投资收益
　　借：投资收益　　　　　　　　　　　　　　　　　　10000
　　贷：限定性净资产　　　　　　　　　　　　　　　　10000
　②结转非限定性投资收益
　　借：投资收益　　　　　　　　　　　　　　　　　　70000
　　贷：非限定性净资产　　　　　　　　　　　　　　　70000

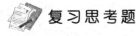
## 复习思考题

1. 公益慈善组织进行筹资管理的目的是什么？
2. 公益慈善组织筹资渠道主要有哪些？
3. 公益慈善组织筹资管理的原则有哪些？
4. 如何对筹资费用管理进行评价？
5. 为何公益慈善组织多选择进行债权性投资？
6. 公益慈善组织进行投资时应遵循哪些原则？

7.公益慈善组织投资管理的人员岗位设置与分工是怎样的?

8.A为某公益慈善组织,20×2年9月发生如下业务:

(1)收到应冲减前期长期借款筹资费用的利息收入2000元。

(2)发生汇兑损失1800元。

(3)对短期投资是否发生了减值进行检查,发现短期投资的市价低于账面价值1000元。

(4)购入5年期票面年利率为8%的B企业长期债权100000元,该债权每年年末付息,到期还本。

(5)通过银行存款300000购买H公司2%的股权,采用成本法计量。

(6)收到G公司宣告并当期发放的现金股利8000元。

(7)F公司宣告发放现金股利500000元,其中属于A的为3%。

根据以上信息,编制相关的会计分录。

# 第六章 公益慈善组织财务报告与分析

> **学习目标**
>
> - 了解公益慈善组织财务报告的概念和目的
> - 理解公益慈善组织财务报告编制的原则
> - 掌握公益慈善组织财务报告的分析方法

## 第一节 公益慈善组织财务报告的目标

### 一、财务报告的概念

财务报告是公益慈善组织提供的反映某一特定日期财务状况和某一会计期间业务活动和现金流量等情况的书面报告。财务报告是公益慈善组织会计核算的最终成果,是公益慈善组织对外提供会计信息的主要形式和信息载体。

### 二、财务报告的目的

根据《民间非营利组织会计制度》的规定,公益慈善组织的财务报告目标是如实反映公益慈善组织的财务状况、业务活动情况和现金流量等信息,并且所提供的信息应当能够满足会计信息使用者(如捐赠人、会员、监管者等利益相关方)的需要。

## 第二节 公益慈善组织财务报告的编制

### 一、财务报告的分类

#### (一)按报告的服务对象分类

公益慈善组织的财务报告按服务的对象不同,可以分为内部报告和外部报告。内部报告是指为适应公益慈善组织内部管理经营需要编制的不对外公开的会计报告,内部报告不要求统一格式,也没有统一的标准。外部报告是指公益慈善组织向外公开报送的,主要供政府部门、其他组织、捐赠者等利益相关者使用的会计报告,通常有统一的编制要求、规定的指标体系和编制时间等要求。

### (二) 按报告编制的时间分类

公益慈善组织的财务报告按编报的时间不同,可分为年度财务报告和中期财务报告。以短于一个完整的会计年度的期间(如半年度、季度和月度)编制的财务报告,称为中期财务报告,一般包括资产负债表和业务活动表,半年财务报告还应包括简略的报表附注。年度财务报告则是以整个会计年度为基础编制的财务报告,包括资产负债表、业务活动表、现金流量表和报表附注等。

### (三) 按报告编制的主体分类

公益慈善组织的财务报告按编制的主体不同,可分为个别财务报表和合并财务报表。个别财务报表是以公益慈善组织本身为会计主体而编制的单独反映公益慈善组织本身的财务状况和经营成果的会计报表,包括对外的会计报表和对内的会计报表。合并财务报表是指公益慈善组织对外投资,而且占被投资单位资本总额50%以上(不含50%),或者虽然占该单位资本总额不足50%但具有实质上的控制权的,或者对被投资单位具有控制权的,应当将被投资单位与本公益慈善组织视为一个会计主体,编制能够反映其整体财务状况和经营成果的会计报表。

### (四) 按报告所提供信息的重要程度分类

按照公益慈善组织的财务报告所提供信息的重要程度不同,可分为主要会计报表和附属会计报表。主要会计报表又称主表,是指所提供的会计信息比较具体、完整,能基本满足各种信息需要者的不同需求的财务报表,主要是全面反映公益慈善组织现金流量、业务活动成果和财务状况,主要有资产负债表、业务活动表和现金流量表。附属会计报表又称附表,是进一步补充说明主表不能或难以具体反映的一些重要信息的会计报表。

## 二、财务报告的编制原则

**1. 以持续经营为基础**

持续经营是会计确认、计量和编制财务报表的基础。公益慈善组织的财务会计以持续经营为前提进行财务报表的编制。

**2. 会计政策前后期保持一致**

公益慈善组织采用的会计政策前后各期应当保持一致,不得随意变更,除非符合下列条件之一:法律或会计制度等行政法规、规章的要求;这种变更能够提供有关公益慈善组织财务状况、业务活动情况和现金流量等更可靠、更相关的会计信息。如有必要变更,应当在会计报表附注中披露变更的内容和理由、变更的累积影响数,以及累积影响数不能合理确定的理由。

**3. 区别资产负债表日后事项**

资产负债表日至财务会计报告批准报出日之间发生的需要调整或说明的有利或不利事项,属于资产负债表日后事项。对于资产负债表日后事项,应当区分调整事项和非调整事项进行处理。

调整事项,是指资产负债表日至财务会计报告批准报出日之间发生的,为资产负债表日已经存在的情况提供了新的或进一步证据,有助于对资产负债表日存在的情况有关的金额作出重新估计的事项。公益慈善组织应当就调整事项,对资产负债表日所确认的相关资产、负债和净资产,以及资产负债表日所属期间的相关收入、费用等进行调整。

非调整事项,是指资产负债表日至财务会计报告批准报出日之间发生的,不影响资产负债表日的存在情况,但不加以说明将会影响财务会计报告使用者作出正确估计和决策的事项。公益慈善组织应当在会计报表附注中披露非调整事项的性质、内容,以及对财务状况和业务活动情况的影响。如无法估计其影响,应当说明理由。

**4. 报表披露时间与计量货币要求**

公益慈善组织的年度财务会计报告至少应当于年度终了后4个月内对外提供。如果公益慈善组织被要求对外提供中期财务会计报告,应当在规定的时间内对外提供。会计报表的填列,以人民币"元"为金额单位,"元"以下填至"分"。

**5. 报表格式的规范化**

公益慈善组织对外提供的财务会计报告应当依次编定页数,加具封面,装订成册,加盖公章。封面上应当注明:组织名称、组织登记证号、组织形式、地址、报表所属年度或者中期、报出日期,并由单位负责人和主管会计工作的负责人、会计机构负责人(会计主管人员)签名并盖章;设置总会计师的单位,还应当由总会计师签名并盖章。

**6. 需要编制合并会计报表的要求**

公益慈善组织对外投资,而且占被投资单位资本总额50%以上(不含50%),或者虽然占该单位资本总额不足50%但具有实质上的控制权,或者对被投资单位具有控制权时,应当编制合并会计报表。

**7. 资产负债表和业务活动表应列报所有科目的前期比较数据**

公益慈善组织当期财务报表中的资产负债表和业务活动表的列报，至少应提供所有列报项目上一会计期间的比较数据，目的是向报表使用者提供对比数据，提高信息在会计期间的可比性，以反映公益慈善组织的财务状况、业务活动情况和现金流量的发展趋势，以满足使用者的信息需求。

**8. 保证财务报告数据的真实可比性**

对于交易或者事项应按照规定的会计处理方法进行，会计信息应当口径一致，相互可比。同一会计期间内的各项收入和与其相关的费用，应当在该会计期间内确认，并使得所发生的费用应当与其相关的收入相配比，同时应当合理划分应当计入当期费用的支出和应当予以资本化的支出。另外，财务报表各个项目的列报和分类应在各期间保持一致，不得随意变更。

## 三、财务报告编制的具体要求

### （一）会计报表

会计报表是指根据日常会计核算资料定期编制的，综合反映公益慈善组织某一特定日期财务状况和某一会计期间业务情况、现金流量的总结性书面报告。公益慈善组织的财务会计报告中的会计报表，应当包括以下三张报表：资产负债表、业务活动表、现金流量表。

**1. 资产负债表**

（1）资产负债表反映公益慈善组织某一会计期末全部资产、负债和净资产的情况。

（2）资产负债表"年初数"栏内各项数字，应当根据上年末资产负债表"期末数"栏内数字填列。如果本年度资产负债表规定的各个项目的名称和内容同上年度不相一致，应对上年末资产负债表各项目的名称和数字按照本年度的规定进行调整，填入资产负债表"年初数"栏内。

（3）资产负债表包括资产类科目、负债类科目以及净资产类科目，并且资产总计等于负债合计加上净资产合计。与企业的资产负债表相比，资产类科目增加了文物文化资产和受托代理资产科目；负债类科目，除与受托代理资产相对应的受托代理负债科目外，其他科目与一般小企业财务会计制度科目设置基本一致。净资产类科目是公益慈善组织资产负债表中的特殊项目，其将全部净资产划分为限定性净资产和非限定性净资产。

## 2. 业务活动表

(1)业务活动表反映公益慈善组织在某一会计期间内开展业务活动的实际情况。

(2)业务活动表"本月数"栏反映各项目的本月实际发生数。在编制季度、半年度等中期财务会计报告时,应当将本栏改为"本季度数""本半年度数"等"本中期数"栏,反映各项目本中期的实际发生数。在提供上年度比较报表时,应当增设可比期间栏目,反映可比期间各项目的实际发生数。如果本年度业务活动表规定的各个项目的名称和内容同上年度不相一致,应对上年度业务活动表各项目的名称和数字按照本年度的规定进行调整,填入业务活动表上年度可比期间栏目内。

业务活动表"本年累计数"栏反映各项目自年初起至报告期末止的累计实际发生数。

业务活动表"非限定性"栏反映本期非限定性收入的实际发生数、本期费用的实际发生数和本期由限定性净资产转为非限定性净资产的金额;业务活动表"限定性"栏反映本期限定性收入的实际发生数和本期由限定性净资产转为非限定性净资产的金额(以"-"号填列)。在提供上年度比较报表项目金额时,限定性和非限定性栏目的金额可以合并填列。

(3)业务活动表主要反映四个一级科目的情况,即收入、费用、限定性净资产转为非限定性净资产和净资产变动额(若为净资产减少额,以"-"号填列)。收入类项目包括捐赠收入、会费收入、提供服务收入、商品销售收入、政府补助收入、投资收益、其他收入几类,与其他会计制度相比,比较特殊的是捐赠收入、会费收入和提供服务收入;费用类项目设置构成比较简单,仅设业务活动成本、管理费用、筹资费用、其他费用几类项目,其中业务活动成本和筹资费用项目比较特殊。

## 3. 现金流量表

(1)现金流量表反映公益慈善组织在某一会计期间内现金和现金等价物流入和流出的信息。

(2)现金流量表所指的现金,是指公益慈善组织的库存现金以及可以随时用于支付的存款,包括现金、可以随时用于支付的银行存款和其他货币资金;现金等价物,是指公益慈善组织持有的期限短、流动性强、易于转换为已知金额现金、价值变动风险很小的投资(除特别指明外,以下所指的现金均包含现金等价物)。

公益慈善组织应当根据实际情况确定现金等价物的范围,并且一贯性地保持其划分标准,如果改变划分标准,应当视为会计政策变更。公益慈善组织确定现金等价物的原则及其变更,应当在会计报表附注中披露。

(3)现金流量表应当按照业务活动产生的现金流量、投资活动产生的现金流量和筹资活动产生的现金流量分别反映。现金流量表所指的现金流量,是指现金的流入和流出。

(4)公益慈善组织应当采用直接法编制业务活动产生的现金流量。采用直接法编制业务活动现金流量时,有关现金流量的信息可以从会计记录中直接获得,也可以在业务活动表收入和费用数据基础上,通过调整存货和与业务活动有关的应收应付款项的变动、投资以及固定资产折旧、无形资产摊销等项目后获得。

## (二)会计报表附注

公益慈善组织的会计报表附注至少应当包括下列内容:

(1)重要会计政策及其变更情况的说明。

(2)董事会(或者理事会或者类似权力机构)成员和员工的数量、变动情况以及对获得的薪金等报酬情况的说明。

(3)对会计报表重要项目及其增减变动情况的说明。

(4)对资产提供者设置了时间或用途限制的相关资产情况的说明。

(5)对受托代理交易情况的说明,包括受托代理资产的构成、计价基础和依据、用途等。

(6)对重大资产减值情况的说明。

(7)对公允价值无法可靠取得的受赠资产和其他资产的名称、数量、来源和用途等情况的说明。

(8)对外承诺和或有事项情况的说明。

(9)对接受劳务捐赠情况的说明。

(10)对资产负债表日后非调整事项的说明。

(11)对有助于理解和分析会计报表需要说明的其他事项。

## (三)财务情况说明书

公益慈善组织的财务情况说明书至少应当对下列情况作出说明:

(1)公益慈善组织的宗旨、组织结构以及人员配备等情况。

(2)公益慈善组织业务活动基本情况、年度计划和预算完成情况、产生差异的原因分析、对下一会计期间业务活动的计划和预算等。

(3)对公益慈善组织运作有重大影响的其他事项。

# 第三节 公益慈善组织财务报告分析

## 一、财务报告分析的意义

公益慈善组织财务报告分析是指财务报告的使用者通过利用财务报表提供的基础数据资料,结合其他有关的信息,运用专门的分析方法,对公益慈善组织的财务状况、业务活动情况和现金流量等情况进行综合比较和评价,以获得相关决策信息的一项工作。财务报告分析具有如下意义:

**1. 对捐赠者的意义**

通过对公益慈善组织的财务报告进行分析,捐赠者可以获得自己所关心的公益慈善组织资金的使用及其业务开展情况的信息,进而合理地选择捐赠对象进行捐赠。

**2. 对内部管理者的意义**

对公益慈善组织本身的内部管理者而言,通过对公益慈善组织的财务报告进行分析,能够充分了解组织财务状况和报告期内的业务成果,剖析公益慈善组织的内部运作管理情况,进一步找出组织在运营过程中的薄弱环节,总结在报告期内的经验教训,从而优化改进组织的内部管理方式,更好地确定公益慈善组织的发展方向。

**3. 对国家有关部门和社会监督部门的意义**

对国家有关部门和社会监督部门而言,通过对公益慈善组织的财务报告进行分析,能够更好地掌握公益慈善组织业务活动和财务收支状况,检查公益慈善组织资金运用情况,考查公益慈善组织对财经纪律、法规、制度的遵守情况,分析不同类型、不同地区、不同规模公益慈善组织在经济运营中存在的问题,并以此作为确定公益慈善组织发展的依据,便于进行宏观调控,实施监督管理。

**4. 对债权人的意义**

通过对公益慈善组织的财务报告进行分析,债权人可以从财务报告中取得他们关心的公益慈善组织的偿债能力信息,为债权人进行风险控制,以及为未来进行借贷决策提供依据。

## 二、财务报告的分析方法

### (一)比较分析法

比较分析法是将同一项数据或指标在不同的时间和空间进行对比,揭示客观存

在的差异,并进一步分析产生差异的原因的一种方法。具体包括以下内容:

**1. 绝对差异分析**

绝对差异分析主要用来观察差异的规模。

$$绝对差异=实际值-标准值$$

**2. 相对差异分析**

相对差异分析主要用于观察差异的水准。

$$相对差异=(实际值-标准值)/标准值\times100\%$$

**3. 差异百分点分析**

差异百分点分析主要用于观察差异的程度。

$$差异百分点=实际百分点-标准百分点$$

模型中的标准值通常有历史标准、预期标准和同类公益慈善组织标准等。对于标准的选择不同,分析的意义也会有差异。历史标准主要指以前各期实现的数据或历史最好水平。将实际值与历史标准对比,可以揭示该指标的变化方向与变化程度,进而分析其影响因素,把握变动规律,最终预测出未来的发展趋势。预期标准主要指公益慈善组织制定的关于工作的预算、计划等指标,将实际值与预期标准进行对比,可以明确预期指标的完成情况。同类公益慈善组织标准是指规模、类别等与自己类似的公益慈善组织的平均水平,将实际值与同类公益慈善组织标准进行对比,可以了解该公益慈善组织与同类公益慈善组织间存在的差距,明确该公益慈善组织在整个公益慈善行业中的地位。

### (二)比率分析法

比率分析法是比较分析法的发展,是指将影响某个指标的两个相关因素联系起来,通过计算比率来分析它们之间关系,进而分析和评价公益慈善组织财务状况和业务绩效的一种方法。具体包括以下内容:

**1. 相关比率**

相关比率,是根据经济指标之间存在相互依存、相互联系的关系,将两个性质不同但又相互联系的指标加以对比而计算出的具有另一个经济含义的比率。如流动资产和流动负债是两个性质不同的财务指标,但二者之间又存在着密切的内在联系,通过将流动资产和流动负债进行对比,可以计算出流动比率指标,作为反映组织的短期偿债能力的参考指标。

**2. 构成比率**

构成比率,是指将某项经济指标的组成部分与该经济指标的总体进行对比,计算出组成部分占总体的比重而形成的比率。比如将公益慈善组织的各项收入与收入总额相比,可计算出各项收入占总收入的比重,能够反映出公益慈善组织的收入结构,有利于进一步分析组织收入结构的科学性和合理性,以改进组织的收入结构。

**3. 动态比率**

动态比率,是指将不同时期具有同一性质和类别的财务变量或指标进行对比,计算得出的比率。通过动态比率可以反映和观察某项经济活动的变动方向、变动程度以及发展趋势。运用动态比率进行分析的方法也称趋势分析法,根据比较标准的时期不同,具体可分为定基比率法和环比比率法。定基比率法是将分析期的财务变量与固定基期的财务变量进行对比,计算出比率,以反映当前财务变量与基期财务变量的变动及趋势。环比比率法是将不同分析期的财务变量分别与前一分析期的财务变量相对比,计算出比率,以反映每相邻时期的财务指标变动情况。

### (三)因素分析法

因素分析法是当某项综合指标可表示为若干项相互联系的因素的乘积时,按照一定的程序和方法,计算确定各因素的变动对综合指标的影响程度的分析方法。综合指标往往是由多个相互依存的因素构成的,由于每个因素的变化不同,产生的影响也不同,通过因素分析法,可以找出主要的关键因素,为进一步分析和评价公益慈善组织的财务状况和业务绩效提供依据。一般而言,因素分析法可分为比率因素分解法、连环替代法和差额分析法。

**1. 比率因素分解法**

比率因素分解法,是指把一个财务比率分解为若干个影响因素的方法。在实际的分析中,通常比率因素分解法和比较分析法是结合使用的。比较之后需要分解,以深入了解差异的原因;分解之后还需要比较,以进一步认识其特征。

**2. 连环替代法**

连环替代法是指根据因素之间的内在依存关系,依次测定各因素变动对经济指标差异影响的一种分析方法,其计算程序一般分为以下五个步骤:

(1)确定分析对象,运用比较法计算出分析指标的实际值和标准值的总差异。

(2)找出影响指标的各种因素,建立指标和因素之间的关系式。

(3)按照关系式的排列顺序,依次用各种因素的实际值替代标准值,计算出替代结果。

(4)比较相邻两次的替代结果,得到各因素变动对分析指标的影响方向和程度。

(5)检验分析结果。将各因素变动对分析指标的影响值相加,其代数和应等于分析对象,即总差异。

用代数形式来表达上面的步骤可列示如下:设某一分析指标 $M$ 是由相互联系的 $A$、$B$、$C$ 三个因素相乘得到,下标"0"为计划值,下标"1"为实际值。

①确定分析对象:$M_1 - M_0 =$ 总差异

②建立关系式:

计划指标 $M_0 = A_0 \times B_0 \times C_0$

实际指标 $M_1 = A_1 \times B_1 \times C_1$

③进行连环替代:

计划指标 $A_0 \times B_0 \times C_0 = M_0$

第一次替代 $A_1 \times B_0 \times C_0 = M_2$

第二次替代 $A_1 \times B_1 \times C_0 = M_3$

第三次替代 $A_1 \times B_1 \times C_1 = M_1$

④计算影响方向和程度:

$A$ 因素变动对 $M$ 的影响 $\Delta A = M_2 - M_0$

$B$ 因素变动对 $M$ 的影响 $\Delta B = M_3 - M_2$

$C$ 因素变动对 $M$ 的影响 $\Delta C = M_1 - M_3$

⑤检验分析结果:

$M_1 - M_0 = \Delta A + \Delta B + \Delta C$

**3. 差额分析法**

差额分析法是连环替代法的简化计算方法,计算原理与连环替代法完全一致,唯一的不同之处在于差额法是直接用各因素的实际值与标准值的差额来计算其影响数额,亦即将连环替代法中的(3)与(4)两步合为一步进行。

**(四)综合分析与评价法**

综合分析与评价法主要是在对公益慈善组织已经做了一系列的分析后,要对组织财务状况和业务绩效做出综合分析和评价时所采用的方法,常见的主要有综合指数法和综合评分法。

**1. 综合指数法**

综合指数法是指将综合分析与评价的结果用综合指数表示。首先确定影响综合指数的各项指标,然后将反映综合指数的指标数通过统计学处理,使不同计量单位、性质的指标值标准化,得到各项指标的个体指数,最后考虑各项指标在评价综合结果时具有不同的重要性,赋予各项指标指数以不同的权重,加权汇总各项指标指数得到综合指数,以这个综合指数的高低反映评价结果的好坏。其基本思路是利用层次分析法计算的权重和模糊评判法取得的数值进行累积,然后相加,最后计算出综合评价指数。

**2. 综合评分法**

综合评分法是在确定影响综合评价的各项指标后,分别按不同指标的评价标准对各评价指标进行评分,然后汇总得出综合评价分数,以这个综合评价分数的高低反映评价结果的好坏。该方法适用于评价指标无法用统一的量纲进行定量分析的场合。

 复习思考题

1. 编制公益慈善组织财务报告的目的是什么?
2. 公益慈善组织财务报告可以按哪些标准进行分类?
3. 编制公益慈善组织财务报告应遵循哪些原则?
4. 对公益慈善组织财务报告进行分析有何意义?
5. 公益慈善组织财务报告的分析方法有哪些?

# 第七章 公益慈善组织财务绩效评估

**学习目标**

- 了解公益慈善组织财务绩效评估的相关概念
- 理解公益慈善组织财务绩效评估的方法
- 掌握公益慈善组织财务绩效评价指标

## 第一节 公益慈善组织财务绩效评估概述

### 一、绩效的内涵

对于公益慈善组织而言,绩效是指公益慈善组织作为一个整体,在管理和服务等行为中所取得的业绩、成就和影响。运用"绩效"概念衡量公益慈善组织活动的效果,其外延不仅涉及组织的运营效率层面,还应该包括运营成本、社会影响力、项目或服务的公益绩效、发展预期等多元目标的实现。

### 二、财务绩效评估的内涵

评估是指人们对某个特定的评估客体进行评价,是一种主观的认识活动。广义上,评估是指按照一定的标准对人或物进行的一种价值判断过程;狭义上,评估是为了达到一定的目的,运用科学的方法,按照一定的程序,采用规范的指标体系,对特定组织或项目某一方面或者整体状况进行系统评价、判断、分析的过程。公益慈善组织评估是运用科学的评估方法和工具,根据公益慈善组织的特征,对公益慈善组织一定时期内的制度建设、内部治理、业务活动、工作绩效、财务情况及社会影响等进行综合性评价的活动。

公益慈善组织的财务绩效评估属于公益慈善组织评估中专门针对其财务绩效部分的评估,侧重对公益慈善组织的财务绩效的评价,是指运用科学的标准、方法和程序,通过对组织在管理效率、服务质量、公共责任、公众满意度等方面涉及的财务活动以及财务关系,进行的综合评价和判断。按照公益慈善组织的运作模式分类,可以将公益慈善组织的财务绩效评估内容,分为对组织日常运作的财务绩效评估和对项目管理的财务绩效评估两个方面。按照组织的财务管理视角分类,可以将公益慈善组织的财务绩效评估内容,分为对进行各种财务活动的绩效评估和处理各种财务关系的绩效评估两类。

## 第二节 公益慈善组织财务绩效评估体系

### 一、公益慈善组织财务绩效评估的目标

#### (一)满足内部需求

**1. 提高组织的管理效率**

正确评估公益慈善组织的财务状况,不仅可以满足组织管理者及时发现当前财务管理模式的不足,而且有利于及时纠正组织财务管理效率低下的问题。财务管理效率的提高,有利于组织整体管理效率的提高。

**2. 实现项目的高效运转**

财务绩效评估可以从财务的视角,反映出当前正在运行项目的可行性和有效性,为及时调整项目的运行模式提供依据。

**3. 更好地履行受托责任**

通过将财务绩效评估的相关结果向外公布,有利于管理者更好地履行受托责任,促使组织更好地完成其社会使命。

#### (二)满足外部需求

**1. 满足社会公众对组织了解和认同的需要**

通过对财务绩效的评估和对评估结果的充分披露,可以增加组织的透明度,提高组织的公信力。通过评估组织的财务绩效,可有效建立起与外部的一种良性互动机制,增进社会公众对组织的认同感。

**2. 满足相关部门的监管要求**

监管部门的主要责任是对公益慈善组织在开展业务过程中的合规性、合法性实施监督。而公益慈善组织开展各项活动是否符合相关法律、法规的要求,往往可以通过财务绩效评估的结果进行一定程度的反映。因此,开展公益慈善组织财务绩效评估,有利于实现相关部门对公益慈善组织的监管。

## 二、公益慈善组织财务绩效评估的主体

公益慈善组织财务绩效评估的主体包括政府、专业评估机构、公益慈善组织自身等。

### (一)政府

政府作为公益慈善组织的监管方和资源提供方,需要通过对公益慈善组织的财务绩效评估来评价和判断其资源的配置效率。一方面,政府作为资金的提供方之一,需要通过对公益慈善组织的财务绩效评估,进行资源配置效率的评价,以确定持续性地给予哪些公益慈善组织以资金支持;另一方面,政府作为公益慈善组织的监督者,需要通过对公益慈善组织的财务绩效评估,判断其资源使用效率,以及资源的使用是否符合社会价值最大化的需求,以确定资源的配置对象。

### (二)专业评估机构

专业评估机构是公益慈善组织财务绩效评估的又一主体。专业评估,通常指聘请专家组成绩效考评小组,依据特定的评估标准,对评估对象进行评估。作为独立第三方的专业评估机构,在评价公益慈善组织财务绩效的过程中发挥着重要作用。专业评估机构通常包括两类:一类是公益慈善组织聘请的外部专家;另一类是始终处于独立第三方的专业性评估机构。

### (三)公益慈善组织

公益慈善组织自身可以作为评估主体,对自己的财务工作绩效进行评估。通过在组织内部进行财务绩效评估,有利于提高财务资源的使用效率,为获取更多的资源支持提供评估参考依据。

## 三、公益慈善组织财务绩效评估的客体

### (一)非营利性

公益慈善组织"不以营利为目的"的含义是指该组织以服务于社会、团体的公益事业为目的,以社会使命作为组织的宗旨,同时从分配上来看,非营利活动过程中所得到的收入,不能作为利润分配给资金提供者。进行公益慈善组织财务绩效评估,首先需要对组织的"非营利性"进行评价。

### (二)筹资能力

公益慈善组织的筹资能力是指通过自身的努力,从政府及其他渠道获得资金的能力。筹资能力直接决定公益慈善组织是否能够实现可持续性发展。筹资能力

是公益慈善组织财务绩效评估的重要内容之一,它能够反映公益慈善组织在一定规模基础上,通过提高服务质量和水平,扩大社会影响力来努力争取更多资源的能力。

### (三) 运营能力

运营能力是指投入与产出的比率。运营能力既体现在组织的公益事业活动中,也体现在日常管理活动中。公益慈善组织在运营过程中,主要通过提高运营能力,树立良好的社会形象,努力争取各种形式的资助,通过自我宣传和项目申请来获得经费支持。在开展公益性活动的同时,开展与自身业务相符并不以营利为目的的合法经营活动,努力做到自食其力。运营能力的强弱,充分体现了公益慈善组织的竞争能力,是财务绩效评估的核心内容之一。

### (四) 发展能力

发展能力反映了公益慈善组织的发展潜力,通过对一系列相关指标的分析,评价和判断公益慈善组织的发展动力是否充足。随着市场经济体制的逐步确立,公益慈善组织的发展与壮大已成为必然趋势,组织之间的竞争越来越激烈,要想在激烈的公益慈善组织的竞争中取胜,组织必须要有长远的发展眼光,并且不断增强自身的竞争力,提高项目运作能力和风险防范意识。全面考核和评价公益慈善组织的发展能力,也是公益慈善组织财务绩效评估的重要内容之一。

## 四、公益慈善组织财务绩效评估的依据

公益慈善组织财务绩效评估通常依据财务报告、项目预算相关资料、会计凭证等资料进行。财务报告是反映公益慈善组织财务状况、收支运营情况、现金流量等信息的书面报告。基本功能在于:①提供本期如何获得和使用资金的信息;②提供期末可供未来使用资金的信息;③报告组织在将来持续提供服务的能力。经过审计后合法公允的财务报告是公益慈善组织进行财务绩效评估的主要依据。

## 五、公益慈善组织财务绩效评估的标准

### (一) 内部评估标准

**1. 预算标准**

预算标准是使用较为广泛的评估标准。它具有良好的可比性,可以量化,易于操作。预算指标在制定过程中应遵循严密性和制定标准成员的独立性。预算标准

是比较理想的评价标准,对于公益慈善组织而言,具有较强的适用性。

**2. 组织的历史平均水平**

以组织的历史平均水平为参照,可以进行组织内部的纵向比较。由于公益慈善组织之间业务活动的差异性,使得组织之间难以恰当地按照某一特定标准进行比较,组织自身的历史数据对于评价公益慈善组织的财务绩效更具有说服力。历史数据标准按照基期的不同可分为同比和环比两种,其优点是数据容易获得,获取数据的成本较小。

**(二) 外部评价标准**

**1. 行业主管部门或政府颁布的数据标准**

由行业主管部门或政府颁布的数据标准,多是针对公益慈善组织的非营利性要求提出来的。这种标准一般具有强制力,是公益慈善组织必须共同遵守的强制性规定。例如,中华人民共和国国务院令第400号公布的《基金会管理条例》第二十九条明确规定:"公募基金会每年用于从事章程规定的公益事业支出,不得低于上一年总收入的70%;非公募基金会每年用于从事章程规定的公益事业支出,不得低于上一年基金余额的8%。基金会工作人员工资福利和行政办公支出不得超过当年总支出的10%。"这些强制性的规定,为公益慈善组织进行财务绩效评估提供了一定的标准。

**2. 同类型组织的平均水平**

按照不同的标准对公益慈善组织进行分类,再按照不同类型的公益慈善组织,设置不同类型组织的平均水平,作为财务绩效评估的标准,能够对公益慈善组织进行很好的定位,以评估组织的财务绩效,确定其发展水平和方向。

## 六、公益慈善组织财务绩效评估报告

评估报告是评估人员在完成评估工作后,向进行评估工作的委托方提交的说明评估目的、程序、标准、依据、结果以及基本结构分析等情况的文件。它是财务绩效评估系统的成果体现。公益慈善组织的财务绩效评价是一个综合系统(见表7-1),系统内各因素之间相互影响、相互联系。不同的财务绩效评估目标决定了对不同的评估对象、评估指标和评估标准的选择,其评估报告形式也不同。

表 7-1  公益慈善组织财务绩效评估框架图

| 公益慈善组织财务绩效评估框架 | 评价目标 | 内部需要 |
| --- | --- | --- |
| | | 外部需要 |
| | 评价主体 | 政府 |
| | | 专业评估机构 |
| | | 公益慈善组织本身 |
| | 评价客体 | 非营利性 |
| | | 筹资能力 |
| | | 运营能力 |
| | | 发展能力 |
| | 评价依据 | 财务报告及财务资料 |
| | 评价指标 | 整体层级 |
| | | 项目层次 |
| | 评价方法 | 单指标分析法 |
| | | 财务绩效综合评价法 |
| | 评价报告 | 财务绩效评估报告 |

## 七、公益慈善组织与营利性组织财务绩效评估框架的比较

### （一）评估目标不同

营利性组织的财务绩效评估是以提高组织的营利能力为根本目的。公益慈善组织在进行财务绩效评估过程中，重点关注组织的财务运营状况，即是否完成组织的使命，以及资金是否被合理有效地使用。

### （二）评估主体不同

营利性组织的绩效评估主要来源于组织内的评估。公益慈善组织的评估主体比较多元化，包括政府、组织外部专业评估机构等。评估主体的不同，表明了公益慈善组织对外部环境的影响力广泛，同时，也说明构建公益慈善组织财务绩效评估体系的复杂性。

### （三）评估过程不同

营利性组织的经营活动在一定的时期内具有相对稳定性和重复性，这就使得对营利性组织的评估可以相对的模式化和固定化。然而，公益慈善组织主要通过公益慈善项目开展活动，公益慈善项目的种类繁多，各类项目的重复度较低，使得公益慈善组织在进行财务绩效评估过程中的标准化程度较低，建立的各项财务绩效评估指

标,针对不同的公益慈善项目,不一定具有广泛的适用性,不同的财务绩效指标在不同的公益慈善组织之间,甚至在同一公益慈善组织的不同时期,可比性均较低。

### (四)评价指标不同

对营利性组织的财务绩效评估指标的选择,具有标准化和一致性的特征,多数会从营利性组织的"生存、发展、获利"的目标出发,选择净资产收益率、总资产报酬率、市净率等量化指标来进行。公益慈善组织不以营利为目的,它所提供的服务或商品通常只是象征性地收取部分费用甚至全部免费,对公益慈善组织的绩效评价,更多地从实现的社会价值、社会影响力、社会环境的改善、社会问题的解决情况等方面来进行。

## 第三节 公益慈善组织财务绩效评估方法

### 一、财务绩效评估指标的设计原则

#### (一)重要性原则

重要性原则有两层含义:第一,全面性与重要性相结合原则。重要性是指在指标设计过程中,应该遵循性质重要和金额因素两个方面的内容。在公益慈善组织财务绩效评估指标体系的建立过程中,既要考虑重要性,也要充分考虑全面性,这样有助于从影响绩效的财务的各个方面,对公益慈善组织的绩效进行综合评估。第二,遵循成本效益原则。如果为获取该项指标所需成本远远大于其带来的价值,一般应采取放弃该项评估指标,转而启用其他替代指标。

#### (二)系统性原则

系统分析的基本思想是整体最优化,必须考虑局部评价与整体评价相结合的原则。在财务绩效评估指标体系的设置上,应以构建科学、完整的评估系统为出发点,既考虑各指标对实现评估目标的重要程度,又考虑各类指标在评估指标体系中的合理构成,以及指标间的勾稽关系和逻辑关联度,通过指标的合理取舍和指标约束的设置,达到评估指标既能突出重点,又能保持相对的均衡统一,实现评估系统的最优化。

#### (三)相关性原则

相关性原则是指财务绩效评估指标设计能够满足公益慈善组织利益相关者的要求。无关的指标不仅不能反映公益慈善组织的绩效状况,而且会造成资源的浪费。

#### (四)可操作性原则

为了满足评估的需要,应从公益慈善组织实际情况出发,财务绩效评估指标应该概念清晰,表达方式简单易懂,数据来源易于采集,具有实际可操作性。

## 二、财务绩效评估指标的设计思路

设计公益慈善组织的财务绩效评估体系时,应充分考虑组织的业务活动特点。

根据各个类型的公益慈善组织的活动领域和运作方式的不同,可以将公益慈善组织的内部运作过程,分为以"项目管理"为主的业务运作模式和以"内部运作"为主的业务运作模式。针对两种基本模式,分别建立侧重"项目管理"和"内部运作"两个方面的财务绩效评估指标系统,满足公益慈善组织的评估需要。

## 三、财务绩效评估指标的设计步骤

### (一)了解公益慈善组织从事业务的特点

在外部环境一定的条件下,公益慈善组织的使命决定其财务绩效的范畴。由于每一个公益慈善组织从事的业务类型具有多样性特征,涉及领域包括助残、养老、扶弱、济困、环保等许多方面,既具有一般民间非营利组织的共性,又具有公益慈善组织自身的特点。因此,了解公益慈善组织的业务类型、资金来源渠道、项目执行领域、社会使命等特点,有利于更好地设计公益慈善组织的财务绩效评估指标。

### (二)确定影响组织财务绩效的关键因素

对公益慈善组织的财务绩效进行评估,需要分析影响财务绩效的关键因素。通常影响营利性组织(比如企业)的财务绩效的关键因素包括资产结构、资产使用效果、资产使用效率、财务风险、收入结构、支出结构、收入完成情况、支出控制情况、收入弥补支出的能力等。由于公益慈善组织具有非营利性、非政府性、公益性或志愿性的特征,在借鉴企业的财务绩效关键影响因素的条件下,需要考虑不同类型的公益慈善组织自身的特点,分析其财务绩效的关键影响因素,针对公益慈善组织的内部治理结构、资产结构状况、资金来源结构、业务活动情况、管理效率等因素,进行具体分析,以此确定不同公益慈善组织的财务绩效的关键影响因素。

### (三)收集相关信息,更新和修正指标

在发现公益慈善组织财务绩效的关键影响因素的基础上,初步构建以关键影响因素为核心的公益慈善组织财务绩效评估指标体系,并根据公益慈善组织的自身特征,对初步建构的评估指标,进行不断的修订和完善,伴随实践的发展,不断优化财务绩效评估指标体系。因此,公益慈善组织的财务绩效评估系统,是一个开放和发展的体系,应该在充分收集不同时期信息的基础上,不断地更新、修正或完善评估指标,为公益慈善组织整体发展提供财务绩效评估信息。

## 四、公益慈善组织财务绩效评估指标体系的建立

### (一)公益慈善组织财务绩效评估指标

**1. 非营利性(或称公益性)指标**

$$公益慈善事业支出占总支出的比率 = \frac{年度公益慈善事业支出额}{年度支出总额}$$

这一比率表明公益慈善事业支出占年度总支出的比重,该比重越高,表明公益慈善组织的支出中用于公益慈善事业的支出越多。这个指标是公益慈善组织非营利性的主要反映,也是公益慈善组织绩效水平的综合反映。

$$公益慈善事业支出占上一年度收入的比率 = \frac{本年度公益慈善事业支出额}{上一年度收入总额}$$

这一比率表明公益慈善组织上年度的收入总额中,用于本年度的公益慈善事业的支出比例。该比率数值越高,说明在公益慈善组织的收入中用于公益慈善事业的支出越多,反映该组织的非营利性越强。

$$公益慈善事业支出占上一年度净资产的比率 = \frac{本年度公益慈善事业支出额}{上一年度末净资产总额}$$

这一比率表明公益慈善组织中上年末净资产中,有多少比率的资金用于本年度的公益慈善事业支出。该比率数值越高,说明公益慈善组织将上年末净资产,用于本年度的公益慈善事业的支出越多,反映该组织的非营利性越强。

**2. 筹资能力指标**

$$总收入 = 本年度收入总额$$

这一指标反映公益慈善组织年度内通过各种途径所筹集到的无需偿还的资金额度。这是公益慈善组织开展公益慈善活动的财力保障。年度内获得的总收入越多,说明公益慈善组织的筹资能力越强。

$$总收入增长率 = \frac{本年度收入总额 - 上一年度收入总额}{上一年度收入总额}$$

这一指标说明公益慈善组织总收入较上一年增长变化的程度。指标数值越高,说明公益慈善组织的筹资能力越强,绩效越高。

$$非财政补助收入比率 = \frac{年度非财政补助收入额}{年度收入总额}$$

公益慈善组织的收入分为财政补助收入与非财政补助收入。随着财政体制的改革,财政对公益慈善组织的补助越来越理性,公益慈善组织应当积极自创收入,并努力争取社会捐赠与企业资助,从而扩大非财政补助收入,扩大筹资渠道。非财政

收入在总收入中所占比率越高,说明公益慈善组织的筹资能力越强,绩效越高。

$$非财政补助收入增长率=\frac{本年度非财政补助收入额-上一年度非财政补助收入额}{上一年度非财政补助收入额}$$

这一指标说明非财政补助收入较上一年增减变化的程度。指标数值越高,说明公益慈善组织的社会筹资能力越强。

$$捐赠收入占总收入比率=\frac{捐赠收入总额}{年度收入总额}$$

捐赠收入是公益慈善组织的主要收入来源之一,捐赠收入占总收入的比重,表明公益慈善组织的募款能力的强弱。该比例越高,表明公益慈善组织的社会募款能力越强。

$$筹资费用率=\frac{筹资费用额}{年度筹资总额}$$

这里的年度筹资总额包括公益慈善组织的全部收入,也包括负债而筹集到的资金。该指标数值越低,则说明公益慈善组织能够运用较低的筹资费用,筹集到较多的资金。该指标越低,表明其筹资能力越强。

**3. 运营能力指标**

$$收入支出比率=\frac{年度收入总额}{年度支出总额}$$

这一指标说明年度收入对支出的保证程度。指标数值越接近,说明公益慈善组织的运营能力越强,绩效越高。

$$公益慈善事业支出增长率=\frac{本年度公益慈善事业支出额-上一年度公益慈善事业支出额}{上一年度公益慈善事业支出额}$$

这一指标说明公益事业支出现模的增长变化程度。指标数值越高,说明公益慈善组织的运营能力越强,绩效越高。

$$提供服务收入增长率=\frac{本年度提供服务收入总额-上一年度提供服务收入总额}{上一年度提供服务收入总额}$$

提供服务收入是指公益慈善组织通过提供服务或者承接服务,开展的公益慈善活动取得的收入,提供服务收入的增加能补充公益慈善资金,以支持公益慈善事业的发展。因此,提供服务收入的增长率越高,说明公益慈善组织的运营能力越强。

$$提供服务收入成本费用率=\frac{年度内为获取提供服务收入而发生的成本费用}{年度提供服务收入总额}$$

提供服务收入成本费用率越低,说明公益慈善组织经营能力越强,也在一定程度上反映出公益慈善组织的运营能力较好。

$$人均创收额=\frac{本年度收入总额}{本年度内员工平均人数}$$

人均创收额越高,说明公益慈善组织的运营能力越强,绩效越高。

$$行政支出占总支出的比率(或称管理费用比率) = \frac{年度行政支出额}{年度支出总额}$$

该比率反映公益慈善组织的管理效率。这一比率越低,说明公益慈善组织运营能力越强,能够采用较低的管理成本,完成公益慈善组织的内部管理,表明该组织的运营绩效较高。但是这一比率也并非越低越好,任何一个组织开展活动都会有一定的行政开支,公益慈善组织也应当注重自身的能力建设,包括对员工的培训。只有公益慈善组织的行政能力得到提高,资金才能被更为有效地使用。因此,公益慈善组织应该根据自身特点,找到合适的最优管理费用合理区间,最大化提高内部的运营管理效率。

**4. 发展能力指标**

$$资产负债率 = \frac{年末负债总额}{年末资产总额}$$

这一指标反映公益慈善组织的资产负债情况。资产负债率越低,说明公益慈善组织主要依靠自身通过募捐等其他资金渠道,解决公益慈善事业支出资金,并未依靠负债,表明自身发展能力较强。但是,公益慈善组织由于自身的业务特点,现实中,很少采用借款的方式来从事公益慈善事业,因此,该指标在当前的公益慈善组织中,普遍都处于一个较低的资产负债率水平,这属于当前中国公益慈善组织发展的正常现象,也充分表现出公益慈善行业的基本特征。

$$投资收益率 = \frac{本年度投资收益}{(期初投资总额 + 期末投资总额) \div 2}$$

投资收益占总投资金额的比率,表明公益慈善组织在进行公益慈善事业的同时,为了不断扩大公益慈善资源,对公益慈善资产进行了投资,以实现其保值增值的目标,有利于公益慈善组织的可持续性发展。该指标可以用于对公益慈善组织的发展能力的评测。自2019年1月开始施行的民政部颁布的《慈善组织保值增值投资活动管理暂行办法》,为公益慈善组织进行资产的保值增值,提供了具体的法规依据。但是,公益慈善组织的使命和宗旨,决定了其进行投资的目标,首先是为了对慈善资产进行"保值",在保值的基础上,适当的增值即可,这有别于企业这类营利性组织进行的投资项目追求高风险高收益的模式。

$$捐赠收入增长率 = \frac{本年度捐赠收入总额 - 上一年度捐赠收入总额}{上一年度捐赠收入总额}$$

作为公益慈善事业的主要资金来源之一的捐赠收入,逐年增长有利于为公益慈善组织提供可持续性的资金来源,有利于公益慈善组织整体收入水平的提高。

$$净资产增长率 = \frac{年末净资产 - 上一年末净资产}{上一年末净资产}$$

净资产是公益慈善组织从事公益慈善事业、抵御各种风险的依靠和保障。公益慈善组织的净资产的不断增长,充分表明公益慈善组织具有良好的发展势头,发展情况良好。

$$总资产增长率 = \frac{年末资产总额 - 年初资产总额}{年初资产总额}$$

总资产的增加意味着可以为公益慈善服务提供强有力的资产保障,该指标逐年递增,说明公益慈善组织的整体发展向好,资产保障能力增强,有利于支撑公益慈善组织的良性发展。

$$人均培训费用增长率 = \frac{本年度人均培训费用 - 上一年度人均培训费用}{上一年度人均培训费用}$$

提高员工的素质有利于提高组织的发展能力。该指标越高,说明公益慈善组织发展能力越强,有利于绩效的提高。

具体的财务绩效评估指标如表7-2所示。

表7-2 公益慈善组织财务绩效评估指标

| 目标层 | 准则层 | 指标层 |
| --- | --- | --- |
| 公益慈善组织财务绩效评估指标 | 非营利性 | 公益慈善事业支出占总支出的比率 |
| | | 公益慈善事业支出占上一年度收入的比率 |
| | | 公益慈善事业支出占上一年度净资产的比率 |
| | 筹资能力 | 总收入增长率 |
| | | 非财政补助收入比率 |
| | | 非财政补助收入增长率 |
| | | 捐赠收入占总收入比率 |
| | | 筹资费用率 |
| | 运营能力 | 收入支出比率 |
| | | 公益慈善事业支出增长率 |
| | | 提供服务收入增长率 |
| | | 提供服务收入成本费用率 |
| | | 人均创收额 |
| | | 行政支出占总支出的比率 |
| | 发展能力 | 资产负债率 |
| | | 投资收益率 |
| | | 捐赠收入增长率 |
| | | 净资产增长率 |
| | | 总资产增长率 |
| | | 人均培训费用增长率 |

## （二）公益慈善组织财务绩效的综合评估方法

**1. 雷达图法**

雷达图法亦称综合财务比率分析图法，又称蜘蛛网图法。雷达图法是将主要财务分析指标进行汇总，绘制成一张直观的财务分析雷达图，从而达到综合反映企业总体财务状况目的的一种方法，有时又称判断企业财务状况图法。为了充分发挥雷达图的分析功能和作用，通常将被分析的各项财务比率指标与行业平均水平或企业自身希望达到的水平或历史最好水平进行比较，以便进一步反映企业的财务状况优劣，找出原因，有针对性地提出改进措施。

雷达图法通过图表能够清晰地反映出数据的各种特征，能够比较全面、直观、准确地反映组织的现实运行轨迹与预定发展方向的差距。但它也存在一定的不足之处，具体而言如下：第一，各个指标的重要性没有加以区分反映；第二，没有对财务状况给出一个综合性的评价结论，无法发挥综合评价对财务状况总体趋势反映的功能。

**2. 沃尔比重评分法**

沃尔比重评分法是财务综合评价的创始人亚历山大·沃尔提出的，当时在进行财务分析时，人们常遇到的一个主要困难是在计算出各项财务比率后，无法判定其是偏高还是偏低，将所测算比率与本企业的历史水平或计划、定额标准相比，也只能看出本企业自身的变化，很难评价其在市场竞争中的优劣地位。为了弥补这些缺点，沃尔在《信用预测研究》和《财务报表比率分析》中提出了信用能力指数的概念，他把选定的流动比率、产权比率、固定资产比率、存货周转率、应收账款周转率、主权资本（即所有者权益）周转率、固定资产周转率等七项财务比率用线性关系结合起来，并分别给定各自在总评价中占的比重，总和为100分。然后确定标准比率，并与实际比率相比较，得出各项指标的得分。最后求出总评分，根据总评分对企业的财务状况做出综合评价。

沃尔比重评分法最先提出了财务综合评估的模型。该模型的思路一直影响着以后综合评估的研究。但是，沃尔比重评分法存在两个缺陷：一是所选定的七项指标缺乏证明力，在理论上讲，并没有什么方法加以证明为什么要选择这七个指标以及每个指标所占比重的合理性；二是从技术上分析，沃尔比重评分法存在一个问题，即当某项指标严重异常时，会对总评分产生不合逻辑的重大影响。这是由于相对比率是比重相乘引起的。例如财务比率如提高1倍，评分将增加100%，而财务比率缩小1倍，评分只减少50%。所以，在应用沃尔比重评分法评价公益慈善组织的综合财务状况时，必须注意由于技术性问题导致的总评分结果的异常问题，否则，可能会得出不正确的结论。

**3. 综合评分法**

由于原始意义上的沃尔比重评分法存在一定的缺陷，人们对该方法进行了相应的改进，提出了综合评分法，或称为改进的沃尔比重评分法。

综合评分法认为现代企业财务综合评价的主要内容应该是企业的盈利能力、偿债能力和成长能力，它们三者之间大致按 5∶3∶2 来分配比重。反映盈利能力的主要指标是总资产利润率、销售利润率和资本利润率，三个指标可按 2∶2∶1 来分配比重。反映偿债能力的四个指标包括自由资本比率、流动比率、应收账款周转率和存货周转率，这四个指标各占 18% 的权重；反映成长能力的三个指标包括销售增长率、利润增长率和人均利润增长率，这三个指标各占 6% 的权重；测量企业财务综合评分的总评分仍以 100 分为准。

综合评分法在技术上对沃尔评分法进行了改进，通过最高分、最低分的设定避免了某项指标异常对总评分不合逻辑的影响，使得评分趋于合理。但综合评分法亦有它不可摆脱的缺陷，即不具有智能调节功能。综合评分法的评价结论是评分越高企业的财务状况越好，而这里就隐含一个假设，即认定综合评分法中所有指标都是越大越优的，而这种假定是与一些指标的特性相违背的，这一假设影响了该指标的综合评估结果的可信度。

**4. 多元统计评价法**

作为数理统计重要分支的多元统计是采用多个变量进行统计分析的一种定量分析方法。综合绩效评估属于一种多变量（多指标）的定量分析方法，因此各种多元统计分析方法自然而然地被引入到财务综合评估实践中来。特别是随着电子计算机技术的发展，SAS、SPSS 等商品化统计分析软件的推广应用，使得多元统计分析方法在绩效评估实践中得到了广泛的应用。

目前从我国综合评估实践来看，多元统计中的主成分法、因子分析法、聚类分析法、判别分析法等都先后被人们应用于各类综合评价活动中。它们的主要作用是对反映事物不同侧面的许多指标进行综合，将其合成为少数几个因子，进而计算出综合得分，便于我们对被研究事物的全面认识，并找出影响事物发展现状及趋势的决定性因素，达到对事物的更深层次的认识。但是多元统计评估法忽视了各指标自身价值的重要性，解释性较差。

**5. 模糊综合评价法**

(1) 模糊综合评价法的基本原理。

模糊综合评价法是一种应用非常广泛和有效的模糊数学方法。所谓模糊综合评价法，就是运用模糊数学和模糊统计方法，通过对影响某事物的各个因素的综合考虑,对该事物的优劣做出科学的评价。模糊数学是由美国控制论专家查德于1965年提出的,它是针对现实中大量的经济现象具有模糊性而设计的一种评判模型和方法,在综合评价中得到了广泛应用。因为客观事物的不确定性有两大类:一类是事物对象是明确的,但出现的规律有不确定性,如晴天、下雨,这是明确的,但出现规律是不确定的;另一类是事物对象本身不明确,如年轻、年老、严重、不严重等程度上的差别没有截然的分界线。后一类对象的不确定性是与分类的不确定性有关的,即一个对象不属于某一类,可以是,也可以不是,所以首先要对集合的概念予以拓展,引入模糊集合的概念,一个元素 X 可以属于 A 集合,也可以不属于 A 集合,引入隶属度,运用隶属函数这一概念,进行模糊评价。

(2)模糊综合评价法的基本步骤。

第一,建立因素集 $U(U_1,U_2,U_3,\cdots,U_n)$,因素是对象的一种属性或性能,人们通过这些因素来评价对象,也就是说建立指标体系。

第二,建立权系数矩阵 $W=(W_1,W_2,\cdots,W_n)$,对每个因素赋予不同的权数。权重的大小受评价目的、评价主体的偏好、价值观等因素的影响。

第三,建立评价集 $V=(V_1,V_2,V_3,\cdots,V_n)$,它由事物不同等级的评语所组成。

第四,通过对单因素的评价,建立起 $U$ 与 $V$ 之间的模糊关系矩阵 $R$。

$$R=\begin{bmatrix}R_1\\R_2\\R_3\\R_n\end{bmatrix}=\begin{bmatrix}r_{11}&r_{12}&\Lambda&r_{1m}\\r_{21}&r_{22}&\Lambda&r_{2m}\\M&M&\Lambda&M\\r_{n1}&r_{n2}&\Lambda&r_{nm}\end{bmatrix}$$

其中,$r_{ij}$ 表示从第 $i$ 个因素开始,对被评价对象作为第 $j$ 种评语的可能性程度 ($0<r_{ij}<1, i=1,2,\cdots,n; j=1,2,\cdots,m$)。

第五,进行模糊综合评价,$B=wr$。综合考虑所有因素,对事物做出最后评价,其中的数字是这样确定的:将 $W$ 中从左到右的每个数字与 $r$ 中第 $j$ 列从上到下相对应位置的数字相比取较小者,再从这 $n$ 个较小者中取最大者。在模糊综合评价中,评价过程是可以循环的,这一过程的综合评价结果,可以作为后一过程中综合评价的投入数据。

 复习思考题

1. 公益慈善组织财务绩效评估的目的是什么?
2. 公益慈善组织财务绩效评估的方法有哪些?
3. 公益慈善组织财务绩效评估的基本指标有哪些?

# 第八章 公益慈善组织财务监督

> 学习目标
> 
> - 了解公益慈善组织财务监督的相关概念
> - 理解公益慈善组织的政府财务监督机制
> - 理解公益慈善组织的社会财务监督机制
> - 理解公益慈善组织的内部财务监督机制

## 第一节 公益慈善组织财务监督概述

### 一、公益慈善组织财务监督的内涵

公益慈善组织财务监督是指特定的监督主体对公益慈善组织财务活动和经济关系的合法性、合理性及其资源利用效率的监察和督促。公益慈善组织财务监督的重点在社会公益资财的合理利用。

公益慈善组织财务监督的具体内涵包括：①监督主体。监督主体即监督行为的实施者，可以是组织的利益相关者，包括政府、社会资财提供者、中介组织、内部经营管理者和员工等。②监督客体。监督客体即被监督对象，通常指公益慈善组织资金运作过程中涉及的各项经济活动。③监督内容。财务监督是对公益慈善组织财务活动、财务关系、资源利用情况进行的监督。

### 二、公益慈善组织财务监督机制的构建

#### （一）构建目标

构建公益慈善组织的财务监督机制的总目标，是建立健全公益慈善组织有效的财务监督机制，确保公益慈善组织社会使命的发挥，最大化保障组织的利益相关者的权益，具体目标如下：

(1) 建立符合社会转型期特征的公益慈善组织财务监督机制。我国社会正处于快速转型时期，社会公共领域的新事物层出不穷，社会矛盾复杂交错，建立良好的财

务监督机制，有利于公益慈善组织的发展。

（2）财务监督机制的建立必须以促进组织的社会使命的实现为核心。公益慈善组织关注社会使命和社会责任的实现，以社会价值最大化为追求的目标，财务监督机制的建立是为了更好地帮助组织实现其社会使命。财务监督机制的建立必须兼顾全部利益相关者的利益，保障其监督权利的发挥。

### （二）构建原则

**1. 系统性原则**

财务监督机制是一个大的系统，由许多小系统构成，这些小系统之间互相联系又互相制约，为实现一个共同的目标而存在。公益慈善组织的财务监督机制应该是具有众多特定目标，各要素之间相互联系又相互区别，并且能够与外部环境进行信息交换的开放性的系统。

**2. 成本效益原则**

在构建公益慈善组织财务监督机制时，必须考虑成本效益原则。对公益慈善组织财务活动的监督需要在政府主体和非政府主体监督之间，找到一个合适的平衡点，以实现监督的成本效益原则。

**3. 动态性原则**

从系统角度来看，事物随时间的推移而发生变化。任何事物都是静态和动态的统一，对系统的把握就在于对动态和静态的认识。公益慈善组织财务监督是一个动态发展的系统。

### （三）构建思路

特定的监督主体与监督客体之间形成特定内容的监督与被监督关系。从范围上看，通常存在两种类型的监督关系：一种是存在于组织外部的监督关系；另一种是存在于组织内部的监督关系。外部和内部的监督关系形成两种监督机制，即构成了公益慈善组织的外部监督机制和内部监督机制，外部监督机制又可以进一步细分为政府监督机制和社会监督机制。

**1. 公益慈善组织的外部财务监督机制**

外部财务监督机制包括政府财务监督机制和社会财务监督机制。

政府财务监督机制包括政府财务监督组织机制、政府财务监督运行机制、政府财务监督信息反馈机制。政府作为社会的管理者和公益慈善组织资金来源的提供者，有必要对组织的财务活动及财务关系的合法、合理、有效性进行监督。与其他监督主体相比，政府拥有公共权力，对公益慈善组织财务进行监督的效力较高，能够对公益慈善组织的发展起到关键性的引导作用。

社会财务监督机制包括社会财务监督保障机制、社会财务监督实施机制、社会财务监督信息反馈机制。社会财务监督主体与政府财务监督主体同属于外部监督主体,但是社会财务监督的权威性与后者相比较弱。社会财务监督机制侧重对公益慈善组织财务的独立性、专业性进行监督。社会财务监督保障机制是提高社会财务监督动力和效力的有效途径;社会财务监督实施机制主要是解决各外部利益相关者在权利保障的情况下,如何开展对公益慈善组织财务活动的监督工作;社会财务监督信息反馈机制是强化社会财务监督效果的有效方式。

**2. 公益慈善组织的内部财务监督机制**

公益慈善组织的内部财务监督机制与外部财务监督机制是相辅相成的关系。规范公益慈善组织的财务行为,必须将外部约束性监督与内部常规性监督结合起来。公益慈善组织内部财务监督包括理事会、监事会、组织各职能部门和员工等按照权责和层次划分进行的监督。内部财务监督机制主要包括:完善公益慈善组织治理结构;建立内部职能部门对组织财务进行日常监督;通过内部财务监督激励机制,不断提高内部监督的动力。

## 第二节　公益慈善组织的外部财务监督机制

### 一、公益慈善组织的政府财务监督机制

#### (一)政府财务监督机制建立的必要性

**1. 有利于实现资源的优化配置,统筹外部各种监督关系**

政府审计作为公益慈善组织外部财务监督机制的主要实施手段,对完善公益慈善组织的财务绩效监督体系,具有重要的意义。譬如政府审计部门对2008年"5·12"汶川特大地震的救灾物资的筹集、分配、拨付、使用情况进行了跟踪审计,并发布了审计情况公告以接受社会各方面的监督。该项政府审计充分体现了政府财务监督机制在资源的优化配置、维护国家人民的利益,以及统筹内外部各种监督机制之间关系中的作用。

**2. 有利于实施对公益慈善组织的财务监督,并对注册会计师的审计进行适当的再监督起到积极作用**

国家审计部门可以对某些规模较大的公益慈善组织进行审计,必要时对组织进行经济责任审计,以督促公益慈善组织高层管理人员的职责履行。政府有关部门对

被审计对象所在部门、单位的财政收支真实性、合法性和效益性等情况进行检查,进而评价被审计对象对本单位、本部门存在的各种经济问题所承担的责任,对降低组织代理成本、规范组织财务运作具有较大的作用。

**3. 有利于对公益慈善组织的免税资格、拨款规模等持续评估,为相关部门的决策起到一定的积极作用**

在完成政府部门的审计工作后,政府相关审计部门会将结果告知其他财政、税务等部门,政府各部门根据审计结果,将对以后是否应该对该公益慈善组织进行拨款捐助、该组织是否继续享受免税优惠进行更加合理的评价。

### (二)政府财务监督机制的职责分工

**1. 财政监督**

财政部门作为政府的理财部门,应当对享受财政资金补助的公益慈善组织进行财务监督,确保财政资金有效地运用于社会公益事业。为了加强财政部门对公益慈善组织的监督,各级财政部门应该明确规划,根据各地区公益慈善组织的规模和发展状况,考虑是否在当地财政部门内设立专门机构加大对公益慈善组织的管理和监督力度,关注公益慈善组织运行中的财务问题,制定针对公益慈善组织的具体财务管理制度,充分发挥财政监督的作用。

**2. 税务监督**

公益慈善组织由于其公益特征,可以享受多种减免税等优惠措施。税务部门应当加强对公益慈善组织的财务监督,定期和不定期开展公益慈善组织免税资格认定的抽检工作,每年不定期地进行税务抽查,利用公众资源对公益慈善组织财务状况进行核查,建立健全赏罚机制,对执行较好的组织进行适当税收补贴,对违反税收征管规定的公益慈善组织进行相应的处罚,充分发挥税务的监督职能。

**3. 政府审计监督**

2006年修订的《中华人民共和国审计法》,已经将"国家的事业组织和使用财政资金的其他事业组织的财务收支"以及"其他单位受政府委托管理的社会保障基金、社会捐赠资金以及其他有关基金、资金的财务收支"纳入政府审计监督的范围。这使得一部分公益慈善组织已经纳入到政府审计监督的范围。政府审计监督有利于促使公益慈善组织更好地利用资源,实现其社会价值。

**4. 民政部门监督**

民政部门作为公益慈善组织的登记注册管理机关,按照对公益慈善组织的"分级管理"原则,各级民政部门已经开展了对不同注册地的公益慈善组织的等级评估工作。对公益慈善组织的等级评估工作中，对财务绩效部分进行了有效的指标设计和评估实践，在一定程度上实现了民政部门对公益慈善组织的监管目标。

## 二、公益慈善组织的社会财务监督机制

### (一)公益慈善组织社会财务监督保障机制

**1. 社会财务监督的制度保障**

为了增强社会财务监督的权威性，首先应该通过正式制度来维护社会财务监督主体的权利。社会财务监督的正式制度主要包括国家按照一定的目的和程序制定的一系列法律法规，它们共同构成对行为主体的激励和约束。

**2. 社会财务监督的信息保障**

社会财务监督的信息保障包括信息渠道的多样性和信息来源的可靠性。监督主体对公益慈善组织财务活动和财务行为施行监督，可以通过以下途径获取相应的资料信息。

(1)通过公益慈善组织登记管理机构或者业务主管部门取得相关的资料。这种方式能够了解组织的申报情况、免税资格、财务运行情况等，但是程序比较烦琐。

(2)翻阅公益慈善组织印发的书面报告。公益慈善组织的书面报告通常具有清晰、准确的特点，符合人们通过阅读报告获取信息的习惯。

(3)信息化网络渠道。通过网络化财务信息的披露，可以发挥电子媒体时效性强、容量大的特点，使信息使用者及时查阅公益慈善组织的财务信息。

**3. 社会财务监督的组织保障**

公益慈善组织社会财务监督包括的主体广泛，仅靠单个组织对公益慈善组织进行监督，不但会加大监督成本，影响监督效率，而且监督效果也难以保证。通常可以通过强化第三方审计或用独立的第三方评估机构的审计评估监督作用，来进行公益慈善组织的社会财务监督。譬如可以由国家授权会计师事务所代表分散的社会监督主体，对公益慈善组织财务进行监督，并且通过成立专项基金用于支付审计费用，充分发挥社会审计对公益慈善组织的财务监督作用，也可以通过委托独立的第三方评估机构，通过发布评估报告，向公众发布社会组织财务绩效的各类信息，以达到社会监督的效果。

### (二)公益慈善组织社会财务监督实施机制

**1. 以注册会计师审计为主的社会监督**

国家可以完善对公益慈善组织的相关审计制度，强制要求公益慈善组织每年至少接受一次以注册会计师审计为主的外部审计。同时，公益慈善组织自身也应加强

聘请外部审计机构对组织进行财务审计的意识。

**2. 以独立的第三方评估机构为主的社会监督**

公益慈善组织的主要业务涉及范围较广,具有广泛的社会影响,除了必须接受登记注册的管理机关民政部门的监管外,还应该辅助以独立的第三方的评估,为社会公众及其他利益相关方提供公益慈善组织的评估信息,实现对公益慈善组织的社会监督。

**3. 其他外部利益相关者的监督**

可以发挥其他外部利益相关者对公益慈善组织的监督作用。金融机构作为公益慈善组织的债权人,可以通过了解公益慈善组织的内部财务状况,监督其资金运营情况。捐赠人作为公益慈善组织的重要资金提供方,可以通过了解组织资金的运作,查阅组织财务资料,对捐赠资金使用有疑问的地方提出质疑,对组织进行监督,以提高资源的使用效率。社会公众,作为资源的享有者,可以通过监督其资源的利用情况,对公益慈善组织进行财务监督。新闻媒体可以利用新闻媒体宣传公益慈善组织存在的重要性,增强公众对公益慈善组织的了解,为后续的监督打好基础。还有其他一些外部利益相关者,比如研究人员可以通过对公益慈善组织的研究成果,间接地发挥对公益慈善组织财务的监督作用。

**(三)公益慈善组织社会财务监督的信息反馈机制**

建立有效的公益慈善组织的社会财务监督的信息反馈机制,有利于提高财务监督效果。在我国,通过注册会计师审计监督发现的公益慈善组织财务问题,都会通过审计报告的形式反映出来,有关管理部门会据此采取相应的措施。公益慈善组织的资金提供者发现组织出现问题后,能够通过停止资助等方式加强对组织的外部约束。作为社会监督的各个群体,尤其是社会公众,可以依靠网络手段,建立统一信息反馈网络,让大众对公益慈善组织有更多了解,提高对公益慈善组织的关注,一旦发现可疑的问题或者有更好的建议,便可以通过信息反馈网络与政府等主管部门进行沟通,促进公益慈善组织更好发展。

## 第三节 公益慈善组织的内部财务监督机制

### 一、组织的内部治理结构是内部财务监督的基础

**(一)组织的内部治理结构中多层次的财务监督主体**

公益慈善组织的内部治理结构通常涉及发起人、理事会、秘书长及其管理人员、一般员工等,设计一套制度来处理以上这些不同利益主体之间的关系,成为公益慈

善组织内部财务监督机制的基础,即组织的治理结构是内部财务监督机制的基础。运用什么样的内部治理结构,决定着内部财务监督机制建立的方式。公益慈善组织与企业等营利性组织的内部治理结构的对比见表8-1。

表8-1 公益慈善组织与营利性组织内部治理结构对照表

| 机构 | 组织类型 | 名称 | 职能 |
|---|---|---|---|
| 最高法定权力机构 | 营利性组织 | 股东大会 | 决定经营方针与投资计划 |
| | | | 选举董事 |
| | | | 批准公司财务决策 |
| | | | 决议公司清算、分立、合并 |
| | | | 审核董事会报告,审查监事会报告 |
| | 公益慈善组织 | 会长（或理事会） | 依法行使章程规定的职权 |
| 决策机构 | 营利性组织 | 董事会 | 制定具体财务战略 |
| | | | 制定预算决算 |
| | | | 设置内部管理机构和制定具体管理制度 |
| | 公益慈善组织 | 理事会 | 财务战略、重大募捐、投资活动 |
| | | | 章程修改、预算决算、机构分立与合并 |
| | | | 设置内部管理机构和具体管理制度 |
| | | | 选举或罢免理事长、副理事长、秘书长 |
| 执行机构 | 营利性组织 | 经理人员 | 拟定各项计划 |
| | | | 制定具体日常财务策略 |
| | | | 进行财务分析与报告 |
| | | | 实施财务预算 |
| | 公益慈善组织 | 秘书长或其他高管 | 拟定各项计划 |
| | | | 制定具体日常财务策略 |
| | | | 协调各部门开展工作 |
| 监管机构 | 营利性组织 | 监事会 | 监督公司财务 |
| | | | 监督董事、高管行为 |
| | | | 对异常活动进行调查或请会计事务所协助调查 |
| | 公益慈善组织 | 监事会或监事 | 检查财务和会计资料 |
| | | | 监督理事会遵守法律和章程情况 |
| | | | 提出质询和建议并向登记机关、业务主管单位以及税务、会计主管部门反映 |

公益慈善组织的治理与财务监督有着密切的关系,二者相辅相成。有效的治理机制,能够为财务监督营造良好的运行环境,为财务监督提供制度保证与实施基础。严格履行财务监督职能,也有利于公益慈善组织的治理机制的完善。

（二）改善组织治理,发挥内部财务监督职能

进一步规范公益慈善组织治理结构中不同权利主体的职责和行为,充分发挥内部财务监督职能,具体而言包括以下方面：

**1. 建立理事会财务监督框架**

公益慈善组织应该建立以理事会为核心的财务监督框架。在以理事会为核心的治理模式下,制定明确的财务监督制度性框架,进行有效的财务监督。

**2. 引入利益相关者财务监督主体,建立独立理事制度**

独立理事的职责包括审查理事会提交的财务会计报告以及审核监事会报告,对重要决策享有决议权,评价理事会、监事会及其他高管的业绩。

**3. 强化监事会的财务监督职能**

公益慈善组织应该强化监事会的财务监督作用,充分保证其独立性。首先,保证监事会在公益慈善组织中的地位是独立的,监事会成员的任免由业务主管部门、捐赠人等分别选定,人员构成主要以外部监事为主。其次,加强监事会人员的素质,尤其是道德品质和财务会计专业知识。监事会的职能主要是检查组织的财务会计资料和监督其他高管的行为,这就要求监事会成员必须对公益慈善组织的财务会计制度,以及相关的国家法律、法规非常熟悉,充分发挥其监督职能。最后,为了保障相关利益者的利益,无论组织是否存在问题,监事会都应该将监督的具体信息进行披露,包括组织机构、工作开展情况、财产的管理和使用情况。

## 二、公益慈善组织的日常财务监督部门

（一）财务监督委员会

在公益慈善组织内部建立财务监督委员会,有利于实施有效的财务监督。根据公益慈善组织的内部治理结构特征,可以在理事会下设立财务监督委员会。它的主要职能包括建立监督制度,分析和判断组织目前的财务情况,对新的财务决策提出建议,审查组织内部不合理的违规违法行为,对可能发生的财务风险进行预警并提出解决措施等。对于财务监督委员会成员的选聘,应该遵从公开、公正的原则,其成员的组成包括财务专家、熟悉公益慈善组织所在行业特征的专家、少数公益慈善组织的工作人员等。

财务监督委员会通过建立相应的监督制度来保障监督执行效果的实现。监督

制度的内容包括:事前监督,主要包括预算管理制度的建立;事中监督,主要包括财务分析决策和预警制度的建立;事后监督,主要包括执行效果奖惩制度的建立。各种制度的设计需要充分考虑组织内外部环境,强化信息沟通,既保障自主性的发挥,又保护相关利益者的权益。在这个过程中,财务监督委员会的工作包括以下方面。

(1)制定财务控制的标准。主要通过制定合理的财务预算,细化和规范财务预算的执行来实施。

(2)分析实际运行偏差。对预算执行偏差大小、产生原因进行分析,及时反馈和纠正。

(3)建立财务预警系统。通过财务预警系统进行公益慈善组织存在的各项财务风险的防范,即通过预警系统防范财务管理目标风险、筹资领域的风险、资金支出方面的风险、投资方面的风险。

(4)衡量财务执行效果。公益慈善组织根据自身特点可利用平衡计分卡等综合绩效评估方法,建立适合自身发展的评价体系。

### (二) 内部审计

公益慈善组织内部审计由组织内部的审计人员承担,直接服务于部门和单位最高管理部门。内部审计的职能是独立监督和评价本单位及所属单位财务收支、经济活动的真实性、合法性和效益的行为,包括工作质量等内容,提出改进建议,以促进组织管理和组织目标的实现。内部审计立足提高效益,侧重于专业化、系统化、程序化的分析、跟踪、审计,在提高工作质量的前提下,力求决策的科学性,寻求解决弊端的有效性,评判绩效的客观性,树立追究责任的权威性。它的特点包括以下方面。

(1)人员构成的专业性。内部审计的人员一般在内部人员中挑选产生,一般应具有审计、会计等基础知识。

(2)工作内容的综合性。内部审计的主要工作内容是采用系统化、规范化的方法对风险管理控制及治理程序进行评价,提高它们的效率从而帮助实现组织目标。内部审计将组织的财务制度的制定及执行情况、财务收支合理性、是否存在财务违规现象等信息,及时地与国家审计、社会审计进行信息沟通,有利于更好地保障公益慈善组织财务信息透明度的提高,提升财务监督的可靠性。

 **复习思考题**

1. 公益慈善组织的财务监督的分类有哪些?
2. 公益慈善组织的外部财务监督机制包含哪些内容?
3. 公益慈善组织的政府财务监督机制与社会财务监督机制的差异是什么?
4. 公益慈善组织的内部财务监督机制的主要内容是什么?

## 下篇

# 公益慈善组织财务管理案例分析篇

# 第九章 在民政部注册的公募基金会典型案例分析

## 案例一 中国青少年发展基金会

**学习目标**

- 了解中国青少年发展基金会的治理结构
- 了解中国青少年发展基金会的资金运作模式
- 了解中国青少年发展基金会的项目资金运作特点

### 一、案例概述

#### （一）组织简介

中国青少年发展基金会（以下简称为中国青基会），英文名为 China Youth Development Foundation，缩写为 CYDF。中国青基会是一家5A级基金会，由共青团中央于1989年3月发起成立。中国青基会是一家全国性公募基金会，它主要面向公众募捐的地域包括中国以及许可中国青基会募捐的国家和地区。

中国青基会以通过资助服务、利益表达和社会倡导，帮助青少年提高能力，改善青少年成长环境为使命。多年来，基于共同使命、共同价值观、共同的道德标准及共同行动，中国青基会与全国37家地方青基会已经形成了全国青基会共同体。

共青团中央、中国青基会于1989年10月发起实施希望工程，截至2019年9月，全国希望工程累计已接受捐款161亿元，资助的家庭困难的学生有617.02万名，援建希望小学20359所。除此之外，还根据贫困地区的实际推出了"圆梦行动"、"希望厨房"、乡村教师培训等项目，成功地推动了贫困地区教育事业发展，服务了贫困家庭青少年成长发展，弘扬了社会文明新风。现在希望工程已成为我国社会参与最广泛、最富社会影响力的公益事业之一。

中国青基会曾获得过中共中央、国务院和中央军委授予的"全国抗震救灾英雄集体"荣誉称号、优秀民间组织奖、首届中国消除贫困奖及中华慈善奖等荣誉。同时,中国青基会是联合国新闻部联系单位,也是国际青年基金会伙伴网络成员。

中国青基会组织结构如图9-1所示。理事会是该基金会的最高决策机构。本届理事会理事共由14名理事组成,理事会下设理事会执行小组、品牌与战略管理小组、财务与资产小组和公益资源开发小组。秘书处由秘书长负责对基金会的日常工作进行管理,秘书处下设公共推广事业部、项目拓展事业部、科技体育事业部、卫生健康事业部、教育文化事业部、教师发展事业部、学生资助事业部、希望小学建设管理部、内部控制与监察部、宣传与品牌建设部、资产与财务管理部和综合办公室。监事会对基金会的规范运行进行监督。

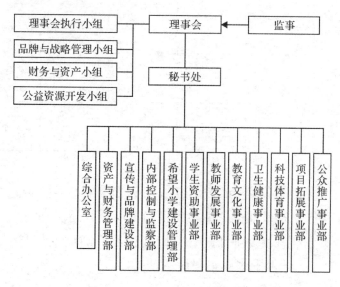

图9-1 中国青少年发展基金会组织结构图

## (二)资金的运作模式

**1. 资金的来源**

根据2002—2018年的审计报告分析发现,中国青少年发展基金会的资产规模不断扩大,净资产不断增加,固定资产比率逐年下降,并维持在较低的水平,组织的可支配资金充足,资金运作范围广泛。随着基金会的发展,收入来源也不断多样化。作为面向社会募款的全国性公募基金会,中国青基会在2006—2018年捐赠收入是该组织资金来源的主要渠道。根据2018年的财务报表(见表9-1)显示,中国青少年发展基金会经费的主要来源包括捐赠收入、投资收益、其他收入等方面。中国青少年发展基金会2018年度的总收入为547095626.06元,其中捐赠收入为469410117.12元,投资收益为76860246.26元,其他收入为825262.68元。捐赠收入占基金会总收入的85.80%,这些捐赠收入主要来自组织的募捐收入和自然人、法人及其他组织的捐赠,可见中国青基会的公众支持率较高,具有良好的社会声誉。这使得中国青基会的资金来源渠道一直处于良性运行的状态。强大的筹资能力和高比例的社会捐赠收入使得中国青基会的资金充裕。

表9-1 2018年度财务报表收入情况　　　　　　　　　　单位:人民币/元

| 项目 | 行次 | 上年数 | | | 本年数 | | |
|---|---|---|---|---|---|---|---|
| | | 非限定性 | 限定性 | 合计 | 非限定性 | 限定性 | 合计 |
| 一、收入 | | | | | | | |
| 其中:捐赠收入 | 1 | 21337802.59 | 438647386.48 | 459985189.07 | 19589902.26 | 449820214.86 | 469410117.12 |
| 提供服务收入 | 2 | 0.00 | 0.00 | 0.00 | 0.00 | 0.00 | 0.00 |
| 商品销售收入 | 3 | 0.00 | 0.00 | 0.00 | 0.00 | 0.00 | 0.00 |
| 政府补助收入 | 4 | 0.00 | 0.00 | 0.00 | 0.00 | 0.00 | 0.00 |
| 投资收益 | 5 | 39720748.03 | 0.00 | 39720748.03 | 76860246.26 | 0.00 | 76860246.26 |
| 其他收入 | 6 | 398179.59 | 0.00 | 398179.59 | 825262.68 | 0.00 | 825262.68 |
| 收入合计 | 7 | 61456730.21 | 438647386.48 | 500104116.69 | 97275411.20 | 449820214.86 | 547095626.06 |

根据中国青少年发展基金会2018年1—6月财务报告(半年报)可知,在2018年1—6月,中国青少年发展基金会的主要项目的捐赠收入情况如表9-2所示,即希望工程项目、希望医院(卫生室)项目、保护母亲河行动项目、卫生与健康、小平基金等项目,其项目的收入累计占上半年捐赠收入的100%。

表9-2 2018年1—6月财务报告(部分)　　　　　　　　　单位:人民币/万元

| 项目名称 | 2018年1—6月捐赠收入 | 项目收入占捐赠收入比例 |
|---|---|---|
| 1.希望工程项目 | 12183.63 | 93.08% |
| (1)希望小学建设 | 4494.89 | 34.34% |
| (2)学生资助项目 | 5881.18 | 44.93% |
| (3)专项活动 | 738.28 | 5.64% |
| (4)待约定项目 | 1054.26 | 8.06% |
| (5)其他项目 | 15.02 | 0.11% |
| 2.希望医院(卫生室)项目 | 6.99 | 0.05% |
| 3.保护母亲河行动项目 | 41.43 | 0.32% |
| 4.卫生与健康 | 637.59 | 4.87% |
| 5.其他合作项目 | 158.52 | 1.21% |
| 6.小平基金 | 60.70 | 0.47% |
| 合计 | 13088.86 | 100.00% |

**2. 资金的使用**

中国青少年发展基金会 2018 年度支出 430935521.54 元,其中,业务活动成本 404154078.62 元,管理费用 19532526.45 元,筹资费用 7248916.47 元。本年度管理费用占总支出的比例 4.53%,当年的公益事业支出总额占上一年总收入的 80.81%,远超出国家《基金会管理条例》中规定的"公募基金会每年用于从事章程规定的公益事业支出,不得低于上一年总收入的 70%"。同时,工资福利和行政费用支出比例远低于《基金会管理条例》中规定的"基金会工作人员工资福利和行政办公支出不得超过当年总支出的 10%"。中国青基会的资金使用效率较高,员工具有较强的工作能力和工作效率,使得中国青基会的资金运作具有明显的社会公益性。通过上述对中国青少年发展基金会资金使用现状的分析,可以发现中国青基会的组织规模呈现出逐步扩大的趋势。该组织凭借良好的社会声誉和有效的组织管理,保持着良好的运行状态,能有效地实现社会职能,完成社会使命(见表 9-3)。

表 9-3 2018 年度财务报表业费用情况　　　　　单位:人民币/元

| 项目 | 行次 | 上年数 | | | 本年数 | | |
| --- | --- | --- | --- | --- | --- | --- | --- |
| | | 非限定性 | 限定性 | 合计 | 非限定性 | 限定性 | 合计 |
| 二、费用 | | | | | | | 0.00 |
| (一)业务活动成本 | 8 | 372465245.87 | 0.00 | 372465245.87 | 404154078.62 | 0.00 | 404154078.62 |
| (二)管理费用 | 9 | 15769622.56 | 0.00 | 15769622.56 | 19532526.45 | 0.00 | 19532526.45 |
| (三)筹资费用 | 10 | 8127894.61 | 0.00 | 8127894.61 | 7248916.47 | 0.00 | 7248916.47 |
| (四)其他费用 | 11 | 33.61 | 0.00 | 33.61 | 0.00 | 0.00 | 0.00 |
| 费用合计 | 12 | 396362796.65 | 0.00 | 396362796.65 | 430935521.54 | 0.00 | 430935521.54 |

中国青少年发展基金会将每个大项目下具体资助的小项目名称及资助资金公开列示在基金会官网上,做到了基本财务信息的公开透明。下面对中国青少年发展基金会的一些主要公益项目进行介绍。

(1)希望工程 1+1 项目。

《中华人民共和国义务教育法》规定:国家鼓励社会组织和个人向义务教育捐赠。在农村贫困地区,虽然国家实行了"两免一补"(即对义务教育阶段家庭经济困难学生免费提供教科书、免杂费和补助寄宿生生活费),但是由于家庭贫困,加上大量乡村学校被撤并,许多农村贫困地区的孩子要上学,还需要支付交通、住宿和伙食等费用,他们的上学路困难重重。中国青基会针对贫困地区孩子上学困难的问题,设计和实施了"希望工程 1+1 项目"。该项目主要资助对象为农村家庭经济困难的义务教育阶段的学生(含进城务工农民工子女)。目标是用希望工程1+1助学金继续为贫困家庭义务教育阶段学生,提供学习生活费用的资助,缓解他们家庭的经济困难,改善学生学习、生活条件,帮助他们完成学业,促进社会关注农村贫困家庭学生遇到的困难。捐赠、资助标准:捐款500元,为一名义务教育阶段学生提供一学期的学习生活补助;捐款1000元,为一名义务教育阶段学生提供一学年(两个学期)的学习生活补助(其中10%为中国青基会项目服务、管理和行政成本)。根据2018年度工作报告,可以发现希望工程1+1项目的收入为195076268.22元,占基金会年度总收入的35.66%;支出为167965689.29元,占基金会年度公益总支出的41.56%。

(2)希望小学。

我国农村地区相当数量的中小学校舍质量不高,特别是中西部地区学校还不同程度地存在着危房,自然灾害多发易发地区不少学校还存在较大安全隐患。教育布局调整后保留的学校,因学生规模扩大,有些学校存在上课大班额、睡觉大通铺、吃饭无食堂的窘境,急需新、改(扩)建教学用房和学生宿舍、食堂等教学生活设施;教育布局调整后保留的村小学和教学点(小规模学校),大多一师一校,校舍危旧,条件十分简陋,急需新、改(扩)建,完善教育教学设施。

援建希望小学,将改善乡村小学的办学条件,使学生告别危旧、拥挤的校舍,在安全、宽敞、明亮的校园中学习、生活,接受公益理念,促进身心健康,提高学业水平;将带动地方政府对贫困地区基础教育的投入,提高学校管理和教学水平;将唤起全社会对老、少、边、穷地区乡村小学的持续关注与资助热情。资助对象:①存在危房或因学生规模扩大,急需新、改(扩)建、修缮的乡(镇)村完全小学(在征得捐赠人同意后,资助对象可包括九年一贯制学校及幼儿园)。②存在危房,条件简陋,或租房上课的村小学或教学点。③新、改(扩)建、修缮对象,包括教学及教学辅助用房、行政教学办公用房、生活服务用房。项目目标:希望小学建成后,将成为安全实用、校园整洁、富有特色、基本功能齐备的乡村小学。捐赠、资助标准:捐赠50万元人民币援建一所希望小学;捐赠30万元人民币援建一所村小学或教学点。注:捐赠50万元人民币亦可用于援建一所村小学或教学点(其中10%用于中国青基会项目服务、管理和行政成本)。根据2018年度工作报告,可以发现希望小学项目的收入为156489623.00元,占年度总收入的28.6%;支出为101840571.44元,占年度公益总支出的25.2%。

(3)希望医院(卫生室)。

很多偏远农村地区乡镇卫生院存在诸多问题,如存在危房,医疗设备落后老化、功能差,医技人员严重短缺、医疗水平低等问题,需动员社会力量,协助政府扩大医疗资源,发展农村贫困地区公共医疗卫生事业。

希望医院项目主要是对乡镇卫生院进行房屋新建或改(扩)建,更新、添置医疗设备,培训医技人员。资助对象包括农村贫困地区在危房改造、添置医疗设备、医技人员培训方面有迫切需求的乡镇卫生院。项目目标是对偏远农村乡镇卫生院进行房屋新建或改(扩)建,更新、添置医疗设备,培训医技人员,资助其建设成为具备预防保健、医疗服务和卫生行政三大功能的乡镇卫生院。该项目有利于改善乡镇医院医疗环境,丰富诊疗手段,提高诊疗水平和诊断的准确度,为患者提供更加优质的服务。捐赠、资助标准:捐赠50万元人民币援建一所希望医院(其中10%用于中国青基会项目服务、管理和行政成本)。根据2018年度工作报告,可以发现希望医院项目的收入为16972980.54元,占总收入的3.1%;支出为11767092.90元,占总支出的2.73%。

(4)保护母亲河行动。

我国水土流失较为严重,流失面积达179.4万平方公里,占全国国土面积的18.7%。在20世纪末,沙漠化土地以年均增长2100平方公里的速度扩展,北方地区沙漠、戈壁、沙漠化土地已超过149万平方公里,约占国土面积的15.5%。保护和改善我国生态环境已迫在眉睫。1999年1月,由共青团中央、中国青基会联合国家有关部委共同发起了保护母亲河大型环保公益项目。

保护母亲河行动的宗旨是:以保护黄河、长江及其他江河流域生态环境为主题,面向社会公众,倡导绿色文明意识,筹集社会资金,资助生态恶劣地区建设绿色工程,推动国家生态建设。项目资助对象:资助黄河、长江等主要江河流域生态环境恶化、经济欠发达地区植树造林。项目目标是倡导绿色文明意识,改善黄河两岸生态环境,推动国家生态建设。捐赠、资助标准:5元钱捐植一棵树;500元捐建一亩林(以上捐赠金额为全国平均援建标准,部分地区造林将高于或低于该标准。捐款中的10%作为中国青基会服务、管理和行政成本)。

根据2018年度工作报告,可以发现保护母亲河项目的收入为930146.60元,占项目总收入的0.17%;支出为1465798元,占总支出的0.34%。

## 二、案例思考

(1)中国青少年发展基金会善款来源的方式主要有哪些?

(2)中国青少年发展基金会的募款渠道有什么可借鉴的地方?

(3)中国青少年发展基金会在信息披露的内容和方式上有什么值得借鉴的地方?

## 三、案例分析

**1. 资金来源的特点**

根据中国青少年发展基金会 2011—2018 年的审计报告,摘取主要收入来源分析如下表 9-4 和图 9-2 所示。

表 9-4　中国青少年发展基金会主要收入来源占总收入比率表(摘自 2011—2018 年的年度报告)

|      | 2011 | 2012 | 2013 | 2014 | 2015 | 2016 | 2017 | 2018 |
|------|------|------|------|------|------|------|------|------|
| 捐赠收入 | 88.60% | 86.57% | 71.26% | 81.01% | 84.09% | 90.38% | 91.97% | 85.80% |
| 投资收益 | 5.08% | 13.42% | 29% | 18.84% | 15.82% | 9.27% | 7.94% | 14.04% |
| 其他收入 | 6.30% | -0.005% | 0.07% | 0.14% | 0.07% | 0.34% | 0.07% | 0.15% |

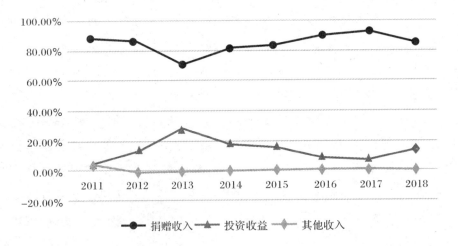

图 9-2　中国青少年发展基金会资金来源比率动态图(2011—2018 年)

根据以上图表分析发现,虽然各项收入占各年总收入的比率存在一定的波动,但从整体上来看,中国青少年发展基金会筹集资金的主要方式是捐赠收入,其次为投资收益,其他收入占比十分微小,趋近于零。

**2. 资助公益项目的特点**

中国青少年发展基金会资助的主要公益项目包括希望工程项目、希望医院(卫生室)项目、保护母亲河行动项目、卫生与健康项目、其他合作项目、小平基金。从 2018 年 1—6 月项目费用支出情况来看,项目支出费用由高到低依次是:希望工程项目、卫生与健康项目、其他合作项目、保护母亲河行动项目、希望医院(卫生室)项目、小平基金。中国青少年发展基金会还是以希望工程项目为主要建设项目,近年来,该项目每年的支出约占到了每年的业务活动成本的95%以上。

**3. 资金的使用与控制**

中国青少年发展基金会在信息披露方面十分突出。中国青少年发展基金会官网上有专门的意见建议栏目,信息公开栏目披露了基金会的财务报告、审计报告、评估报告、年检公告、年度工作报告、年报等,每一项都涉及了对资金数额的披露。对于资金使用的监督和管理在审计报告、年度预算、工作计划、年检报告中都有详细的体现,使得基金会的资金使用更加高效、透明,有利于实现公众等多方利益相关方对基金会的监督。

## 四、专家点评

25年,希望工程唤起了整个社会的爱和责任,25年,希望工程给中华民族许下一个幸福美好的明天。如果远山的尽头可以敲响起钟声,我们希望那是孩子们上课的号角。如果田野的深处可以回荡起歌唱,我们希望那是孩子们背上了崭新的书包。25年,我们相信,有爱就有希望。25年,我们出发,却从未计算终点。希望工程,25年,永远在路上。

——2014年"CCTV年度慈善人物"颁奖词

梅赛德斯-奔驰自2010年携手中国青基会成立了德国境外最大的公益基金,我们关注教育支持、环境保护、社会关爱以及多个领域的公益项目,累积捐资达7500万。在一路践行公益的同时,我们不仅仅一次次被自己所感动,被所有的公益人士所感动,更看到了所有受益人因为我们的帮助,他们的生活、他们的学习、他们的未来都因此而改变。在未来,我们希望能与中国青基会携手,共创未来,用我们的实际行动成就中国社会的美好未来。

——2010年梅赛德斯-奔驰有限公司

## 五、推荐阅读资料

1. 中国青少年发展基金会官方网站:https://www.cydf.org.cn.

2. 王姝雯.非营利组织资金运作策略探讨——以中国青少年发展基金会财务分析为例[J].党政干部学刊,2013(5):46-51.

3. 边地.我国慈善基金会财务状况评价——以中国青少年发展基金会为例[J].财会月刊,2012(17):26-28.

# 案例二 中国残疾人福利基金会

## 学习目标

- 了解中国残疾人福利基金会的治理结构
- 了解中国残疾人福利基金会的资金运作模式
- 理解公募基金会的项目资金运作特点

## 一、案例概述

### (一) 组织简介

中国残疾人福利基金会(China Foundation for Disabled Persons,以下简称中国残基会)成立于1984年3月15日,是经国务院批准成立的全国性公募基金会,业务主管单位为中国残疾人联合会。中国残基会的原始基金为50621万元人民币。

中国残基会以弘扬人道,奉献爱心,全心全意为残疾人服务为宗旨;以"集善"——集合人道爱心,善待天下生命为理念;以努力建设成为公开、透明、高效率和高公信力的慈善组织为目标。中国残疾人福利基金会自成立以来,高举人道主义旗帜,大力倡导扶残助困的良好社会风尚,积极开展募捐活动,筹集资金,努力改善残疾人康复、教育、就业等各方面状况。在邓朴方会长的领导下,培育了一大批有社会影响力的公益项目,推动了中国残疾人事业的发展。基金会有七大类型项目:"集善扶贫健康行"系列行动,搭建起残疾人扶贫工作的平台;"集善嘉年华",是由中国残疾人联合会、中国残疾人福利基金会共同主办的规模盛大、极富影响力的慈善活动;"集善工程·启明行动"项目,为全国贫困白内障患者手术提供资助;"集善工程——助听行动",帮扶听障儿童在中国听力语言康复研究中心进行听力语言康复训练;"助行行动",主要实施普及型假肢服务、聋儿语训教师培养、中西部地区盲童入学、贫困地区基层残疾人综合服务及盲人保健按摩师培训五个项目,改善广大贫困肢体残疾人的生活状态与健康状况,帮助他们走出家门,回归社会;"助学行动"类项目,主要通过发起"春雨行动"公益项目,资助中西部地区贫困残疾儿童接受义务教育;"助困行动"类项目,采取政府投入和社会化合作相结合的方式,对因车祸、疾病等原因致残的残疾人提供康复服务。与此同时,基金会也开展指导各项目发展方向的专题会议、政策性研究,为公益事业的发展奉献力量、树立榜样,真正做到"不忘初心,牢记使命",传递着公益的火炬。

中国残疾人福利基金会组织结构如图9-3所示。会长拥有最高决策权,理事会、监事会的权力和行为均受到会长的监督和约束。该基金会没有分支机构和代表机构。理事会由15~20名理事组成,监事会由4名监事组成。理事会下设综合办公室,综合协调全会重要事务,负责会级工作会议的组织安排及议定事项的督办等;基金财务部贯彻实施《中华人民共和国会计法》《基金会管理条例》和《民间非营利组织会计制度》及国家颁布的有关政策法规,制定基金会财务管理办法及实施细则并组织实施,负责对基金会经济业务进行会计核算等;法律监管部依照《中华人民共和国慈善法》等国家颁布的有关法规政策,贯彻监事会、理事会部署,制定基金会公益项目监管工作的相关制度和实施方案,负责对全会的公益项目进行程序监管及现场监管;宣传活动部主要负责制定并组织实施全会宣传计划,开展对外宣传工作等;公众资源部主要负责拓展公众捐赠资源,维护公众捐赠人关系,拓展月捐管理与发展,开拓与维护公众捐赠平台等;康复项目部主要负责组织协调公益项目的实施,组织公益资金的筹集和使用工作,开展公益项目创新;就业培训部主要负责组织协调就业培训公益项目的实施等;福祉项目部主要负责组织协调公益项目的实施,组织公益资金的筹集和使用工作等;合作项目部主要负责组织协调公益项目的实施等;资产管理部主要负责开展康复人才培养和康复医疗机构建设项目,以及管理基金会可用于投资的资产等;国际合作部主要负责组织协调全会的国际交流事宜,开发和管理全会国际合作项目等;后勤管理部主要负责后勤服务保障工作等。该机构的组织结构清晰,各部门职能分工明确,运作效率较高。

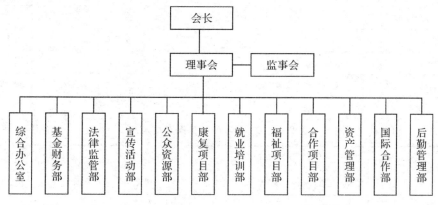

图9-3 中国残疾人福利基金会组织结构图

中国残基会的组织结构遵循的是职能式结构管理模式,其上下级关系简单、清楚、明确,会长是最高的决策层,理事会是执行层,理事会下并未设置秘书处,而是直接分设相应的职能部门,从事专业管理,有利于对各部门进行集中统一指挥;在职能分工专业化下,可以大大提高管理工作的效率。

(二)资金的运作模式

**1. 资金的来源**

中国残疾人福利基金会原始基金为50621万元人民币。为促进基金会可持续发展,该组织成立了专门的资产管理部门。资产管理部通过银行、信托公司等金融机构进行股权投资、基金投资以及其他的理财投资行为,以实现资金的保值增值。基金会不断完善自身的能力,努力扮演好"传播者"的角色,积极拓宽社会捐赠的渠道,不仅局限于自身的官网渠道,而且延伸到了腾讯公益、新浪微博、百度捐赠等平台,广泛吸引社会捐赠,充实自己的经济实力,为更多的公益项目打好资金基础。随着基金会的发展,收入来源也不断多样化。根据2016—2018的财务报表(见表9-5、表9-6、表9-7)显示,该基金会的资金来源主要包括捐赠收入、政府补助收入和投资收益、其他收入。2017年和2018年,基金会的投资收益出现负增长,说明基金会的投资策略出现一定的问题,2019年基金会的投资收益为6211226.51元,表明基金会的资产保值增值管理取得了很大进步。

表9-5  2016年度财务报表收入    单位:人民币/元

| 项目 | 行次 | 上年数 | | | 本年数 | | |
|---|---|---|---|---|---|---|---|
| | | 非限定性 | 限定性 | 合计 | 非限定性 | 限定性 | 合计 |
| 一、收入 | | | | | | | |
| 其中:捐赠收入 | 1 | 19373.65 | 490426470.58 | 490445844.23 | 5234947.80 | 545582185.87 | 550817133.67 |
| 会费收入 | 2 | | | — | — | — | — |
| 提供服务收入 | 3 | | | | | | |
| 商品销售收入 | 4 | | | | | | |
| 政府补助收入 | 5 | | 4000000.00 | 4000000.00 | | 3000000.00 | 3000000.00 |
| 投资收益 | 6 | 4479067.64 | | 4479067.64 | 249322.96 | | 249322.96 |
| 其他收入 | 9 | 40672624.43 | | 40672624.43 | 34159111.11 | | 34159111.11 |
| 收入合计 | 11 | 45171065.72 | 494426470.58 | 539597536.30 | 39643381.87 | 548582185.87 | 588225567.74 |

表9-6  2017年度财务报表收入    单位:人民币/元

| 项目 | 行次 | 上年数 | | | 本年数 | | |
|---|---|---|---|---|---|---|---|
| | | 非限定性 | 限定性 | 合计 | 非限定性 | 限定性 | 合计 |
| 一、收入 | | | | | | | |
| 其中:捐赠收入 | 1 | 5234947.80 | 545582185.87 | 550817133.67 | 408217.01 | 446753774.60 | 447161991.61 |
| 会费收入 | 2 | — | | — | — | | — |
| 提供服务收入 | 3 | | | | | | |
| 商品销售收入 | 4 | | | | | | |
| 政府补助收入 | 5 | — | 3000000.00 | 3000000.00 | — | 3000000.00 | 3000000.00 |
| 投资收益 | 6 | 249322.96 | | 249322.96 | —106191.81 | | —106191.81 |
| 其他收入 | 9 | 34159111.11 | | 34159111.11 | 31457308.01 | | 31457308.01 |
| 收入合计 | 11 | 39643381.87 | 548582185.87 | 588225567.74 | 31759333.51 | 449753774.60 | 481513108.11 |

表 9-7  2018 年度财务报表收入　　　　　　　　　　　　单位：人民币/元

| 项目 | 行次 | 上年数 | | | 本年数 | | |
| --- | --- | --- | --- | --- | --- | --- | --- |
| | | 非限定性 | 限定性 | 合计 | 非限定性 | 限定性 | 合计 |
| 一、收入 | | | | | | | |
| 其中:捐赠收入 | 1 | 408217.01 | 446753774.60 | 447161991.61 | 646511.44 | 480260093.32 | 480906604.76 |
| 会费收入 | 2 | — | — | — | — | — | — |
| 提供服务收入 | 3 | — | — | — | — | — | — |
| 商品销售收入 | 4 | — | — | — | — | — | — |
| 政府补助收入 | 5 | — | 3000000.00 | 3000000.00 | — | 3000000.00 | 3000000.00 |
| 投资收益 | 6 | −106191.51 | | −106191.51 | −362703.10 | | −362703.10 |
| 其他收入 | 9 | 31457308.01 | | 31457308.01 | 35920518.74 | | 35920518.74 |
| 收入合计 | 11 | 31759333.51 | 449753774.60 | 481513108.11 | 36204327.08 | 483260093.32 | 519464420.40 |

**2. 资金的使用**

中国残基会是全国性公募基金会,该基金会在开展活动和公益慈善项目时,多数项目采用资助的方式进行,部分大型的主要项目采用自己运作的方式,两者配合来实现对捐赠收入的有效利用。基金会的项目主要包括"集善扶贫健康行"系列行动、"集善嘉年华"项目、"集善工程·启明行动"项目、"集善工程——助听行动"、"助行行动"、"助学行动"、"助困行动"等几大类。其中,比较具有代表性的项目是"集善嘉年华"项目,该项目以其完善的管理、独特的影响力和良好的社会效益成为公益项目的典范;"集善工程·启明行动"项目,曾荣获民政部"中华慈善奖"——最具影响力公益项目称号;集善工程——助听行动,曾荣获第九届"中华慈善奖"。这几个项目都致力于解决残疾人先天具有的缺陷和因后天遭遇变故的致残缺陷,通过项目的实施,他们能够在资助之下重新步入社会、获取资源、改变命运。

公募基金会一般做定向的、覆盖面大的、公众参与广的项目。我国公募基金会的工作重点之一就是筹款,在项目的执行和设计方面,抓住社会公众关注和认可的问题,注重项目培养、筹款和推广传播,建立好基金会与公众之间的关系。公募基金会一般有专业的筹资团队,其产生之初主要依靠政府扶持,其获得的政府补助往往比非公募基金会高,也往往拥有更多的资源。中国残基会的某些公益项目在进行之前,通常会通过精心的项目设计和专家团队的研究后才会进行具体的运作。而非公募基金会在项目执行方面更多的是要满足资金方的要求,更注重选项目、选合作伙伴,甚至还能与公募基金会进行合作,因其资金使用的灵活性,可以做一些创新的项目,探索新的模式。非公募基金会的资产来源也与公募基金会存在差异,它主要来自于特定个人或组织的捐赠,对政府资金依赖较少,相对于公募基金会而言,更加社会化。公募基金会与非公募基金会虽然有差异,但是由于各方面原因,两者在发展的进程中呈现出趋同趋势,主要表现在捐赠结构和信息披露这两方面。随着《中华人民共和国慈善法》的颁布,公募权的放开,这一趋同现象势必会更加明显。

中国残基会的资金来源主要有捐赠收入、政府补助收入和其他收入。中国残基会将资金充分利用到提高残疾人福利的领域,保障残疾人的基本利益,使资金的使用效率最大化。除部分较小的资助性项目外,中国残基会一般都会在正式实施公益项目前做好项目设计准备。通常的设计和实施项目的流程包括:首先,制定项目的方案、执行计划及时间节点;其次,项目计划明确后,会签订捐赠协议,报送项目申请;再次,根据受助地区,开展项目管理工作,在各项目地成立项目机构,落实项目工作责任;再其次,落实责任后,还要对具体的实施工作进行落实,明确项目发放、宣传、总结、监督、评估等工作要求;最后,还要通过项目监督机制对项目进行监管,反馈意见、总结项目实施工作等。一切实施完毕后,均会在中国残基会的官网进行公示和信息披露。

以中国残基会开展的集善工程——助听行动为例,具体流程如下:第一,制定好项目方案、执行计划、时间节点和预算等;第二,进行招标,采购高品质助听器,确保资金使用安全,与各捐赠企业依法签订捐赠协议;第三,建立项目申请制度,依据各地项目申请和实际,充分调研,确定受助地;第四,召开项目工作会,开展项目实施管理工作,各地成立项目机构,落实项目责任;第五,及时跟踪、监管,定期反馈项目方案、宣传、资助情况,不断完善项目管理;第六,通过项目回访,汲取各地和受助者意见,调整业务范围和内容,创新工作方式。中国残基会的一系列公益项目从申请到实施,整个过程都会经过严格的项目考察和评估,通过审查后才能开展实地实施,使资金的使用达到效益最大化,在实现经济效益的同时,实现社会效益。

中国残基会的资金使用特点在财务报表的业务活动成本一栏中得到了充分的体现。以2016—2018年度为例,在总的业务活动成本中,2016—2018年这三年的捐赠项目成本各自相对于总业务活动成本的占比都是100%,如表9-8、表9-9、表9-10所示。

### 表 9-8 2016 年度财务报表业务活动成本
单位：人民币/元

| 项目 | 行次 | 上年数 | | | 本年数 | | |
|---|---|---|---|---|---|---|---|
| | | 非限定性 | 限定性 | 合计 | 非限定性 | 限定性 | 合计 |
| 二、费用 | | | | | | | |
| （一）业务活动成本 | 12 | 1844431.50 | 465864708.66 | 467709140.16 | 379647.32 | 600522317.21 | 600901964.53 |
| 其中：捐赠项目成本 | 13 | 1844431.50 | 465864708.66 | 467709140.16 | 379647.32 | 600522317.21 | 600901964.53 |
| 提供服务成本 | 14 | | | — | | | — |
| 商品销售成本 | 15 | | | — | | | — |
| 政府补助成本 | 16 | | | — | | | — |
| 税金及附加 | 17 | | | — | | | — |

### 表 9-9 2017 年度财务报表业务活动成本
单位：人民币/元

| 项目 | 行次 | 上年数 | | | 本年数 | | |
|---|---|---|---|---|---|---|---|
| | | 非限定性 | 限定性 | 合计 | 非限定性 | 限定性 | 合计 |
| 二、费用 | | | | | | | |
| （一）业务活动成本 | 12 | 379647.32 | 600522317.21 | 600901964.53 | 1283415.28 | 431803381.69 | 433086796.97 |
| 其中：捐赠项目成本 | 13 | 379647.32 | 600522317.21 | 600901964.53 | 1283415.28 | 431803381.69 | 433086796.97 |
| 提供服务成本 | 14 | | | — | | | — |
| 商品销售成本 | 15 | | | | | | |
| 政府补助成本 | 16 | | | | | | |
| 税金及附加 | 17 | | | | | | |

### 表 9-10 2018 年度财务报表业务活动成本
单位：人民币/元

| 项目 | 行次 | 上年数 | | | 本年数 | | |
|---|---|---|---|---|---|---|---|
| | | 非限定性 | 限定性 | 合计 | 非限定性 | 限定性 | 合计 |
| 二、费用 | | | | | | | |
| （一）业务活动成本 | 12 | 1283415.28 | 431803381.69 | 433086796.97 | 2194151.00 | 382822777.18 | 385016928.18 |
| 其中：捐赠项目成本 | 13 | 1283415.28 | 431803381.69 | 433086796.97 | 2194151.00 | 382822777.18 | 385016928.18 |
| 提供服务成本 | 14 | | | — | | | — |
| 商品销售成本 | 15 | | | — | | | — |
| 政府补助成本 | 16 | | | — | | | — |
| 税金及附加 | 17 | | | — | | | — |

中国残基会将几个大类项目下具体运作和资助的小项目名称、执行方案、执行过程、资助资金以及最后项目效果总结，均公开列示在基金会官网上，做到了基本财务信息以及整个项目落实过程信息的公开透明，树立了良好的公益形象。下面对中国残基会的一些主要公益项目进行介绍。

(1) 集善扶贫健康行项目。

十八大以来，在有关部委的指导下，中国残基会主抓扶贫工作，精心策划、科学设计、周密组织并开展实施了"集善扶贫健康行"系列行动，搭建起残疾人扶贫工作的平台。紧紧围绕白内障复明、膝髋关节置换手术、孤独症儿童康复、互联网就业、孙楠·重塑未来专项基金、麻风病救助等扶贫项目，积极协调各省残基会，制定工作方案，上下联动，统一步调，组织筛查组，深入国家确定的西部十四个深度贫困地区和老少边穷地区的贫困人员家中进行认真调查，为实施精准扶贫奠定扎实基础。主要包括如下具体项目：

①互联网就业项目。"集善乐业"互联网就业项目，整合社会资源和动员社会力量，利用互联网技术，打破身体条件、工作时间、沟通障碍、地域限制等因素对残疾人的制约，同时秉承"手把手培训教学、一对一就业指导、培训到上岗，为就业保驾护航"的理念，通过"互联网＋就业"的形式，打造"集中＋居家"的万人就业平台，集中安排和招聘贫困残疾人、群众和伤残军人及其家属、子女，以及大学毕业生参与其中，努力实现残疾人和贫困群众共融共赢的扶贫模式。项目自2017年8月启动以来，宁夏银川、甘肃张掖、山东淄博已有近300名残疾人和贫困群众参加了"集善乐业"网络扶贫就业项目的职业技能培训，百余人通过"集善乐业"项目实现就业。截至2018年12月底，项目已经在全国建设了4个集中就业基地，1个分基地，在6个省、自治区开展了14期职业技能培训，累计培训残疾人近500名，其中200余名已经顺利就业。在基地集中就业、业务能力较强的残疾人月均收入可达当地中等收入水平。

②骨关节项目。2016年以来，西部贫困人群骨关节疾病致残致贫的情况引起中国残基会的高度重视。中国残疾人福利基金会通过媒体向社会机构和爱心企业介绍骨关节疾病给贫困人群造成的痛苦和导致生活贫困的情况，呼吁社会对这类贫困人群给予关心和帮助。中国残基会提出设立骨关节置换公益项目，组织制定切实可行的实施方案，并与中国康复中心签订项目合作协议，指定博爱医院关节病诊疗中心主任曲教授组织专家团队，全面负责项目的实施。中华医师协会的领导非常重视手术治疗的质量，从全国抽调经验丰富的院长级和主治医师级的骨科专家参加专家医疗队，积极加入到集善扶贫健康行公益项目中。截至2018年底，义诊会诊患者达3000多人，免费实施膝、髋关节置换手术近200例，投入资金达500多万元人民币。

③"孙楠·重塑未来"专项基金项目。中国残疾人福利基金会、中国肢残人协会与著名音乐人孙楠共同成立集善扶贫健康行——孙楠·重塑未来专项基金,定向用于由中国肢残人协会成功发起实施的"重塑未来"——贫困肢残儿童手术矫治康复项目,整合社会各界资源,推动项目不断深入发展。截至2018年12月底,共完成手术123人,手术费用8379732.27元。2019年,该项目计划在原有的区域基础上,将筛查范围扩大到内蒙古以及宁夏、陕西的其他地区,计划筛查符合条件的手术救助对象不少于200名,计划实施手术不少于150例。

(2)集善嘉年华项目。

"集善嘉年华"是由中国残疾人联合会、中国残疾人福利基金会共同主办的规模盛大、极富影响力的慈善活动。2003年以来,李克强、王岐山等党和国家领导人,中宣部、教育部、北京奥组委等中央和国务院有关部委,航天英雄和众多文化、艺术、体育、企业界名人都曾出席过此活动,累计筹集款物2.7亿元,受益残疾人达到16.7万人。分别资助建设了十余所特教学校和特教班;救助5500多名贫困残疾儿童重返校园;资助中国康复研究中心、北京大学附属精神卫生研究所的儿童自闭症综合康复与研究项目;为北京残奥会中国残疾人体育代表团购置器械设备;为地震致残儿童免费安装更换假肢,帮助灾区截瘫残疾人接受3~6个月系统康复训练;为1200名重度听力残疾儿童植入人工耳蜗,为1200名轻度听力残疾儿童配备助听器,并为其康复训练,资助西部基层聋儿康复机构基础设施建设和师资队伍培养;在全国范围内为农民工子女筹建了96个"集善之家",为37000名残疾农民工子女和农民工残疾子女购买保险等。"集善嘉年华"以其完善的管理、独特的影响力和良好的社会效益成为公益项目的典范。

(3)集善工程·启明行动项目。

视力损伤严重影响了残疾人的身体健康和生活质量,加重了家庭和社会的负担。集善工程·启明行动项目是一项惠及广大贫困白内障患者,促进我国防盲治盲事业发展,实现残疾人"人人享有服务"目标的大型复明工程。2006年6月,中国残疾人联合会和中国残疾人福利基金会共同启动了集善工程·启明行动项目,旨在让全国贫困白内障患者重见光明。项目开展十余年来,在社会各界的大力支持下,通过企业捐赠、个人捐赠和开展各种公益活动等方式筹集善款近2亿元人民币,按照每例手术经费1000元的标准,在全国范围内,为近20万名贫困白内障患者的手术提供资助,做到了复明一人,幸福一家,惠及一方,受益全社会。2011年,集善工程·启明行动项目荣获民政部"中华慈善奖"——最具影响力公益项目称号。项目开展以来,得到了社会各界企业及个人的爱心捐赠,也得到了全国各省、市贫困白内障患者及家庭的一致好评。截至2017年7月,项目筛查30余万人,手术治疗近20万人。2017年集善工程·启明行动项目资助覆盖云南、甘肃、黑龙江、江西等17个省区市,资助贫困白内障眼病患者金额达1200万元,按照每例成人白内障手术1000元的资助标准,按照每例青少年儿童眼病手术5000元的资助标准,共为9000例贫困眼病患者的手术提供资助。

(4)集善工程——助听行动项目。

自2013年起,知名音响品牌漫步者旗下的北京爱德发科技有限公司每年捐赠中国残基会100万元善款持续支持助听项目,帮扶听障儿童在中国听力语言康复研究中心进行听力语言康复训练。经过康复,受资助听障儿童在听觉、语言、社会交往、认知能力等方面都有了不同程度的提高。党和政府与社会各界大力支持,2009年李克强、邓朴方等领导和各界爱心人士都曾为项目捐赠善款。2014年助听行动项目荣获"全国社会扶贫先进集体"称号。2015年助听行动项目荣获第九届"中华慈善奖"。集善工程——助听行动项目是社会扶贫助残领域的长期重点工作。截至2020年底,助听行动救助听障超过30万人。

(5)助行行动项目。

中国残疾人福利基金会把残疾人教育看作是改变残疾人命运、使他们自立自强的根本。为使广大盲童与其他健全儿童一样获取相关信息、学习有关知识和接受应有文化教育,中国残基会与中国盲文出版社密切合作,发起了"我送盲童一本书"、"集善特殊教育学校教师资助计划"、衣恋集善融合教育等助学品牌项目。截至2018年底,基金会共向中国盲文出版社拨付善款100万元,定向用于资助宁夏特殊教育学校、商丘市特殊教育学校、菏泽市特教中心、四平盲童学校和乌鲁木齐市盲人学校,帮助贫困失学残疾儿童获得资助,走进课堂,接受教育。

(6)助困行动项目。

为深刻贯彻国务院《关于加快推进残疾人小康进程的意见》要求,项目从家庭环境设施改造、家庭就业生计改善、残疾儿童康复救助、特教学校教育提升、康复中心设施改造等方面为陕西宝鸡、湖北荆州、甘肃定西贫困残疾儿童及残疾人家庭子女提供全方位的帮助,以社会为关怀基地,有效落实了精准扶贫的战略,促进社会和谐互助的整体发展。项目具体资助方向为:残疾人家庭环境设施改造、残疾人家庭就业生计改善、残疾儿童康复照顾、特教学校教育提升以及康复中心设施改造。截至2017年12月底,共执行项目19项,执行金额达7702104.90元人民币,累积受益5215人。

## 二、案例思考

(1)中国残基会的原始资金来自哪里?

(2)中国残基会采用资助和运作的方式共同开展公益项目,这种方式有何优缺点?

(3)中国残基会出现投资收益为负,可能是哪些原因导致?应如何调整投资策略?

(4)中国残基会在信息披露的内容和方式上有什么值得其他基金会借鉴的地方?

## 三、案例分析

**1. 资金来源的特点**

根据中国残基会 2010—2018 年的审计报告,摘取主要收入来源分析如表 9-11 和图 9-4 所示。

表 9-11　中国残基会主要收入来源占总收入比率表(摘自 2010—2018 年的年度报告)

|      | 2010 | 2011 | 2012 | 2013 | 2014 | 2015 | 2016 | 2017 | 2018 |
|------|------|------|------|------|------|------|------|------|------|
| 捐赠收入 | 96.08% | 95.23% | 88.94% | 93.59% | 92.25% | 90.89% | 93.64% | 92.87% | 92.58% |
| 投资收益 | 2.28% | 1.76% | 4.47% | 1.60% | 0.94% | 0.83% | 0.04% | -0.02% | -0.07% |
| 其他收入 | 0.43% | 2.15% | 5.33% | 3.72% | 5.77% | 7.54% | 5.81% | 6.53% | 6.91% |

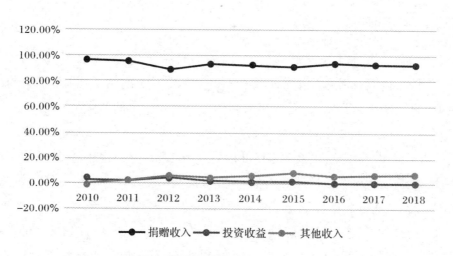

图 9-4　中国残基会资金来源比率动态图(2010—2018 年)

根据以上图表分析发现,中国残基会的各项收入占比各年总收入的比率,存在一定的波动,但从整体上来看,中国残基会筹集资金的主要方式是捐赠收入,而投资收益和其他收入在不同的时间段的占比是不同的。2010 年,投资收益占当年总收入的比率高于其他收入占当年总收入的比率,2010 年以后,投资收益占当年总收入的比率低于其他收入占当年总收入的比率。其他收入所占比率逐年增长,投资收益所占比率连续下降,甚至出现了负数,说明基金会对于慈善资产的投资策略出现了偏差,不仅未能保值增值,还失去了部分原有的资产,中国残基会主动调整自身的资产保值增值策略,在2019年的投资收益为正值,实现资金的经济效益最大化。

**2. 资金的使用与控制特点**

中国残基会至今已经成立三十多年,该基金会一直在不断完善自身的信息披露工作。截至目前,基金会的各项信息披露已经做得十分到位。在其官网上有独立的信息披露专栏,方便外界对其信息进行及时的查询和监督。在专栏中,详细披露了基金会的年度工作报告、财务报告及预算、审计报告、工作总结、项目公告、捐赠信息。基金会所使用的每一笔资金以及所收到的每一笔捐款都有资金数额的详细披露。在财务报告及预算、审计报告、年度工作报告中,能够具体地显示出资金的使用和控制情况。资金使用前,基金会在财务预算中对资金的使用做出详细的规划。资金使用后,基金会根据实际收入状况及捐赠方的意向对预算进行动态监督,对每一笔资金的发生和使用都进行及时跟踪,披露在官网上,及时接受社会监督。每个项目的完结报告中都会对该项目的资金来源以及使用数额进行公示,形成一种动态监督机制。

## 四、专家点评

授人以渔,是指只有从根源做起,帮助人们自力更生,实现自身发展,才能真正解决社会问题;持续行善,是指强调长期行善,持续不断地给予援助,唯有持续才能收获改变;每人每天付出1‰,汇聚起来,将是100%的"善的力量"。

——时任中国残疾人福利基金会理事、NU SKIN 如新中国总裁 郑重

从道相、道用、道体的角度,我们可以理解中国传统文化中存在感性、理性、觉性三个不同层次的公益慈善理念。感性公益慈善,人人皆知,人人可为,但需要上升到理性公益慈善,才容易稳定、持久地做下去。理性公益慈善,善行必有善报,利他终将利己,使公益慈善由感性行为甚至道德负担变为理性追求,在当代中国公益慈善文化建构中可能具有相当重要的现实意义。觉性公益慈善,众生与我一体,利他就是利己,境界极高,不易达到,然而,"虽不能至,心向往之",如果能够将其作为公益慈善事业的终极灯塔,也就不容易迷失在理性公益慈善的精心算计之中了。

——时任深圳国际公益学院首席研究员 文运

中国残疾人福利基金会的工作大大改善了残疾人康复、教育、就业等方面的状况,而更难能可贵的是基金会在全社会范围内提升了对于残障人士的同理心,在全社会聚集爱和传递爱。我们生活在一个多元而统一的时代。在个体有了更多元性

的同时,我们所有人又构成了一个整体的生态系统,成为一个比以往更加紧密相连的共同体。如何在纷繁复杂的系统中找到和谐发展之道,我想培育同理心、传递爱是非常重要的。同时,任何一个伟大的理想和目标都是由一点一滴的努力和坚持汇聚而成,基金会30多年来能够坚持把中国残疾人事业做大做强,正是因为有很多同仁本着服务残障人士的初心,一直在做出坚持和努力。

——时任佳通集团副主席、中国残疾人福利基金会理事 林美金

### 五、推荐阅读资料

1. 中国残疾人福利基金会官方网站:https://www.cfdp.org.
2. 蔡雅洁.公募基金会与非公募基金会的比较[J].中国市场,2016(37):136-150.
3. 残疾人福利基金会34年募集款物逾70亿为数百万残疾人带来福音_项目. https://www.sohu.com/a/250998328_428290.

# 案例三 中国妇女发展基金会

## 学习目标

- 了解中国妇女发展基金会的治理结构
- 了解中国妇女发展基金会的资金运作模式
- 理解公募基金会的项目资金运作特点

## 一、案例概述

### (一)组织简介

中国妇女发展基金会(China Women's Development Foundation,CWDF,以下简称中国妇基会)成立于1988年12月,是全国性公募基金会,业务主管单位为中华全国妇女联合会,其面向公众募捐的地域是中国以及许可中国妇基会募捐的国家和地区。中国妇基会的原始资金为1000万元人民币,来源于全国妇联。

中国妇基会以维护妇女权益,提高妇女素质,促进妇女事业发展,为构建和谐社会做出应有的贡献为宗旨。长期以来,中国妇基会着眼于妇女群众最关心、最直接、最现实的利益问题,围绕妇女扶贫、妇女健康、女性创业等方面,实施了一系列公益慈善项目,取得了明显的社会成效。中国妇基会的项目包括持续发展类、资助救助类、宣传倡导类和紧急救灾类这几类公益领域。与此同时,基金会的项

目采用运作型和资助型相结合的方式。一方面,筹到资金后由基金会自己设计项目、运作与监测,并评估项目,通过实施项目对社会进行资助;另一方面,募集到资金以后,基金会通过资助项目实施方式,依靠一些小型的民间NGO来完成,通过委托或者发包方式执行一些公益慈善项目,实现社会救助和帮扶的目标。

中国妇基会组织结构如图9-5所示。理事会是该基金会的最高决策机构,该基金会由5~25名理事组成理事会。理事会决定基金会的重大业务活动,计划并听取、审议秘书长的工作报告,检查秘书长的工作。监事会设监事3~5名,监事会主要负责检查基金会财务和会计资料,监督理事会遵守法律和章程的情况。该基金会副理事长、秘书长在理事长领导下开展工作,秘书处主持开展日常工作,拟订资金的筹集、管理和使用计划并承担资产管理的责任。基金会设以下部门:综合管理部,处理基金会日常行政事务;资财管理部,对基金会具体资金进行日常管理和运作;公共传播部,主要针对基金会进行对外宣传工作;资助项目部,根据基金会的五大主要公益项目分别下设办公室,负责所对应项目的落实和推进;合作发展部,负责与全国各地相关慈善组织推进项目之间的合作与交流。中国妇基会的组织结构层次清晰、分工明确,各部门根据特定职能有序运作,提高了组织的运行效率。

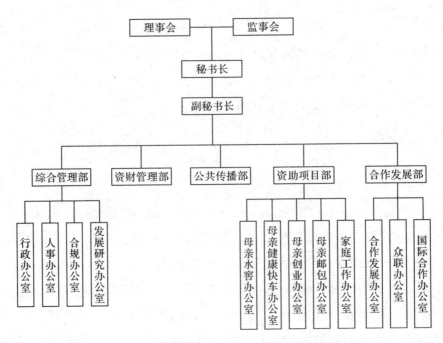

图9-5 中国妇基会组织结构图

该基金会的治理结构遵循的是事业部组织治理结构模式。人员结构以决策层加上执行层的方式予以配置。理事会为最高权力机构,对整个基金会实行集中管理,从而形成强有力的决策机构。组织按照不同的业务活动划分为若干个不同的部门,不同的部门之间相互独立,有的部门还会下设相应的职能部门,最终在各部门的相互配合之下,充分调动各部门的主动性和积极性,使机构高效率运转,保持较高的稳定性和适应性。

(二)资金的运作模式

**1. 资金的来源**

中国妇基会的原始基金为1000万元人民币,来源于全国妇联。为促进基金会的可持续发展,该基金会成立了专门的资财管理部。资财管理部通过委托银行、信托公司等金融机构进行投资,以实现基金会资金的保值增值。同时,基金会也在不断地发挥和完善自身的内部建设和项目运作能力,不断树立自身良好的形象,吸引各类社会捐赠,扩大自身的经济来源。随着基金会的发展,收入来源也不断多样化。根据2016—2018年度的财务报表(见表9-12、表9-13、表9-14)显示,该基金会的资金来源主要包括捐赠收入、投资收益、政府补助收入以及其他收入。社会捐赠的渠道也呈现多样化,包括银行汇款、邮局汇款、短信捐款、上门捐款、互联网捐赠等多种形式。

表9-12 2016年度财务报表收入　　　　　　　　　单位:人民币/元

| 项目 | 行次 | 上年数 | | | 本年数 | | |
| --- | --- | --- | --- | --- | --- | --- | --- |
| | | 非限定性 | 限定性 | 合计 | 非限定性 | 限定性 | 合计 |
| 一、收入 | | | | | | | |
| 其中:捐赠收入 | 1 | 21960314.36 | 412905745.16 | 434866059.52 | 18549007.50 | 428729527.65 | 447278535.15 |
| 提供服务收入 | 2 | | | | | | |
| 商品销售收入 | 3 | | | | | | |
| 政府补助收入 | 4 | | 100000000.00 | 100000000.00 | — | 300000000.00 | 300000000.00 |
| 投资收益 | 5 | 5975000.75 | 656775.34 | 6631776.09 | 6767373.07 | 968167.12 | 7735540.19 |
| 其他收入 | 6 | 2102363.64 | 18873.25 | 2121236.89 | 2805903.29 | 7333.01 | 2813236.30 |
| 收入合计 | 7 | 30037678.75 | 513581393.75 | 543619072.50 | 28122283.86 | 729705027.78 | 757827311.64 |

表 9-13　2017 年度财务报表收入　　　　　　　　　　　　单位：人民币/元

| 项目 | 行次 | 上年数 | | | 本年数 | | |
|---|---|---|---|---|---|---|---|
| | | 非限定性 | 限定性 | 合计 | 非限定性 | 限定性 | 合计 |
| 一、收入 | | | | | | | |
| 其中：捐赠收入 | 1 | 18549007.50 | 428729527.65 | 447278535.15 | 22960510.58 | 600610503.56 | 623571014.14 |
| 提供服务收入 | 2 | | | | | | |
| 商品销售收入 | 3 | | | | | | |
| 政府补助收入 | 4 | | 300000000.00 | 300000000.00 | — | 300000000.00 | 300000000.00 |
| 投资收益 | 5 | 6767373.07 | 968167.12 | 7735540.19 | 12646661.14 | 576304.11 | 13222965.25 |
| 其他收入 | 6 | 2805903.29 | 7333.01 | 2813236.30 | 296243.31 | 8998.99 | 305242.30 |
| 收入合计 | 7 | 28122283.86 | 729705027.78 | 757827311.64 | 35903415.03 | 901195806.66 | 937099221.69 |

表 9-14　2018 年度财务报表收入　　　　　　　　　　　　单位：人民币/元

| 项目 | 行次 | 上年数 | | | 本年数 | | |
|---|---|---|---|---|---|---|---|
| | | 非限定性 | 限定性 | 合计 | 非限定性 | 限定性 | 合计 |
| 一、收入 | | | | | | | |
| 其中：捐赠收入 | 1 | 22960510.58 | 600610503.56 | 623571014.14 | 4229954.32 | 575780435.94 | 580010390.26 |
| 提供服务收入 | 2 | | | | | | |
| 商品销售收入 | 3 | | | | | | |
| 政府补助收入 | 4 | | 300000000.00 | 300000000.00 | — | 1540000.00 | 1540000.00 |
| 投资收益 | 5 | 12646661.14 | 576304.11 | 13222965.25 | 14132051.74 | 186690.29 | 14318742.03 |
| 其他收入 | 6 | 296243.31 | 8998.99 | 305242.30 | 4734567.74 | | 4734567.74 |
| 收入合计 | 7 | 35903415.03 | 901195806.66 | 937099221.69 | 23096573.80 | 577507126.23 | 600603700.03 |

**2. 资金的使用**

中国妇基会是全国性公募基金会，在开展公益慈善项目时，多数项目采用资助的方式，个别项目采用运作的方式以及两者混合的方式来实现捐赠资金的使用。基金会的项目包括持续发展类、资助救助类、宣传倡导类和紧急救灾类四类公益领域。其中，最具代表性的项目有"母亲小额循环""母亲健康快车""母亲水窖""贫困英模母亲资助计划""母亲邮包"和"超仁妈妈"，这六个项目都致力于改善贫困妇女的生活质量，这六个项目均获得了"中华慈善奖"，具有比较广泛的社会影响力。

中国妇基会围绕保障贫困妇女的基本生存权利和发展权利,实施开展了多种公益项目。中国妇基会在正式实施公益项目前,首先,会进行项目的预立项工作,论证立项和提交项目方案;其次,提交项目审核,等待项目方案通过审核之后,签订捐赠资助合作协议;再次,在实施具体项目的过程中,按照项目管理制度,与执行方签订执行协议,然后进行拨款、落地实施和监督与反馈;最后,项目实施后还会进行后期的跟进,捐赠人会进行回访考察,对项目的运营效果也会进行基金会的自我评估和独立第三方评估,并将评估结果在基金会的网站进行公示。比如中国妇基会开展的"母亲水窖"项目,首先,进行该项目的申请;其次,基金会会安排项目人员,对供水需求村的饮用水状况进行考察,由所在地县妇联设计具体的"母亲水窖"实施方案;再次,再由省级妇联现场考察并审核方案;最后,将省妇联审核通过的方案,交由中国妇基会相关部门进行复审,审核通过该设计方案后,与执行方签订协议,拨付项目首期款(全部项目款的70%),进行项目立项和项目实施,当项目执行完成以后,中国妇基会负责该项目的相关部门,对该项目进行验收,验收合格以后,再拨付项目全部款项剩余的30%部分。中国妇基会实施的一系列公益项目,从申请到实施的整个过程,都需要经过严格的考察、审核和评估,以保证实现项目的最大社会效益。

中国妇基会的资金使用特点在财务报表的业务活动成本一栏中得到了充分的体现。以2016—2018年度为例,相对于总的业务活动成本,2016—2018年的捐赠项目成本占比均为100%(见表9-15、表9-16、表9-17所示)。

表9-15 2016年财务报表业务活动成本　　　　　　　　单位:人民币/元

| 项目 | 行次 | 上年数 | | | 本年数 | | |
| --- | --- | --- | --- | --- | --- | --- | --- |
| | | 非限定性 | 限定性 | 合计 | 非限定性 | 限定性 | 合计 |
| 二、费用 | | | | | | | |
| (一)业务活动成本 | 12 | 15523683.68 | 464350713.64 | 479874397.32 | 17887604.64 | 587423977.54 | 605311582.18 |
| 其中:捐赠项目成本 | 13 | 15523683.68 | 464350713.64 | 479874397.32 | 17887604.64 | 587423977.54 | 605311582.18 |
| 提供服务成本 | 14 | | | | | | |
| 商品销售成本 | 15 | | | | | | |
| 政府补助成本 | 16 | | | | | | |
| 税金及附加 | 17 | | | | | | |

表 9-16  2017 年财务报表业务活动成本　　　　　　　单位：人民币/元

| 项目 | 行次 | 上年数 | | | 本年数 | | |
|---|---|---|---|---|---|---|---|
| | | 非限定性 | 限定性 | 合计 | 非限定性 | 限定性 | 合计 |
| 二、费用 | | | | | | | |
| (一)业务活动成本 | 12 | 17887604.64 | 587423977.54 | 605311582.18 | 21450539.60 | 801053731.53 | 822504271.13 |
| 其中:捐赠项目成本 | 13 | 17887604.64 | 587423977.54 | 605311582.18 | 21450539.60 | 801053731.53 | 822504271.13 |
| 提供服务成本 | 14 | | | | | | |
| 商品销售成本 | 15 | | | | | | |
| 政府补助成本 | 16 | | | | | | |
| 税金及附加 | 17 | | | | | | |

表 9-17  2018 年财务报表业务活动成本　　　　　　　单位：人民币/元

| 项目 | 行次 | 上年数 | | | 本年数 | | |
|---|---|---|---|---|---|---|---|
| | | 非限定性 | 限定性 | 合计 | 非限定性 | 限定性 | 合计 |
| 二、费用 | | | | | | | |
| (一)业务活动成本 | 12 | 21450539.60 | 801053731.53 | 822504271.13 | 10953017.27 | 534286515.09 | 545239532.36 |
| 其中:捐赠项目成本 | 13 | 21450539.60 | 801053731.53 | 822504271.13 | 10953017.27 | 534286515.09 | 545239532.36 |
| 提供服务成本 | 14 | | | | | | |
| 商品销售成本 | 15 | | | | | | |
| 政府补助成本 | 16 | | | | | | |
| 税金及附加 | 17 | | | | | | |

中国妇基会将四个大类别下具体资助的项目，分别通过专题网站的形式，将其项目的名称、捐助方式、最新动态、项目成果以及资助资金使用情况，公开列示在基金会的官网上，做到了基本财务信息的公开化、透明化。下面是对中国妇基会的一些主要公益项目进行的详细介绍。

(1)持续发展类项目。

①"母亲水窖"项目。2000 年中国政府提出西部大开发战略之时，对中国西部妇女生活状况进行调查发现，严重制约西部农村妇女发展的重要因素是饮用水困难。为帮助相应地区妇女及家庭解决饮用水困难问题，由全国妇联、北京市人民政府、中

央电视台联合发起,中国妇女发展基金会组织实施了"母亲水窖"项目。"母亲水窖"项目启动实施20余年来,在各级党委、政府及水利部门的关心、重视和社会各界的大力支持下,项目内容由早期的以家庭为单位建设集雨水窖,逐步发展为以水窖为龙头,集沼气、种植、养殖、卫生、庭院美化等为一体的"1+N"综合发展模式。世界银行在一篇关于中国农村供水与卫生的报告中提到了妇联作为中国妇基会的业务主管单位,在帮助解决西部贫困地区农村供水问题中的作用。联合国在其多篇报告中也肯定了"母亲水窖"解决干旱缺水地区人们生活困难的作用。"母亲水窖"项目在2005年获得首届"中华慈善奖"。该项目自实施以来实现社会价值约为42亿元人民币。截至2018年底,"母亲水窖"在以西部为主的25个省(区、市)修建集雨水窖13.96万口,集中供水工程1846处,共帮助268万人获得安全饮水,项目实施规模达9.46亿元。到2019年底,"母亲水窖"项目已经在以西部为主的25个省(区、市)修建分散式供水工程13.97万个,集中供水工程1890处,校园安全饮水项目939个,共318万余人受益。

②"母亲健康快车"项目。2003年"非典"侵袭以来,以城市为重点的公共卫生应急机制及时得到了改进和完善,而偏远农村却未能及时改进,为进一步改善贫困地区缺医少药的现状,维护妇女健康权益,在全国妇联和国务院妇儿工委办的大力支持下,中国妇基会启动了"母亲健康快车"计划,其宗旨是送健康理念、送健康知识、送健康服务。该项目以捐赠的流动医疗车为载体,使每辆车形成预防与救助功能兼备,增加服务半径,具有救治辐射效应的卫生健康服务平台。"母亲健康快车"公益项目实施十几年来,已向全国30个省、市、区1900多家基层医疗单位捐赠了2624辆"母亲健康快车"及车载医疗设备,累计捐资3.9亿元人民币,受益人口超过6600万。2008年,本项目荣获"中华慈善奖"。

③"超仁妈妈"助力计划。中国妇基会作为中国最大的女性公益组织,引领女性公益力量发挥更好的作用,助力热衷于公益事业的女性实现公益梦想,使弱势群体得到关心与帮助,是其义不容辞的责任。为此,中国妇基会于2016年启动了"超仁妈妈"公益助力计划项目,经过不懈努力,初步形成了一个开放、合作、共赢的女性公益平台,聚合了一批胸怀大爱、奋进拼搏、才华横溢、具有公益情怀的女性公益人。她们以服务女性群体为主,以超人、超能、仁爱之心对待生活,在教育、健康、环保、创业等多个领域无私奉献,辛勤耕耘。截至2017年,"超仁妈妈"公益项目共筹集善款1381余万元,影响了300余名女性社会创业者及其项目和机构,扶持了100多家女性公益机构投身就业、健康、教育、环保等多个公益领域,辐射带动500余名女性公益从业人员,项目直接或间接受益人数达10万余人。

(2)资助救助类项目。

①"母亲邮包"项目。为深入贯彻中央扶贫开发工作会议精神,充分发挥妇联组织在社会扶贫中的积极作用,全国妇联发起"母亲邮包"项目,由中国妇基会具体承办。该项目以中国邮政开启的邮政绿色通道为服务支撑,主要选取贫困母亲日常生活必需品,发动社会各界通过"一对一"的捐助模式,将主要由生活必需品组成的"母亲邮包"准确递送至贫困母亲手中,帮助贫困母亲解决生活中的一些实际困难。"母亲邮包"分"母亲贴心包"和"母亲暖心包"两种,依托分布全国的3.6万个邮政网点,各界爱心人士通过身边的邮政营业网点、有关网络和对妇基会直接捐赠等多种渠道即可捐购"母亲邮包",将自己的爱心传递给需要帮助的贫困母亲。通过项目实施,进一步弘扬"人人为我,我为人人"的公益慈善文化,激发社会公众参与公益慈善活动的积极性,引导公众更加关注贫困母亲。自2012年项目开展实施以来,已有670579名贫困母亲受益,累计资助资金达95786800元人民币。

②中国贫困英模母亲——建设银行资助计划。为弘扬中华民族崇尚英模、英烈的优良传统,增强全社会关爱英模、英烈遗属的意识,2007年11月,中国建设银行股份有限公司向中国妇基会捐赠5000万元人民币,启动了"中国贫困英模母亲——建设银行资助计划",帮助因公牺牲、因公致残或在一线工作表现突出且生活困难的现役军人、武警、公安干警的妻子或母亲改善生活条件,减轻经济负担。该项目于2012年4月获得第七届"中华慈善奖"。截至2017年底,项目累计发放资助款5060.6万元,资助英模母亲18138人次。

(3)宣传倡导类项目。

妇女新闻文化基金是由中国妇女报原总编辑卢小飞、河南人民广播电台原台长赖谦进共同发起,中国妇女发展基金会专门设立的公益文化类专项基金。该专项基金的宗旨是:弘扬先进性别文化,宣传妇女在推进中国特色社会主义事业中的伟大作用,推动妇女新闻文化事业发展,促进妇女新闻人才成长。该基金旨在通过资助先进性别文化倡导项目,提高社会性别意识的普遍认知,进而推动男女平等基本国策深入贯彻落实;通过传播新闻文化作品和人物公益奖励,倡导先进性别文化的传播;通过资助对妇女状况的新闻调查,支持女性新闻学科发展创新。

2012年由中国妇女报、社科院新闻与传播研究所、中国妇基会新闻文化基金发起的"年度性别平等十大新闻事件"评选活动正式启动,这项活动意在通过聚焦当年发生的与性别平等相关的重大新闻事件,呼吁社会公众关注我国男女平等基本国策的落实状况。此次评选活动的评委,均来自人民日报、新华社、光明日报、经济日报、科技日报、工人日报、中国青年报、中国妇女报、农民日报、法制日报、中新社等中央主要新闻单位,至今该活动已连续开展近10年,得到了社会各界的积极关注和新闻媒体的深入报道。

(4)紧急救灾类项目。

在重大自然灾害中,妇女、儿童往往是遭受损害最大的群体。因此,为处于灾害中的女性给予及时和有针对性的援助,对于帮助灾区女性渡过难关、重拾生活信心,具有重大意义。中国妇基会在历年抗击重大自然灾害中,将目光聚集到灾区妇女儿童身上,把建立常态化的救灾备灾机制作为一个重大问题,把资金及生活必需品的募集作为第一任务,制定了灾后救援工作机制,形成了灾后救援工作流程,明确了参与紧急救援、过渡安置、灾后重建的基本原则及责任分工,并成立了日常备灾救灾办公室。当灾情发生时,该基金会通常在第一时间快速反应,组织向灾区运送妇女及家庭急需用品等救援物资,在24小时内与捐赠伙伴及各省(区、市)妇联、妇女儿童基金会协商参与救援、统一行动的相关事项,根据灾情需要,派出心理援助、儿童安全志愿队伍等。

由于中国妇基会在历次救灾工作中,配合政府做了大量工作,取得了一定成绩,得到社会各界的充分肯定,先后获得国务院"全国民族团结先进集体"、全国总工会"抗震救灾重建家园工人先锋号"、全国妇联"抗震救灾重建家园先进妇联组织"和"抗震救灾奉献爱心先进基层党组织"等多项荣誉称号。

## 二、案例思考

(1)中国妇基会的善款来源渠道有哪些?

(2)中国妇基会采用自己开展公益项目和资助项目相结合的方式,这对于公募基金会来说有哪些优缺点?

(3)"超仁妈妈"项目对女性在劳动力市场的地位是否起到了一定的提高作用?

(4)中国妇基会在信息披露的内容和方式上有什么值得其他基金会借鉴的地方?

## 三、案例分析

**1. 资金来源的特点**

根据中国妇基会2010—2018年的审计报告,摘取主要收入来源分析如表9-18和图9-6所示。

表 9-18  中国妇基会主要收入来源占总收入比率表(摘自 2010—2018 年的年度报告)

|  | 2010 | 2011 | 2012 | 2013 | 2014 | 2015 | 2016 | 2017 | 2018 |
|---|---|---|---|---|---|---|---|---|---|
| 捐赠收入 | 96.71% | 98.60% | 96.92% | 96.26% | 97.62% | 98.39% | 59.02% | 66.54% | 96.57% |
| 投资收益 | 0 | 0 | 0 | 0 | 1.80% | 1.22% | 1.02% | 1.41% | 2.38% |
| 其他收入 | 3.29% | 1.40% | 3.08% | 3.74% | 0.58% | 0.39% | 0.37% | 0.03% | 0.79% |

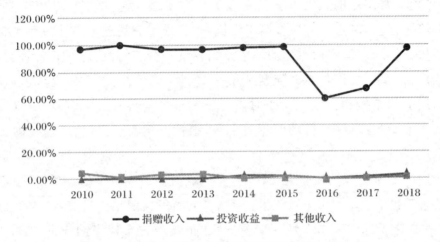

图 9-6  中国妇基会资金来源比率动态图(2010—2018 年)

根据上述图表分析发现,捐赠收入占总收入的比率 2015 年以前存在小幅的波动,2015 年后波动幅度较大,投资收益和其他收入各年占总收入的比率一直存在较小的波动,但从整体上来看,中国妇基会筹集资金的主要方式是捐赠收入,其次为投资收益,其他收入来源占总收入的比率十分微小。

**2. 资金的使用与控制特点**

中国妇基会在信息披露方面的工作落实非常到位。在中国妇基会的官网上,有专门的信息公开专栏,专栏中详细披露了基金会的年检报告、审计报告、财务报告、年度预算以及项目年报、项目公示、捐赠信息和管理制度等信息。每一个项目都涉及资金数目的详细披露。对于资金使用的监督和管理在年检报告、审计报告、财务报告中都有详细的体现;对于捐赠的收入(除数额较小的零散捐款和无法开具捐赠收据的捐赠款项),在捐赠信息中逐一进行公示;对于每一个资助或者运作项目的捐赠单位、落实资金(不含工作经费)和地点、执行情况、实施效果也在项目公示和项目年报中进行详细披露。中国妇基会在资金运用前,通常在财务预算中做出详细的资金使用计划。资金运用后,对资金使用数额、使用去处都做出了详细的介绍,并与当年的预算进行对比。中国妇基会还有一个突出特点在于,在资金实施的整个过程中,进行公益项目资金使用情况的实时动态信息披露,这更加有利于保证资金使用的高效、透明。

## 四、专家点评

我们相信,通过让更多中国女性掌握商业知识与实战经验,我们能为中国女性创业领域带来持续性改变,培养新一代女性创业者,逐渐缩小贫富差距,引领经济与社会变革。

——时任中国妇女发展基金会副理事长 秦国英评"她梦想"公益基金

中国妇基会"超仁妈妈"项目拓展了女性参与社会治理和社会创业的空间,将女性就业、创业延伸到公益事业和解决各种社会问题的焦点上来,助力女性参与创业,提升女性专业培训。未来,希望木兰汇与妇基会一起,探索更多凝聚女性力量、赋能女性发展的路径。

——时任《中国企业家》杂志社社长、木兰汇理事长 何振红

康师傅作为中国本土发展起来的知名企业,非常重视践行企业社会责任,20余年来累计捐赠公益事业已达5亿人民币。作为国内包装饮用水领导品牌,康师傅优悦始终以关怀中国消费者饮水安全为己任。我们不仅提供优质好水,我们更是希望循着水的品行,传承'上善若水'的精髓。此次携手"母亲水窖",是为了号召大家在享受优质好水带来的悦己生活的同时,不要忘却中国还有很多人处于缺水的状态。我们希望大家携手康师傅,把安全健康的饮水体验带给更多的人,实现优水悦人心。

——时任康师傅控股有限公司华北地区董事长 赵慧敬

## 五、推荐阅读资料

1. 中国妇女发展基金会官方网站:https://www.cwdf.org.cn/.

2. 张蓉. 大爱无疆——中国公益慈善观[J]. 理论与当代,2018(11):48-50.

3. 中国妇基会携手康师傅优悦,助力母亲水窖公益项目|公益|捐赠_凤凰财经. http://finance.ifeng.com/a/20150421/13652230_0.shtml.

4. 中国妇基会启动"她梦想"公益基金_凤凰财经. http://finance.ifeng.com/a/20161020/14952044_0.shtml.

5. 中国妇基会"超仁妈妈"项目2018总结推进会在京举办_公益频道_中国青年网. http://gy.youth.cn/gywz/201812/t20181226_11825684.htm.

6. 中国妇基会精准扶贫创业就业公益项目"曙光计划"在京启动-公益时报网. http://www.gongyishibao.com/html/gongyizixun/15250.html.

# 案例四　中华环境保护基金会

### 学习目标

- 了解中华环境保护基金会的治理结构
- 了解中华环境保护基金会的资金运作模式
- 理解环保型公益基金会的项目资金运作特点

## 一、案例概述

### （一）组织简介

中华环境保护基金会（China Environmental Protection Foundation，CEPF）成立于1993年4月27日，是在民政部登记注册的中国第一家从事环境保护公益事业的全国性公募基金会。1992年6月，在巴西里约热内卢召开的联合国环境与发展大会上，首任国家环境保护局局长曲格平教授获得联合国环境大奖，他把所获得的10万美元奖金全部捐出，并以此为基础成立了中华环境保护基金会，曲格平、傅雯娟先后出任该基金会的理事长。全国人大常委会原委员长万里，原国务院副总理兼外交部部长黄华，全国人大原副委员长成思危、蒋正华先后出任该基金会名誉理事长。该基金会的理事会由政府、社团、高校、文化和企业等领域热心环境保护公益事业的代表组成，是基金会的决策机构。

中华环境保护基金会成立以来，严格执行国务院颁布的《基金会管理条例》，建立了规范的资金募集、管理和使用制度，本着"取之于民、用之于民、保护环境、造福人类"的宗旨，广泛募集资金，围绕生态文明建设，在环境污染防治、生态环境改善、生物多样性保护、绿色发展、水资源保护等领域，先后开展了"中华环境奖""环保嘉年华""环境项目资助""生态扶贫""绿色物流""安全饮水援建工程""资助大学生环保活动""环境公益诉讼及培训"等一系列公益项目活动，取得了显著的环境和社会效益，且有多个项目荣获中华慈善奖。2005年，中华环境保护基金会获得联合国经社理事会"专门咨商地位"；2010年被民政部授予"全国先进社会组织"，被环境保护部评为"2010年度先进集体"；2013年在民政部组织的全国性基金会组织评估工作中获得5A级荣誉；2015年，被北京市人民政府授予"首都环境保护先进集体"；2016年被环境保护部评为"先进集体"，被民政部首批认定为"慈善组织"；2017年被环境保护部直属机关党委评为"两学一做"学习教育"先进党组织"；2018年荣获中央国家机关工委"中央国家机关部门社会组织党建工作优秀案例奖";2018年被生态环境部直属机关党委评为"先进党组织";2019年获得联合国环境规划署(UNEP)"咨商地位"。在最具权威性的全球智库排名报告——美国宾夕法尼亚大学智库研究项目机构(TTCSP)研究编写的《全球智库报告2017》中,中华环境保护基金会是中国4家入围全球最佳环境政策智库榜单的社会组织之一。

中华环境保护基金会(以下简称中国环保基金会)组织结构图如图9-7所示。理事会是该基金会的最高决策机构,由19~25名理事组成。中华环保基金会的第五届理事会,共有理事长兼秘书长1名,副理事长2名,理事20名,监事2名。理事会决定基金会的重大业务活动计划并听取、审议秘书长的工作报告,检查秘书长的工作。监事会设监事2名,监事会主要负责检查基金会财务和会计资料,监督理事会遵守法律和章程的情况。该基金会副理事长、秘书长在理事长领导下开展工作,秘书处主持开展日常工作,拟订资金的筹集、管理和使用计划并承担资产管理的责任。秘书处下设综合管理部,处理基金会日常行政事务。办公室负责日常行政事务管理;基金与财务管理部主要负责基金会的基金管理和财务管理,负责基金会的基金保值、增值和投资计划、日常财务管理;宣传联络部主要负责基金会的宣传工作以及外事衔接工作及计划;项目管理部负责基金会项目的计划与实施;表彰工作部负责基金会表彰工作(中华环境奖)的相关工作;项目开发部负责基金会持续性项目开发和实施工作,并承担相应资金;事业拓展部负责基金会拓展性项目开发和实施工作,并承担相应资金。

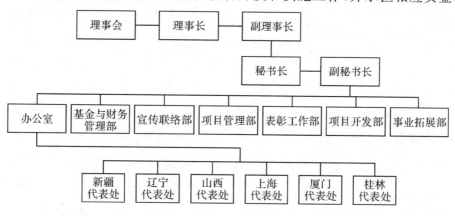

图9-7 中华环保基金会组织结构图

该基金会的治理结构遵循的是事业部组织治理结构,即一种部门化的结构模式。人员结构以决策层加上执行层的方式予以配置。理事会为最高权力机构,对整个基金会实行集中管理,从而形成强有力的决策机构。部门之间相互独立,同时又相互配合,部门在组织的领导下以及组织的架构内进行协调,提高管理效率,保持组织整体的稳定性和适应性。

## (二)资金运作模式

### 1. 资金的来源

中华环保基金会原始基金为人民币800万元,来源于首任国家环境保护局局长曲格平先生和社会有关组织及个人的捐赠。为促进基金会可持续发展,该基金会成立了专门的基金与财务管理部。基金与财务管理部通过委托银行、信托公司等金融机构进行投资,运作该基金会的收益,以实现基金会资金的保值增值。同时,该基金会也依法募集和接受国(境)内外组织和个人的捐赠,开展环境保护项目,该基金会也接受政府的拨款和其他资助等(见表9-19)。

表9-19 2018年度财务报表收入 单位:人民币/元

| 项目 | 行次 | 上年数 | | | 本年数 | | |
|---|---|---|---|---|---|---|---|
| | | 非限定性 | 限定性 | 合计 | 非限定性 | 限定性 | 合计 |
| 一、收入 | | | | | | | |
| 其中:捐赠收入 | 五.11 | 15962.48 | 117259446.07 | 117275408.55 | 179447.60 | 122227060.64 | 122406508.24 |
| 提供服务收入 | | | 702964.90 | 702964.90 | 0.00 | 200000.00 | 200000.00 |
| 商品销售收入 | | | | | 0.00 | 0.00 | 0.00 |
| 政府补助收入 | | | | | 0.00 | 0.00 | 0.00 |
| 投资收益 | | 1522282.30 | | 1522282.30 | 1357466.00 | | 1357466.00 |
| 其他收入 | 五.12 | 6355951.54 | | 6355951.54 | 6692858.95 | 0.00 | 6692858.95 |
| 收入合计 | | 7894196.32 | 117962410.97 | 125856607.29 | 8229772.55 | 122427060.64 | 130656833.19 |

### 2. 资金的使用

中华环境保护基金会以"群体专业型"资助方式,通过资助公益项目,高效地利用资金,最大化公益慈善资源的社会价值。该基金会的项目主要有以下几种类型:宏观性项目、特定领域项目、法治建设类项目、教育培养类项目。其中,有特色并具有代表性的具体项目包括中华环境奖、萤火行动、"驭"沙计划以及涓流计划,这几个具体项目都属于保护环境类项目,即特定领域项目,只是每一个具体项目的侧重点有所不同。

中华环境保护基金会关注的领域主要在环保领域,主要通过捐赠收入、提供服务收入、投资收益以及其他收入,来获得公益慈善资源。中华环境保护基金会的理事,均来自于各行各业比较具有代表性的人物,其中多数人物均在体制内任职,尤其是很多理事都具有政府部门工作背景。多元化的理事构成,让中华环境保护基金会的资源调动能力较强。同时,该基金会在一些省份设置代表处,可以为更好地开展各类公益慈善项目创造有利条件。

中华环境保护基金会针对目标地区或目标群体,通过专业人才实行专业化服务,在前期通过市场调研,分析出能够改变该地区目前状况,使该地区环境朝着更好方向发展的有效需求,经由专家学者论证项目可行性后,确定该项目的实施方式和手段,然后再进行项目的实施与执行。中华环境保护基金会在项目的实施上,也会与其他机构进行一些合作,以便更好地执行项目。比如,中华环境保护基金会就曾与凯迪拉克合作过"驭"沙计划以探索公路沿线不同荒漠化类型治理的方法,来帮助当地减少荒漠化侵蚀。

中华环境保护基金会的资金使用方式,在该基金会财务报表的业务活动成本一栏中得到了充分的体现。以2017年和2018年为例,在业务活动成本中,捐赠项目成本2017年占据100%,2018年占据99.95%(见表9-20)。

表9-20  2017—2018年财务报告业务活动成本　　　　　单位:人民币/元

| 项目 | 行次 | 上年数 | | | 本年数 | | |
|---|---|---|---|---|---|---|---|
| | | 非限定性 | 限定性 | 合计 | 非限定性 | 限定性 | 合计 |
| 二、费用 | | | | | | | |
| (一)业务活动成本 | 五.13 | 80990175.49 | | 80990175.49 | 97049293.76 | | 97049293.76 |
| (二)管理费用 | 五.14 | 10549797.62 | 0.00 | 10549797.62 | 6504680.15 | — | 6504680.15 |
| (三)筹资费用 | 五.15 | | 0.00 | 0.00 | | — | 0.00 |
| (四)其他费用 | 五.16 | | 0.00 | 0.00 | 30298.91 | — | 30298.91 |
| 费用合计 | | 91539973.11 | | 91539973.11 | 103584272.82 | | 103584272.82 |

下面是对中华环境保护基金会的一些主要公益项目进行的详细介绍。

(1)宏观性项目。

中华环境保护基金会拥有的众多宏观性项目,主要包括表彰、资助类,生态扶贫类,绿色物流、绿色出行、绿色回收类,生态保护类,宣传教育类,饮水安全类,法制建设类等,大多数项目是与环境保护相关的,也有对环保事业做出重大贡献的相关人员的表彰。

该基金会开展了多种形式的环境保护宣传教育、国际交流与合作,启动和资助了一些具有示范意义的环境保护项目,开展了国内外社会性的环境保护领域的表彰和奖励,初步发挥了社会团体连接政府与公众、国内与国外的桥梁和纽带作用,推动和促进了中国环境保护事业的发展。

(2)特定领域项目。

该基金会开展的特定领域项目,具体包括了中华环境奖项目、萤火行动、"驭"沙计划、涓流计划。

①中华环境奖。该项目主要为表彰和奖励为我国环境保护事业做出突出贡献和取得优异成绩的集体和个人。为了促进我国环境保护事业的发展,中华环境保护基金会于2000年设立了"中华环境奖"。2007—2017年,宝山钢铁股份有限公司向中华环境保护基金会捐赠5000万元人民币,专门用于开展中华环境奖相关评选活动,经组委会决定,第四届至第九届,中华环境奖冠名为"中华宝钢环境奖"。自2018年,奖项名称恢复为"中华环境奖"。由全国人大环境与资源保护委员会、全国政协人口资源环境委员会、教育部、生态环境部、国家广播电影电视总局、中华全国总工会、共青团中央、全国妇联、中华环境保护基金会、自然资源部、农业农村部11家部委和单位组成的中华环境奖组织委员会,对中华环境奖工作进行领导。中华环境奖的具体工作由中华环境保护基金会承办。该奖定位为我国环境保护领域最高的社会性奖励。截至2019年底,中华环境奖已开展十三届,共表彰在我国环境保护领域做出突出贡献的集体和个人171个。这些获奖者在各自行业和领域发挥着积极的作用,为宣传环保理念、创新环保技术、提高环保意识贡献了力量。

②萤火行动。该项目基于现代人对电能使用这一最基础的生活权利,基于乡村孩子上学路上的光明需求,基于边远无电地区民众的生产生活照明和重大灾害的应急照明需求,在充分调研实践的基础上发起"萤火行动"公益项目。"萤火行动"将环保与民生结合、环保与教育结合、环保与扶贫助困结合、环保与人的健康结合,为民众搭建便捷参与环保公益的平台,是响应党的十八大"美丽中国"精神,充满爱心的、长期、持续的环保公益惠民行动。

③"驭"沙计划。该项目由中华环境保护基金会与凯迪拉克携旗下经销商共同发起,该项目通过探索公路沿线不同荒漠化类型治理的方法,帮助当地减少荒漠化侵蚀,建设G7沿线特色生态走廊,与地方政府携手打造绿色丝绸之路。2018年,位于新疆的两个项目区开展G7公路沿途植树造林工程,选用适应力较强的当地植物,采用适合当地的节水技术进行灌溉,以确保较高的成活率和减少水资源消耗。

④涓流计划。该计划为校园安全饮水环保公益项目,旨在为有需要的中国村镇学校的孩子们提供更加"安全和足量"的饮用水。项目根据学校饮用水的水源和水质情况,定制安装安全饮水设备和配套设施,并设专门的安全饮水教室,为学校师生提供安全的冷热直饮水;同时项目配套开展相关的安全饮水和节约用水的科普教育活动,传播水文明,保障青少年健康成长。

(3) 法制建设类项目。

环境法律能力提升项目，是在美国环境法研究所的支持下，中华环境保护基金会联合高校共同开展的一个公益培训项目。项目旨在增强中国环保社会组织、基层人民法院从事环境资源案件审判的法官、检察官、基层环保行政机关的相关工作人员等参与环境保护活动的能力，其中包括通过理解和应用环境法律来参与环境保护活动的能力。项目 2018 年已经开展了 8 期培训，共培训了 550 余名来自环保民间组织、基层人民法院、基层人民检察院、企业、律师事务所、环保行政机关、环境保护技术研究所和高校的人员。

(4) 教育培养类项目。

宝洁中国先锋计划是 2015 年由宝洁中国公司联合中华环境保护基金会共同发起，2015 年 5 月正式启动。项目以支持大学生环保社团发展、促进社团专业能力提升为宗旨，尝试以地方枢纽组织为推动力，以"在行动中学习"的方式培养人才、项目和高校环保社团，将从社团网络、小额资助和能力建设三个方面支持高校环保社团发展，为中国环保事业的未来培养领袖人才。

## 二、案例思考

(1) 中华环境保护基金会的创始人和原始资金来源对基金会发展有何作用？
(2) 中华环境保护基金会的项目主要有哪些范围？
(3) 中华环境保护基金会的项目对中国环境保护的作用体现在哪几个方面？
(4) 中华环境保护基金会的理事结构对基金会的发展有何作用？

## 三、案例分析

**1. 资金来源的特点**

根据中华环境保护基金会 2013—2018 年的审计报告，摘取主要收入来源分析如表 9-21 和图 9-8 所示。

表 9-21　中华环境保护基金会主要收入来源占总收入比率表（摘自 2013—2018 年的年度报告）

| | 2013 | 2014 | 2015 | 2016 | 2017 | 2018 |
|---|---|---|---|---|---|---|
| 捐赠收入 | 94.66% | 93.82% | 86.18% | 92.43% | 93.18% | 93.69% |
| 提供服务收入 | 0.00% | 0.00% | 0.00% | 0.00% | 0.56% | 0.15% |
| 投资收益 | 0.00% | 0.00% | 0.00% | 0.00% | 1.21% | 1.04% |
| 其他收入 | 5.34% | 6.18% | 13.82% | 7.57% | 5.05% | 5.12% |

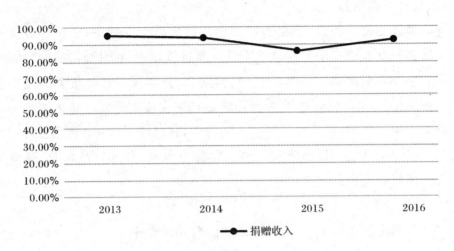

图 9-8 中华环境保护基金会资金来源比率动态图(2013—2018 年)

根据以上图表分析发现,虽然各项收入占比各年总收入的比率,存在一定的波动,但从整体上来看,中华环境保护基金会筹集资金的主要方式是捐赠收入,其次为其他收入,其他收入来源占比十分微小。

**2. 公益项目的特点**

中华环境保护基金会围绕环境保护的宗旨和使命进行项目资助,支持环境保护事业的发展。中华环境保护基金会的项目,均针对与环境生态有关的领域,并且与扶贫、教育、制度建设等相结合,针对不同的群体制定不同的环境生态类公益项目,并在项目设立后向社会发起募捐,项目在实施过程中,会将项目进展情况在官网进行公示和披露。

**3. 资金的使用与控制**

中华环境保护基金会的资金使用的信息披露比较充分,透明度较高,该基金会的官网和中国社会组织官网上均有基金会的年度审计、年度报告、项目推介等信息,便于大众对其进行监督,该基金会每月和每年都公示捐赠信息。

## 四、专家点评

我国已经成为网络购物最发达的国家,但是在生产、流通、仓储、消费和回收等环节还存在着大量的资源能源消耗、浪费现象。推行绿色供应链管理,推进绿色包装、绿色采购、绿色物流、绿色回收,大幅减少生产和流通过程中的资源消耗和污染物排放已经显得尤为紧迫和重要。此次成立的基金以行业联合的形式,推动物流行业转型发展、开发绿色供应链和循环发展、低碳发展公益宣传活动,是一个非常有益的尝试。

——时任环保部副部长赵英民评中华环境保护基金会菜鸟绿色联盟公益基金

这个奖旨在表彰在推进生态文明、引领绿色发展中涌现出的先进集体和个人,充分发挥优秀典型的示范作用,广泛凝聚全社会力量,共同建设生态文明,加强环境保护。

——时任环境保护部副部长翟青评中华宝钢环境奖

## 五、推荐阅读资料

1. 中华环境保护基金会官方网站:http://www.cepf.org.cn/.
2. 中国社会组织政务服务平台:http://www.chinanpo.gov.cn/.

# 第十章 在民政部注册的非公募基金会典型案例分析

## 案例一 清华大学教育基金会

### 学习目标

- 了解清华大学教育基金会的治理结构
- 了解清华大学教育基金会的资金运作模式
- 理解清华大学教育基金会的资金运作特点

### 一、案例概述

#### (一)组织简介

清华大学教育基金会成立于1994年,是由中华人民共和国民政部批准成立的全国性非公募基金会,是新中国成立后最早正式注册的大学教育基金会,原始基金2000万元。清华大学教育基金会以"为推动我国教育事业的发展,提高教育质量和学术水平,弘扬清华大学的文化和理念,争取国内外组织和个人的支持与捐助"为宗旨,积极筹措各种社会资源,其资金主要用于支持清华大学人才培养、教学科研、师资建设、校园基础设施建设、社会公益等方面。经过二十多年的探索发展,清华大学教育基金会在资金筹集、项目管理、资产运营、团队建设等方面日趋完善,社会声誉与品牌形象不断提升,名列中国高校基金会前茅。2013年和2019年,清华大学教育基金会被民政部评为5A级社会组织。

清华大学教育基金会设理事会、秘书处、监事会、业务部门等,如图10-1所示。理事会是其决策机构,负责基金会规章制度及各项事务的决定,由5~25名理事组成,每届任期5年,清华大学教育基金会第五届理事会理事共计22名;秘书处负责基金会的日常工作开展和管理;监事会依照章程对基金会日常运行进行监督,设监事3名;业务部门包括资源开发部、项目管理部、综合办公室、公共关系部、财务部、资金运作部、战略部、法务风控部、理事会秘书处;分支机构为张光斗科技教育基金。

# 第十章 在民政部注册的非公募基金会典型案例分析

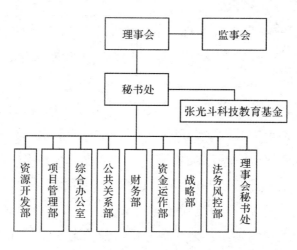

图 10-1 清华大学教育基金会组织结构

## (二)资金运作模式

### 1.资金的来源

清华大学教育基金会作为非公募基金会,根据相关规定,其资金可来源于自然人、法人或其他组织自愿捐赠,政府资助,开展活动或提供服务的收入,投资收益,其他合法收入。根据其 2017—2018 年财务报表显示(见表 10-1),该基金会资金主要源于捐赠收入与投资收益。

表 10-1 清华大学教育基金会 2017—2018 年收入 单位:人民币/元

| 项目 | 行次 | 上年数 | | | 本年数 | | |
|---|---|---|---|---|---|---|---|
| | | 非限定性 | 限定性 | 合计 | 非限定性 | 限定性 | 合计 |
| 一、收入 | | | | | | | |
| 其中:捐赠收入 | 1 | 204314381.18 | 1359838785.91 | 1564153167.09 | 306237602.00 | 1829981218.34 | 2136218820.34 |
| 会费收入 | 2 | 0.00 | 0.00 | 0.00 | 0.00 | 0.00 | 0.00 |
| 提供服务收入 | 3 | 0.00 | 0.00 | 0.00 | 0.00 | 0.00 | 0.00 |
| 商品销售收入 | 4 | 0.00 | 0.00 | 0.00 | 0.00 | 0.00 | 0.00 |
| 政府补助收入 | 5 | 0.00 | 0.00 | 0.00 | 0.00 | 0.00 | 0.00 |
| 投资收益 | 6 | 0.00 | 314659099.36 | 314659099.36 | 0.00 | 421651876.34 | 421651876.34 |
| 其他收入 | 9 | 1394984.17 | 0.00 | 1394984.17 | 2444497.41 | 0.00 | 2444497.41 |
| 收入合计 | 11 | 205709365.35 | 1674497885.27 | 1880207250.62 | 308682099.41 | 2251633094.68 | 2560315194.09 |

**2. 资金的使用**

清华大学教育基金会所募集的资金主要用于学生培养、师资建设、学科发展、校园建设及社会公益等方面。资金使用严格遵循捐赠者意愿及相关章程。

(1)学生培养。

目前,清华大学教育基金会共设 17 项奖助学金和 7 项多元化培养基金,用于奖励、资助和培养清华学子。奖助学金包括"一二·九"奖学金、蒋南翔奖学金、好读书奖学金、恒大奖助学金、张明为奖助学基金、唐仲英德育奖学金、西南联大奖学金、张荣发助学金、龙门希望基金、三和陈崇辉奖助学金、金涌奖学金基金、滕藤奖助励学基金、黄奕聪伉俪奖助学金、王补宣院士奖学励学基金、袁运甫艺术奖学励学基金、汪家鼎励学基金、校友攀登励学基金。多元化培养基金包括博士生短期出国访学基金、廖凯原励业金、XIN 中心、林枫基金、登峰基金、唐仲英学生领导力培养基金、董钧励业金等。

奖助学金一般颁发给优秀的清华寒门学子,按照基金设立宗旨和学校章程进行评选,多按照年度进行评选和发放,比如好读书奖学金、张明为奖助学基金、唐仲英德育奖学金等。但是,也有少数助学金采取第一年评选,四年跟踪发放的方式,比如恒大奖助学金。奖助学金不仅是物质上的奖励,而且可以使学生常怀感恩之心,坚定回报社会的信念,形成良性互动。

多元化培养基金在提升学生综合素质和提高人才培养质量方面作用突出。与奖助学金不同,它不是直接提供物质奖励,而是资助学生出国访学、参加学术会议及参与社会实践活动,旨在帮助学生拓宽国际视野、提高科研水平及综合实践能力。

(2)师资建设。

为引进高层次人才,提升师资力量,支持杰出学者和青年教师的教学和科研,清华大学教育基金会设立了人才基金,具体包括讲席教授基金、新英才教育基金、国华杰出学者奖、廖凯原奖教金、桑坦德银行合作项目。

讲席教授基金自 2001 年设立以来,清华大学已聘请"图灵奖"获得者姚期智教授、美国普渡大学 Salvendy 教授、美国哈佛大学何毓琦教授等 20 多位国际知名学者作为讲席教授。新英才教育基金资助设立清华大学"新英才文科特聘教授"职位,聘任叶秀山教授、唐晓峰教授等杰出学者为清华大学文科教育和科研服务,致力于提升文科人才培养质量和科学研究水平。国华杰出学者奖用于聘请国际知名讲席教授团组,奖励优秀教师及学术新人。2010 年,为支持数学科学系,该基金聘请法国巴黎十一大讲席教授团组,领衔教授 Yves Le Jan 教授和 Patrice Le Calvez 教授分别为概率论及其应用和动力系统与拓扑方面的知名学者。优秀教师和学术新人奖励在5万至10万元不等。

各类人才基金的设立,使数十位国际知名教授来校执教,带动一大批学科迅速接近或达到世界一流水平,极大地促进了学校高层次人才队伍和高水平学术团队的建设,对清华大学实现建设世界一流大学的目标起了重要推动作用。

(3)学科发展。

为支持基础科学、应用科学研究领域内具有前瞻性、战略意义的科学研究项目,为国家培养一批科学研究的骨干力量,鼓励在教学、科研中取得突出成就的教师,进一步发挥清华大学的教学科研优势,实现建设综合性一流大学的宏伟目标,社会各界支持设立了清华大学学科发展及研究基金。该基金对关系国计民生重大项目的顺利运行及科研教学的全面开展起了极大的促进作用。学科发展基金主要用于资助科研项目、师资引进和更新研究设备及教学设施。

(4)校园建设。

基金会自成立以来,支持清华大学建设了近40栋教学科研设施,比如新清华学堂建筑群、凯风人文社科图书馆等,先后有近10亿元人民币的建设资金投入学校的基础建设,包括郑裕彤医学楼、蒙民伟科技大楼、新清华学堂、校史馆、音乐厅及清华广场、李兆基科技大楼、清华大学罗姆电子工程馆、图书馆北楼(李文正馆)。校园建设基金帮助改善了清华大学教学、科研条件,同时提升了环境和景观品质,延续了校园环境的人文传统。以上基础设施的建设,不仅为学校教学条件和科研环境的改善提供了有力的物质保障,而且学校实施和参与的许多人才培养项目和国家重大科研项目也因此受益。

(5)社会公益。

清华大学依托自身的教育优势和社会资源,积极参与我国教育公益事业,设立教育扶贫基金、清华伟新教育基金、自强计划、嘉里基金等来推动我国教育事业发展。

①清华教育扶贫基金。该基金以"传播知识,消除贫困"为宗旨,面向国家扶贫开发工作重点县、革命老区和边疆少数民族地区,在县级和乡镇级教育培训机构建立远程教学站,通过远程和面授相结合的培训方式,为基层干部、乡镇中小学师生、医药卫生人员、技术员和农民搭建远程培训体系。清华大学的教育扶贫工作从2003年启动以来,已经在全国建立了3600多个远程教学站,覆盖了当时全国592个国家级贫困县中的522个,每年提供的远程及面授课程超过2000学时,累计培训人次近160万。湖南省委组织部党员教育中心副主任说:"清华大学教育扶贫项目大大提高了农民创业的组织化程度,成立了蔬菜、花卉、水果等专业协会2800多个,培育了农

产品加工销售龙头企业1620个,带动农民年人均纯收入增长11%以上,50万户低收入贫困家庭走上智力脱贫道路,摆脱了贫困。"

②清华伟新教育基金。该基金拨款400万元资助四川震区小学的重建;支持打工子弟学校培训和游学,奖励打工子弟学校的优秀教师;拨款300万元支持高考考前辅导。

③自强计划。2011年,清华大学实施"自强计划",该计划对当时长期学习、生活在农村地区、边远贫困地区或民族地区的优秀学生,在高考录取上给予一定优惠,并且提供300万元,用于补贴候选学生来清华参加自主招生考试笔试、面试的交通费,并在清华大学考试期间的住宿和生活费用给予补贴,对录取学生在清华学习期间的生活费用给予补助。

## 二、案例思考

(1)清华大学教育基金会的资金来源有哪些?有什么可以借鉴的地方?
(2)清华大学教育基金会的资金使用有何特点?

## 三、案例分析

**1. 资金来源的特点**

根据清华大学教育基金会2014—2018年审计报告显示,其收入的主要来源为捐赠收入、投资收益和其他收入(见表10-2)。

表10-2 清华大学教育基金会2014—2018年各项收入　　　单位:人民币/元

| | 2014 | 2015 | 2016 | 2017 | 2018 |
|---|---|---|---|---|---|
| 捐赠收入 | 1489970548.12 | 1182145130.04 | 1589318748.73 | 1564153167.09 | 2136218820.34 |
| 投资收益 | 292214642.47 | 357090916.01 | 248944102.34 | 314659099.36 | 421651876.34 |
| 其他收入 | 11289547.22 | 16903786.54 | 46480011.94 | 1394984.17 | 2444497.41 |
| 合计 | 1793474737.81 | 1556139832.59 | 1884742863.01 | 1880207250.62 | 2560315194.09 |

进一步分析该基金会2014—2018年审计报告,可总结出其资金来源如下特点:捐赠收入占总收入比重高。如图10-2和图10-3所示,2014—2018年清华大学教育基金会捐赠收入占总收入比重最高,投资收益次之,其他收入所占比重微乎其微,2014—2018年三大收入来源平均占总收入比重分别为82%、17.13%和0.87%。

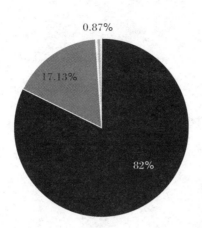

图10-2 清华大学教育基金会2014—2018年三大收入来源平均占比情况

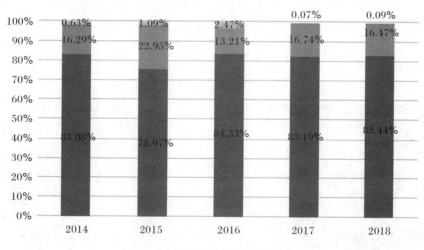

图10-3 清华大学教育基金会2014—2018年各项收入每年占比情况

根据2014—2018年的收入结构分析图显示,该基金会的捐赠收入占比最高,且上升趋势明显。清华大学教育基金会2014—2018年累计捐赠收入达人民币7961806414.32元,这几年的平均捐赠收入为1592361282.86元。且该基金会捐赠收入由2014年的1489970548.12元增长到2018年的2136218820.34元,增长额为646248272.22元,增长率达43.37%。如图10-4所示,除2015年捐赠收入有下跌外,基金会捐赠收入总体呈上升趋势。

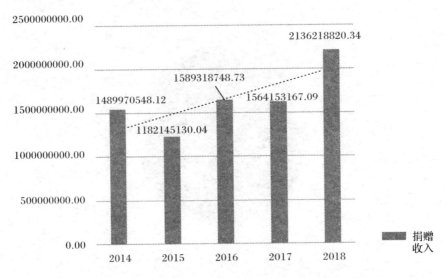

图 10-4　清华大学教育基金会 2014—2018 年捐赠收入数额

如图 10-5 所示,该基金会的捐赠收入以境内捐赠为主,特别是境内企业捐赠为主。2014—2018 年,境内捐赠收入占总捐赠收入比重为 72.68%,境外捐赠收入占比为 27.32%,境内企业捐赠占比为 60.10%(见图 10-6)。

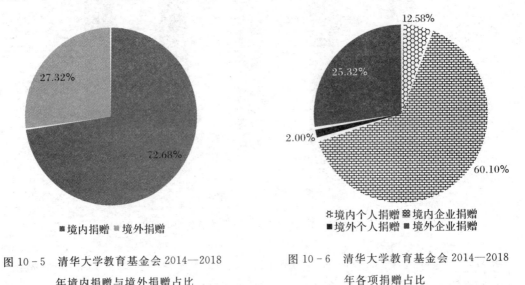

图 10-5　清华大学教育基金会 2014—2018 年境内捐赠与境外捐赠占比

图 10-6　清华大学教育基金会 2014—2018 年各项捐赠占比

根据图 10-7 显示,该基金会的投资收益高,保值增值成效显著。2014—2018 年,清华大学教育基金会累计投资收益达 1634560636.52 元,年均投资收益 326912127.3 元,年均投资收益率为 6.95%,高于同期银行一年期存款利率。

## 第十章 在民政部注册的非公募基金会典型案例分析

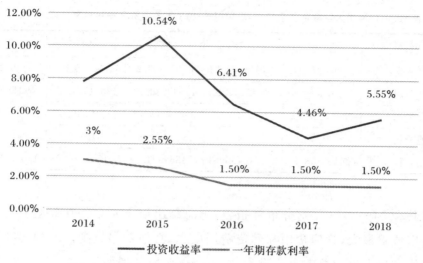

图 10-7 清华大学教育基金会 2014—2018 年投资收益率

清华大学教育基金会以长期股权投资与短期投资为主,且近年来投资数额逐渐增长。2014 年长期股权投资为 2419059229.62 元,短期投资为 1343587273.67 元;2018 年长期股权投资为 4930817835.53 元,短期投资为 2662284486.61 元。投资额分别增长 2511758605.91 元和 1318697212.94 元。2014—2018 年长期股权投资和短期投资数额见图 10-8。

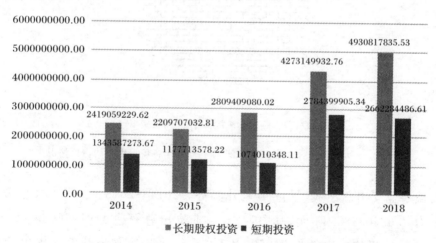

图 10-8 清华大学教育基金会 2014—2018 年长期股权投资和短期投资数额

总体来看,清华大学教育基金会的投资风格较为稳健,保值增值表现良好,为基金会各类慈善活动开展提供了强有力的资金支持。

**2. 资金使用的特点**

清华大学教育基金会资金使用主要包括公益事业支出、管理费用、筹资费用及其他费用 2014—2018 年各项支出数据如表 10-3 所示。

表 10-3  清华大学教育基金会各项 2014—2018 年各项资金使用数额    单位：人民币/元

|  | 2014 | 2015 | 2016 | 2017 | 2018 |
| --- | --- | --- | --- | --- | --- |
| 公益事业支出 | 571958373.99 | 727355374.71 | 707027459.67 | 879004195.85 | 1312641280.95 |
| 管理费用 | 15197246.44 | 10895286.11 | 18998930.98 | 10891971.43 | 190413728.40 |
| 筹资费用 | 33041187.82 | 34365795.99 | 38834513.73 | 11845559.40 | −210567.90 |
| 其他费用 | 0 | 0 | 0 | 13490.00 | 489507.87 |
| 费用合计 | 620196808.25 | 772616456.81 | 764860904.38 | 901755216.68 | 1503333949.32 |

根据其2014—2018年财务审计报告，可总结出以下资金使用特点：公益事业支出占总支出比重最大，管理费用和筹资费用次之，其他费用较少。2014—2018年，公益事业平均支出占平均总支出比重为92.01%，平均管理费用为5.4%，平均筹资费用为2.58%，各类支出平均占比见图10-9。

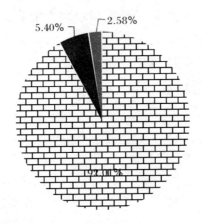

图 10-9  清华大学教育基金会 2014—2018 年各项支出平均占比情况

①公益事业支出总额大，呈逐年上升趋势。2014—2018年，清华大学教育基金会总支出为4562763335.44元，其中，公益事业支出总额达4197986685.17元，占总支出的92.01%，平均支出额为839597337.03元。同时，其公益事业支出额从2014年的571958373.99元上涨到2018年的1312641280.95元，增长率为129.5%。根据《基金会管理条例》，非公募基金会每年用于从事章程规定的公益事业支出，不得低于上一年基金余额的8%，清华大学教育基金会2014—2018年公益事业支出占上一年基金余额的比例分别为17.79%、16.57%、13.67%、13.95%、18.03%，均超过8%，符合《基金会管理条例》相关规定。2014—2018年，清华大学教育基金会公益事业支出情况见图10-10。

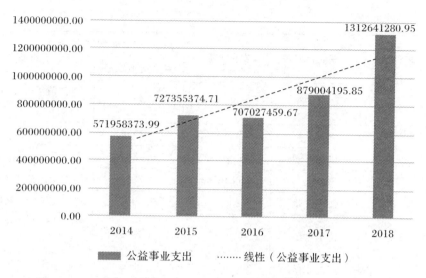

图 10-10 清华大学教育基金会 2014—2018 年公益支出数额及趋势

②管理费用相对稳定,筹资费用呈逐年减少趋势。管理费用包括行政人员支出,根据基金会内部规定,其人员及工资变动较小,因此管理费用相对稳定。最高额为 2018 年的 190413728.40 元,最低为 2017 年的 10891971.43 元,相差 179521756.97 元。2014 年,筹资费用为 15197246.44 元,2018 年下降到 -210567.9 元,说明基金会财务风险降低。

清华大学教育基金会资金主要用于校内教育公益项目,主要包括学生培养、师资建设、学科发展、校园建设等。以上资金的使用对清华大学科研水平和教育质量的提升有极大的促进作用。相较于校内教育公益支出,社会公益类项目支出占比不高。以 2018 年为例,重大公益项目支出占比最高的为教育基金,为 25.25%,社会公益基金仅占 0.19%(见表 10-4)。清华大学作为国内一流高校,可以利用自身的教育资源优势对社会公益事业做出更多贡献。

表 10-4 清华大学教育基金会 2018 年公益项目支出情况

| 项目名称 | 大额支付对象 | 支付金额 | 占基金会年度公益总支出比例 | 用途 |
|---|---|---|---|---|
| 1. 恒大教育基金 | 清华大学 | 320000000.00 | 24.38% | 支持清华大学教育 |
| 2. 苏世民学者项目 | 清华大学 | 86825322.48 | 6.61% | 用于兴建清华大学苏世民书院大楼及日常运营 |
| 3. 人才基金 | 清华大学 | 12762500.00 | 0.97% | 支持清华大学人才培养 |
| 4. 教育基金 | 清华大学 | 331381479.95 | 25.25% | 支持清华大学教育发展 |

续表

| 项目名称 | 大额支付对象 | 支付金额 | 占基金会年度公益总支出比例 | 用途 |
|---|---|---|---|---|
| 5.研究基金 | 清华大学 | 95560230.61 | 7.28% | 支持清华大学研究与国际交流 |
| 6.交流基金 | 清华大学 | 1778868.00 | 0.14% | 支持清华大学社会交流 |
| 7.图书基金 | 清华大学 | 2413095.56 | 0.18% | 支持清华大学图书基金 |
| 8.奖助学金 | 清华大学 | 36068467.83 | 2.75% | 奖励、资助清华大学学生 |
| 9.基建项目 | 清华大学 | 69883519.98 | 5.33% | 支持清华大学基础建设 |
| 10.社会公益基金 | 清华大学 | 2430985.01 | 0.19% | 支持清华大学社会公益活动 |
| 11.校友基金 | 清华大学 | 300000.00 | 0.02% | 支持清华大学校友基金 |
| 12.其他 | 北京华益健康药物研究中心 | 76273272.15 | 5.81% | 支持GHDD项目运营费 |

**3. 信息披露**

清华大学教育基金会信息披露情况良好,其官网专门的信息公开栏目披露了基金会年度工作报告、审计报告、年检报告、捐赠名单及受益方。对资金的来源和使用有较为详细的记录。

清华大学教育基金会作为5A级基金会,其在捐赠收入、信息披露、保值增值、公益活动等方面均表现良好,是中国高等教育基金会的典范,2018年获选中国基金会榜(非公募)第三名。清华大学教育基金会将社会各界的善款最大效用地用于我国教育公益事业,为我国科技发展和人才培养提供了优质环境。

## 四、专家点评

清华大学教育基金会是最早的中国高校基金会。二十多年来,得到千千万万清华校友和清华之友的支持。在未来,作为大学基金会的代表,清华大学教育基金会将继续努力,为建设世界一流大学,推动中国高等教育建设和发展做出应有的贡献。

——时任清华大学教育基金会副秘书长 王丹

## 五、推荐阅读资料

1. 清华大学教育基金会官方网站:http://www.tuef.tsinghua.edu.cn/.
2. 中国社会组织政务服务平台:http://www.chinanpo.gov.cn/.

# 案例二 阿里巴巴公益基金会

**学习目标**

- 了解阿里巴巴公益基金会的治理结构
- 了解阿里巴巴公益基金会的资金运作模式
- 理解阿里巴巴公益基金会的项目资金运作特点

## 一、案例概述

### （一）组织简介

阿里巴巴公益基金会（Alibaba Foundation）成立于 2011 年 12 月 22 日，是经民政部批准成立的全国性非公募基金会。阿里巴巴公益基金会由阿里巴巴集团旗下 4 家公司联合发起，原始基金为 5000 万元人民币，主要通过集中公益资源，提升公益项目效率和专业性，促进社会公益事业发展，为构建和谐社会做出贡献。为了更好地履行企业社会责任，建立长期稳定的公益资金投入机制，快速应对突发的自然灾害和扩大资助的公益范围，阿里巴巴集团承诺每年会将收入的一定比例捐赠给阿里巴巴公益基金会，此捐款为阿里巴巴公益基金会的主要资金来源。

阿里巴巴公益基金会以打造一个人与自然友善共存的绿色星球为使命；怀有以金融创新为基础，以智慧科技为核心，以教育倡导为助力，推动全球环境生态的可持续发展的愿景；以营造公益氛围，发展公益事业，促进人与社会、人与自然的可持续发展为宗旨。资助重点包括水环境保护、环境保护宣传，以及支持环保类公益组织的发展。

阿里巴巴公益基金会组织结构如图 10-11 所示。理事会承担决策职能，通过由理事长召集并主持的定期理事会会议，对基金会战略规划、年度计划、预算等重大事项进行审议和审批。理事会下设项目评审委员会，项目审核委员会由阿里巴巴集团各公司员工组成，向理事会汇报，负责基金会项目的审批和质量监控。秘书处为基金会的执行机构，负责人为秘书长，由理事会从理事中选举产生，主持秘书处日常工作。秘书处负责执行理事会决议，和理事会、监事会、项目评审委员会等保持密切沟通。秘书处下设项目运营、综合管理、财税法团队。

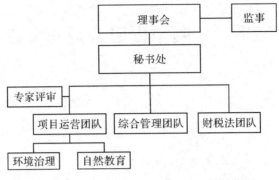

图 10-11 阿里巴巴公益基金会组织结构图

## (二)资金的运作模式

### 1. 资金的来源

阿里巴巴公益基金会原始基金为 5000 万元人民币,来源于阿里巴巴集团旗下 4 家公司,即阿里巴巴(中国)有限公司、阿里巴巴(中国)网络技术有限公司、淘宝(中国)软件有限公司、支付宝(中国)网络技术有限公司。同时,为了更好地履行企业社会责任,建立长期稳定的公益资金投入机制,快速应对突发的自然灾害和扩大资助的公益范围,阿里巴巴集团承诺每年将营业收入的千分之三用于公益事业(简称"千三公益基金"),此捐款为阿里巴巴公益基金会的主要资金来源。

根据 2018 年度的业务活动表(见表 10-5)和 2017 年度的业务活动表(见表 10-6)显示,该基金会的资金来源主要为捐赠收入;而根据 2016 年度的业务活动表(见表 10-7)显示,除了捐赠收入以外,资金来源中还包括小部分投资收益。

表 10-5  2018 年度业务活动表收入　　　　　　　　　　　　　单位:人民币/元

| 项目 | 行次 | 上年数 | | | 本年数 | | |
|---|---|---|---|---|---|---|---|
| | | 非限定性 | 限定性 | 合计 | 非限定性 | 限定性 | 合计 |
| 一、收入 | | | | | | | |
| 其中:捐赠收入 | 1 | 70205643.00 | 0.00 | 70205643.00 | 71900000.00 | 0.00 | 71900000.00 |
| 会费收入 | 2 | 0.00 | 0.00 | 0.00 | 0.00 | 0.00 | 0.00 |
| 提供服务收入 | 3 | 0.00 | 0.00 | 0.00 | 0.00 | 0.00 | 0.00 |
| 商品销售收入 | 4 | 0.00 | 0.00 | 0.00 | 0.00 | 0.00 | 0.00 |
| 政府补助收入 | 5 | 0.00 | 0.00 | 0.00 | 0.00 | 0.00 | 0.00 |
| 投资收益 | 6 | 0.00 | 0.00 | 0.00 | 0.00 | 0.00 | 0.00 |
| 其他收入 | 9 | 314877.16 | 0.00 | 314877.16 | 444726.88 | 0.00 | 444726.88 |
| 收入合计 | 11 | 70520520.16 | 0.00 | 70520520.16 | 72344726.88 | 0.00 | 72344726.88 |

表10-6  2017年度业务活动表收入　　　　　　　　　　　单位：人民币/元

| 项目 | 行次 | 上年数 | | | 本年数 | | |
|---|---|---|---|---|---|---|---|
| | | 非限定性 | 限定性 | 合计 | 非限定性 | 限定性 | 合计 |
| 一、收入 | | | | | | | |
| 其中：捐赠收入 | 1 | 50060000.00 | 0.00 | 50060000.00 | 70205643.00 | 0.00 | 70205643.00 |
| 会费收入 | 2 | 0.00 | 0.00 | 0.00 | 0.00 | 0.00 | 0.00 |
| 提供服务收入 | 3 | 0.00 | 0.00 | 0.00 | 0.00 | 0.00 | 0.00 |
| 商品销售收入 | 4 | 0.00 | 0.00 | 0.00 | 0.00 | 0.00 | 0.00 |
| 政府补助收入 | 5 | 0.00 | 0.00 | 0.00 | 0.00 | 0.00 | 0.00 |
| 投资收益 | 6 | 1381909.59 | 0.00 | 1381909.59 | 0.00 | 0.00 | 0.00 |
| 其他收入 | 9 | 66704.43 | 0.00 | 66704.43 | 314877.16 | 0.00 | 314877.16 |
| 收入合计 | 11 | 51508614.02 | 0.00 | 51508614.02 | 70520520.16 | 0.00 | 70520520.16 |

表10-7  2016年度业务活动表收入　　　　　　　　　　　单位：人民币/元

| 项目 | 行次 | 上年数 | | | 本年数 | | |
|---|---|---|---|---|---|---|---|
| | | 非限定性 | 限定性 | 合计 | 非限定性 | 限定性 | 合计 |
| 一、收入 | | | | | | | |
| 其中：捐赠收入 | 1 | 122145000.00 | 0.00 | 122145000.00 | 50060000.00 | 0.00 | 50060000.00 |
| 会费收入 | 2 | 0.00 | 0.00 | 0.00 | 0.00 | 0.00 | 0.00 |
| 提供服务收入 | 3 | 0.00 | 0.00 | 0.00 | 0.00 | 0.00 | 0.00 |
| 商品销售收入 | 4 | 0.00 | 0.00 | 0.00 | 0.00 | 0.00 | 0.00 |
| 政府补助收入 | 5 | 0.00 | 0.00 | 0.00 | 0.00 | 0.00 | 0.00 |
| 投资收益 | 6 | 179543.84 | 0.00 | 179543.84 | 1381909.59 | 0.00 | 1381909.59 |
| 其他收入 | 9 | 770987.85 | 0.00 | 770987.85 | 66704.43 | 0.00 | 66704.43 |
| 收入合计 | 11 | 123095531.69 | 0.00 | 123095531.69 | 51508614.02 | 0.00 | 51508614.02 |

**2. 资金的使用**

从伙伴需求角度出发是资助活动的根本出发点，在我国目前流行着三种资助类型：一是购买服务，基金会资助公益组织做基金会想做的事；二是资助项目，基金会资助公益组织做公益组织想做的事；三是伙伴关系，基金会与公益组织达成长期的合作模式，不是单纯地提供资金，而是从公益组织的需求出发提供多种类型的帮助。

阿里巴巴公益基金会的资助类型就是以伙伴关系为主体,附加少量的购买服务和项目资助,具有较强的资助特色。

2018年,阿里巴巴公益基金会共投入资助金额49361708.80元,资助项目51个,资助机构46家。其中,在环境治理方面投入资助金额16246951.00元,资助项目25个,资助机构23家;在自然教育方面投入资助金额10645157.80元,资助项目14个,资助机构13家;剩余的22469600.00元则被用来资助了其他类别的12个项目、10家机构。由此可见,阿里巴巴公益基金会将环境治理和自然教育作为资助重点,下面将对一些特色项目进行介绍。

(1)环境治理。

阿里巴巴公益基金会一直开展以水环境保护为核心的环境治理领域项目,旨在搭建一个支持民间力量开展水环境保护的平台。资助重点落在行业支持、组织培养、制度保障和环境数据应用等方面,关注领域聚焦,资助手法创新多维。通过引导式的资助手法,主要在六个层面发挥作用:关注顶层设计,推进环境法治建设;发挥平台优势,引发公众关注监督;运用环境数据,撬动企业联合行动;推动行业进步,赋能NGO能力建设;促进信息公开,激发企业整改披露;鼓励一线行动,助力在地环保发展。

①XIN伙伴计划。从2017年起,阿里巴巴公益基金会开展"XIN伙伴计划",向环保公益领域内最具影响力、创新性、成长性的社会组织提供长期战略资助和资源支持,协助其突破发展瓶颈,开展互助协作,共同应对宏大环境议题。目前,包括自然之友、公众环境研究中心(IPE)、绿色潇湘、合一绿学院、广州绿网在内的5家环保组织成为"XIN伙伴"。在基金会的支持下,它们分别在法律与政策倡导、环境大数据应用、志愿者网络建设、社会组织培育等领域集中发力、协同推进,在各方的不懈努力下,搜集到的环境数据促使政府展开全国上百条水体的监测治理,敦促政府公开了近百万条环境监管信息,促使全国近三千家企业开始进行治污减排的工作,共同助力了中国生态文明建设。

②清源行动。"清源行动"于2011年启动,旨在汇聚民间环保力量,搭建一个可供民间力量参与水环境保护工作的项目平台,通过对民间组织的持续性资助,建立水环境保护民间网络,推动公众环保参与,协同政府开展污染治理,进而实现对中国重要水源的保护。2018年的"清源行动"主要针对长期从事水污染防治、有重大推动力、有良好治理结构、已建立水环境保护专门团队、能够有效撬动社会资源的成长型水保护类环保组织进行资助。希望通过阿里巴巴公益基金会的赋能,丰富行业生态的多样性,鼓励更多环保社会组织运用创新手法,参与环境社会共治。

③环境法典。我国环境资源立法一直采取以《中华人民共和国环境保护法》为统领,以污染防治法、自然资源法、生态保护法为主干,以行政法规、部门规章和地方性立

法为补充的分散立法模式。这一体系与十九大报告提出的新时代、新要求之间的不适应性已十分明显,急需提出新的法治化方案,启动环境法典化的研究、编纂工作迫在眉睫。主要问题表现在:一是环境立法与资源立法分离,难以贯彻"人与自然和谐共生"的基本原则。二是现有立法程序难以解决部门利益主导立法的问题。三是按照环境资源要素进行单项立法,难以克服解决法律间的相互重叠与冲突。鉴于以上问题,阿里巴巴公益基金会对中国环境法典化高度关注,继2017年专项资助国际环境法典翻译出版及环境法典化国际研讨会之后,2018年着重支持两个方面:一是大力推进中国环境法典研究;二是结合中国实际,在培训环境法青年学者、促进环境法研究者与环境保护社会组织合作与交流方面加强合作。目前,《瑞典环境法典》《法国环境法典》已正式出版。意大利、瑞典、德国、俄罗斯、柬埔寨等国的环境法典也在筹备出版中。

④千岛湖水基金会。秉承"公益心态、商业手法"的理念,阿里巴巴公益基金会与民生人寿公益基金会共同发起成立中国水源地保护慈善信托——千岛湖水基金,这是全国首个针对中国境内水源地修复、生态环境保护设立的慈善信托。项目最主要的创新在于,引入慈善信托架构,充分发挥信托制度优势,深度发掘金融工具助力环保事业的巨大潜力,整合企业、社会、公益等方面的资源,让环境治理、产业投资、业务合作形成合力,最终实现对千岛湖水源的长效保护机制,并改善千岛湖流域农户的生产方式及环境意识。

(2)自然教育。

对于阿里巴巴而言,公益的本质是"唤醒"人的善意,而"公众参与"则是最有效地唤醒公众环保意识的一种方法。阿里巴巴坚信"唯有唤醒人的意识,才能真正留住中国的碧水蓝天"。由此,2012年,阿里巴巴公益基金会开始推动国内自然教育领域的发展。2018年,在行业发展、公众参与、基地建设三个维度上,阿里巴巴公益基金会持续推动中国自然教育行业发展,着力打造公众自然教育基地,并通过各种公众参与形式,鼓励公众接近自然、走进自然,去感受大自然的美丽,以建立人与自然的联结,唤醒更多人的环保意识。

①全国自然教育论坛。该论坛是目前国内最重要的自然教育平台之一。阿里巴巴公益基金会从2014年起支持首届全国自然教育论坛的举办,带动了自然教育的传播与发展,推动了大批自然教育机构、学者、爱好者、志愿者,甚至商业、农业、科技等领域人士加入到了自然教育的队伍中。论坛开设14个各具特色的分论坛,并且首次设立了"自然大集"版块,通过创意互动摊位、艺术涂鸦文创以及文艺范十足的草地民谣Live,带领公众现场学习体验古法花草纸、根果艺术、植物石膏绘画等各类自然艺术。论坛还启动了环境教育立法的探讨,并发布《2018年自然教育行业发展调研报告》。同时,全国自然教育论坛升级为全国自然教育网络,并与阿里巴巴公

益基金会达成战略合作,共同推动自然教育发展。新升级的全国自然教育网络将致力于推动行业发展,加强地区性自然教育机构的沟通、交流,推动地区性自然教育网络的跨界合作,同时开展自然教育行业人才的基础培训,推动行业人才认证,与专业机构开展行业调研工作,建立自然教育行业公约。

②桃源里自然中心。该中心是阿里巴巴公益基金会携手杭州植物园、桃花源生态保护基金会成立的自然体验中心。它将公园、NGO、中小学、高校等各种在地资源很好地整合到基地当中,一方面,提供自然教育公众活动基础设施,另一方面,也成为各方交流合作和人才培养的平台。2018年1月至12月,中心共开展600多场自然体验活动,服务4万多公众;新开发14个精品课程,包括面向公众的自然教育课程和团队定制活动。

③武汉中小学生绿色生态研学。该项目是阿里巴巴公益基金会与武汉政府部门联合推出的创新项目,通过整合各种社会资源,打造了一个"城市公园+政府+NGO+小学"的青少年自然教育模式。该项目形成了"五个一":一套具有当地特色的自然教育专业教材,一支具有专业水准的志愿者队伍,一批有能力带领孩子玩转自然的专业教育机构,一本各具特色的自然笔记作品集,以及一个政府支持、机构参与、普惠公众的自然教育模式。项目将借鉴武汉市中小学生绿色生态研学的示范,逐步探索出在全国可复制、可推广的青少年自然教育模式。

(3)平台联动。

①菜鸟绿色行动。"菜鸟绿色行动"计划,是阿里巴巴集团旗下菜鸟网络、阿里巴巴公益基金会、中华环境保护基金会发起,联合中通、圆通、申通、百世、韵达、天天等六家快递公司,进行绿色低碳探索的实践案例。该计划通过技术、智能和协同,搭建绿色物流基础设施,来解决由于消费快速增长而产生的快递包装垃圾问题,支持和推动物流行业的绿色升级。"绿色行动"主要包括四个方面,即绿色包裹、绿色回收、绿色仓配、绿色智能。该项目正通过技术升级和模式创新,加速物流业绿色化,并将绿色经验回馈给社会。

②高德环境地图。阿里巴巴公益基金会历来非常重视科技与数据的力量,并将环境数据应用作为环保工作重点,积极推进环境数据转化与应用,让公众方便地获取环境数据信息,从而关注环境质量,开展环保行动。2018年,基金会推动广州绿网与阿里集团旗下的高德地图合作,以数据支持的方式参与开发上线了环境地图,使环境数据能够通过高德地图,触达数以亿计的用户,同时高德地图也成为全球最大的环境移动互联网应用。环境地图作为科技公司和公益组织专业合作的成果,是架构在成熟科技产品上的公益产品,是产品化公益的示范,也是互联网+公益的成功案例。

## 二、案例思考

(1) 阿里巴巴公益基金会善款来源的渠道有哪些？

(2) 为什么阿里巴巴公益基金会决定走"以伙伴关系为主体"的资助方式？这种方式有什么优缺点？

(3) 资助型基金会资助活动中可能存在哪些问题？如何解决？

(4) 阿里巴巴公益基金会有什么值得其他资助型基金会借鉴的地方？

## 三、案例分析

**1. 资金来源的特点**

根据阿里巴巴公益基金会2016—2018年的审计报告，摘取主要收入来源分析如表10-8和图10-12所示。

表10-8 阿里巴巴公益基金会主要收入来源占总收入比率表

（摘自2016—2018年的年度报告）

| | 2016 | 2017 | 2018 |
|---|---|---|---|
| 捐赠收入 | 97.19% | 99.55% | 99.39% |
| 投资收益 | 2.68% | 0 | 0 |
| 其他收入 | 0.13% | 0.45% | 0.61% |

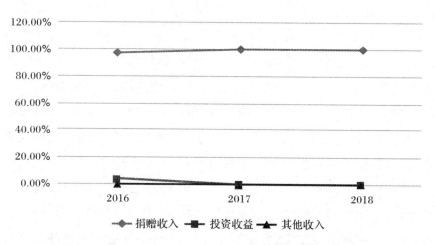

图10-12 阿里巴巴公益基金会资金来源比率动态图（2016—2018年）

根据以上图表分析发现，除了2016年有一小部分投资收益以外，2017年和2018年的资金主要来源都是由捐赠收入和其他收入构成，且筹集资金的主要方式是捐赠收入，投资收益和其他收入的占比都十分微小。

**2. 资助策略的演变**

在资助型基金会的成立初期都会经过一段时期的迷茫探索阶段，可能会出现组织的目标不清晰、范围不确定、执行不顺畅等诸多问题，阿里巴巴公益基金会也不例外。在成立之初，基金会章程里规定的业务范围比较广泛，而实践也证明了基金会在一开始的资助策略中并没有形成清晰的目标，内容十分多元，灾害救助、残疾帮扶、环境保护、行业建设均有所涉及。在经历了多种尝试后，基金会逐渐意识到资助策略的聚焦，对未来发展和日常工作的开展都是十分必要的。资助策略不清晰，项目的资助也就无据可依，把大量的时间投入到每个项目的洽谈上，耗时费力，也不利于基金会日常工作的开展，不符合基金会的战略发展，因此资助策略的调整迫在眉睫。

阿里巴巴公益基金会在经历了初期的迷茫探索阶段后，面对收效甚微的资助效果，开始内部反思和总结，逐渐认识到了资助理念和资助目标的重要性，进行了战略的调整和转变。其资助策略的选取主要受到三方面的影响：第一，集团社会责任的需要，毕竟企业出资的目的多数都与企业的传播需求有关，尽量做到不影响基金会的独立性；第二，公益委员会中委员们的公益侧重点各有不同，所以想要达成统一的资助策略，委员会内部首先要达成一致；第三，秘书处的引导作用，由于多数委员会成员都是首次参与公益资助，对公益事业只有一个大体的了解，并没有特别强烈的战略意图，此时秘书处开展宣传引导工作就直接影响了委员们认知体系的构建。因此，该基金会在资助策略上做出了清晰的调整，理事会、秘书处和公益委员会达成了共识，决定将环境资助作为未来基金会的资助重点。

阿里巴巴公益基金会在深化调整了资助策略后，资助的目标和方向逐渐清晰，组织内部达成一致的价值理念和追求，制定了特色的资助路线图并逐年进行调整，形成了清晰的资助体系。2014年，明确提出在水污染防治和水生态保护两大领域进行资助和布局。2015年，资助理念和策略转型升级，由多领域资助转为聚焦领域资助，包括清源行动、环境云图、自然教育三个版块；由纯外围资助转为深度参与、协同支持的资助，强调资助过程的引导与培育；由目标、效果相对模糊的资助转为重视受资助机构成长及产出。2016年，"清源行动"和"环境云图"合并为"水环境保护"版块，"自然教育"版块保留，新增"公益创投"版块。2017年，基金会所开展的三个资助版块各有侧重。"水环境保护"旨在搭建一个支持民间力量开展水环境保护的平台；"自然教育"致力于通过互联网的应用，以及支持生态伙伴在各地建立公众环境教育基地，开展环境教育活动等方式，唤醒公众的环保意识；"公益创投"则着重发掘民间公益创新样本，并探索"互联网＋环保"创投的可能性。2017年下半年，从阿里经济体的战略高度出发，阿里巴巴集团将公益确定为核心业务之一，提出"天更蓝、心更暖"的新愿景,明确环保与民生为阿里公益的重点领域,并进一步整合阿里巴巴集团内部公益资源,推动各业务部门在公益项目上的协同,使"公益心态、商业手法"成为阿里经济体公益的普遍共识;挖掘并撬动公益组织、商家等外部力量,共同推动公益事业持续发展;充分利用互联网公司的技术及平台优势,激活线上平台的海量用户,构建线上线下互动模式,形成强大的社会动员力量。2018年,阿里巴巴公益基金会持续发力,在环境治理领域,重点资助环保机构在389个城市开展了水环境保护行动,并且通过环境公益诉讼,撬动超过3亿元的环境治理资金投入;在自然教育领域,与武汉市园林和林业局、教育局合作,发动150多所学校35万名中小学生参加绿色生态研学,成功打造复合创新型青少年自然教育模式,还通过野生小伙伴、自然嘉年华等线上线下活动,触达公众3500万人次。

**3. 资金的使用与控制**

阿里巴巴公益基金会在信息披露方面的工作做得十分到位,在2014年还专门制定了《阿里巴巴公益基金会信息披露管理办法(试行)》。其官网上也有专门的信息公开栏目,崇尚"公开、公正、透明、及时、有效、规范,共创美好未来"的信息公开原则,信息披露的时间和方式主要按《基金会管理条例》和《基金会信息公布办法》及相关法律法规的规定执行,以真实、完整、准确、及时为原则,没有虚假、严重误导性陈述或重大遗漏。信息披露内容主要包括向上级业务主管单位上交的年检报告、各种性质和形式的评估所要求的信息、基金会自行向社会披露的静态或动态信息、基金会重大事项报告及其他依据《基金会管理条例》和《基金会信息公布办法》等法律法规和主管部门要求的其他信息。信息披露采取专人负责的方式,按季度收集素材,如实编辑内容,按照信息披露流程进行审批后公开发布并备案。信息披露审批流程采用"1+1"审批流程,即基金会专人采集整理信息邮件并提交基金会秘书长和相关负责人(项目、财务、法务等负责人),经秘书长和相关负责人确认内容真实无误后即可发布的审批流程。

## 四、专家点评

阿里巴巴一直致力于社会公益事业,基金会高度重视与杭州市残联的合作,热心为残疾人这个特殊困难的群体汇聚爱心帮扶的力量。

——时任阿里巴巴基金会公众参与项目总监 宋阳

## 五、推荐阅读资料

1. 阿里巴巴公益基金会官方网站:http://www.alijijinhui.org.
2. 中国社会组织政务服务平台:http://www.chinanpo.gov.cn/.

# 第十一章　在地方注册的公募基金会典型案例分析

## 案例一　爱德基金会

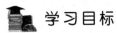 学习目标

- 了解爱德基金会的治理结构
- 了解爱德基金会的资金运作模式
- 理解爱德基金会的项目资金运作特点

### 一、案例概述

#### (一)组织简介

爱德基金会成立于1985年4月,是中国改革开放后最早一批成立,并具有公募资格的基金会。爱德基金会最早由原全国政协副主席丁光训发起,是由社会各界人士共同参与的民间社会组织,旨在促进我国的教育、社会福利、医疗卫生、社区发展、环境保护、灾害管理等各项社会公益事业的发展。迄今为止,爱德基金会开展的公益慈善项目区域,覆盖了全国31个省、市、自治区,海外23个国家(地区),受益人口上千万。

爱德基金会是中国改革开放后最早成立的民间非营利组织之一,也是国内最具影响的社会组织之一。爱德基金会成立三十多年来,已经与海外20多个国家和地区近300家国际机构建立了友好合作关系,并建立起遍布全国乃至全球的公益慈善项目运营管理网络。

爱德基金会在国内较早引入"参与式管理""全人关怀"等社会发展理念,并结合本土实际情况进行改良,在社区发展、环境保护、助残助孤、公共卫生与艾滋病防治等领域,开创了新的发展模式,以扎实的基层实践推动了中国公益行业的发展。

经过长期不懈的努力,爱德基金会各项工作得到各级政府的高度肯定,并获得了诸多荣誉。1997年爱德基金会荣获国务院颁发的"第三届全国助残先进集体"称

号,1999年被国务院授予全国民族团结进步模范单位荣誉称号,2006年荣获第二届中国消除贫困奖——机构奖,2008年荣获中华慈善奖,2009年再次被国务院授予全国民族团结进步模范集体荣誉称号,2010年获得首届"中国社会创新奖"。

爱德基金会的建设宗旨是在信仰互相尊重的原则下共同献策出力,开展同海内外的友好交往,发展我国的社会公益慈善事业,促进社会发展,服务社会,造福人群,维护世界和平。爱德基金会的成立是20世纪80年代实施改革开放带来的政策成果。作为民间团体,爱德基金会享有独立的决策权,同时积极寻求与所有致力于促进中国社会发展、提高人民生活水平的部门或团体的合作,包括政府组织、地方政府、专业机构、大专院校、教会及其他宗教团体等。爱德基金会相信群众是实现变革的主要动力。因此,爱德基金会在实施提高社区和人民生活水平的各类公益慈善项目时,强调群众参与的原则。爱德基金会优先考虑发展直接改善人民生活的项目,帮助缺医少药、教育落后的穷困地区开展脱贫工作,促进生态保护。爱德基金会为中国基督徒参与社会服务提供了一种新形式。他们通过参与爱德基金会的工作,为我国的教育、卫生和社会福利事业及农村建设做出自己的贡献。

爱德基金会组织结构如图11-1所示。该基金会由12名理事组成理事会,理事会是该基金会的最高决策机构,其下除了秘书长办公会议,还设立爱德社会企业、上海仁德基金会爱德研究中心、广州爱德公益发展中心、香港爱德基金会、爱德非洲办、爱德日内瓦办。秘书长办公会议负责对基金会的日常工作进行管理,具体划分为项目管理、社会服务、研究发展、资源发展、运营管理几个部门,分别执行相应的特定职能。其中,项目管理部门主要负责公开招标公益项目的审批管理工作,运营管

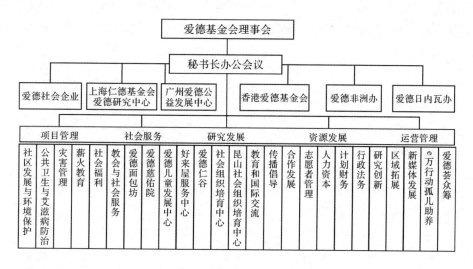

图11-1 爱德基金会组织结构图

理部门负责基金会的对外宣传工作,社会服务部门主要负责社区非营利机构的设计运作,研究发展部门主要负责国际交流、组织培育的研究发展和合作活动,资源发展部门主要处理基金会法务、人事、财务等行政性事务,财务部对基金会资金进行监管运用。该机构的组织规模比较庞大,涉及范围广,参与领域多。

### (二)资金的运作模式

**1. 资金的来源**

爱德基金会登记管理机关是江苏省民政厅,法定代表人是丘仲辉,原始基金数额为人民币2500万元,来源于专项捐赠。作为公募基金会,根据基金会章程,其资金可来源于:组织募捐的收入;自然人、法人或其他组织的自愿捐赠;投资收益;在核准的业务范围内开展活动或服务的收入;基金和资产的合法增值;其他合法收入。

多年来,爱德基金会先后与20多个国家和地区近300家机构开展不同形式的友好合作,广泛动员海内外爱心人士支持和投身公益事业,在城乡社区发展、公益倡导与行业支持、国际合作等多个领域开展了大量的工作。爱德累计募集捐赠资金逾20亿元,撬动地方政府的项目配套资金10多亿元。

根据2019年爱德基金会财务报告(见表11-1),捐赠收入和投资收益是其主要收入来源。在2004年,爱德基金会募款首次突破亿元大关以来,爱德基金会每年的募款额均在1亿元以上,更是最早一家与腾讯互联网推出月捐合作的基金会。自2013年开始,爱德基金会的国内筹款量超过海外筹款量。为促进基金会可持续发展,主要通过长期股权投资方式积极实现资金的保值增值。基金会也利用自己不断完善的能力建设,吸引社会捐赠,不断扩大自己的资金来源。随着基金会的发展,收入来源也不断多样化。由2019年的业务活动表可知,该基金会的资金来源也非常多元化。

表11-1 2019年业务活动表收入　　　　　　　　单位:人民币/元

| 项目 | 上年累计数 | | | 本年累计数 | | |
| --- | --- | --- | --- | --- | --- | --- |
| | 非限定性 | 限定性 | 合计 | 非限定性 | 限定性 | 合计 |
| 一、收入 | | | | | | |
| (一)捐赠收入 | 11807820.46 | 272219378.08 | 284027196.54 | 15651030.85 | 264702818.86 | 280353849.71 |
| 其中:1.社区发展项目 | | 13490717.29 | 13490717.29 | | 21016839.52 | 21016839.52 |
| 2.公共卫生项目 | | 20425134.19 | 20425134.19 | | 25581206.81 | 25581206.81 |
| 3.救灾管理项目 | | 8140289.98 | 8140289.98 | | 14258206.81 | 14258206.81 |
| 4.e万行动项目 | | 43462100.59 | 43462100.59 | | 40680496.90 | 40680496.90 |

续表

| 项目 | 上年累计数 | | | 本年累计数 | | |
|---|---|---|---|---|---|---|
| | 非限定性 | 限定性 | 合计 | 非限定性 | 限定性 | 合计 |
| 5.社会福利项目 | | 28248288.33 | 28248288.33 | | 22422371.27 | 22422371.27 |
| 6.社会服务中心 | | 7366380.22 | 7366380.22 | | 2901997.48 | 2901997.48 |
| 7.教育与国际交流项目 | | 3276694.09 | 3276694.09 | | 4352762.91 | 4352762.91 |
| 8.一般项目 | | 19633132.06 | 19633132.06 | 2496195.76 | 12341545.15 | 14839740.91 |
| 9.教会与社会服务 | | 23822113.28 | 23822113.28 | | 1600025259 | 16000252.59 |
| 10.社会组织培育中心 | | 11666982.28 | 1166682.28 | | 7793791.73 | 7793791.73 |
| 11.薪火教育 | | 17320706.18 | 17320706.18 | | 24870194.80 | 24870194.80 |
| 12.爱德荟 | | 37149997.16 | 37149997.16 | | 38824529.16 | 38824529.16 |
| 13.专项基金/项目 | | 7638694.45 | 7638694.45 | | 4835911.53 | 4835911.53 |
| 14.爱德广州众筹 | | 14225185.17 | 14225185.17 | | 10661551.46 | 10661551.46 |
| 15.爱德盟伴计划 | | 16352962.79 | 16352962.79 | | 18160830.09 | 18160830.09 |
| 16.管理费收入 | 11807820.45 | | 11807820.45 | 13152835.09 | | 13152835.09 |
| (二)政府购买服务 | | 527725.00 | 527725.00 | | | |
| (三)利息收入 | 32546.01 | | 32546.01 | | | |
| (四)投资收益 | 25693977.90 | | 25693977.90 | 33941378.66 | | 33941378.66 |
| (五)其他收入 | 336279.26 | | 336279.26 | 2461624.65 | | 2461624.65 |
| (六)汇总损益 | 17790.59 | | 17790.59 | 18552.03 | | 18552.03 |
| 收入合计 | 38888414.22 | 272747103.18 | 311635517.30 | 52072586.19 | 264702818.86 | 316775405.05 |

**2.资金的使用**

爱德基金会财产主要用于：符合本基金会宗旨和业务范围的公益活动；根据捐赠协议约定的具体用途。随着中国改革开放的逐步深入，国内经济的加速崛起，综合国力持续提升，爱德基金会的国内募款数量呈现出逐年上升的趋势。爱德基金会重视与政府合作，这是爱德基金会的一贯战略。在一些经济发展相对落后的山区，爱德基金会开展项目时，会首先选择与当地政府合作，以便于项目的实施落地和未来的可持续性发展。爱德基金会成立之初的 10 年，爱德基金会在苏北、苏南、鲁西南、皖东北、浙江东部等地区的贫困县开展教育类公益慈善项目，产生了广泛的社会影响力。到 1995 年左右，其工作重心开始从东部向西部转移，公益慈善项目的种类日益丰富，逐步扩展到医疗卫生、社会福利、农村扶贫、生态保护等多个方面。在西部地区，爱德基金会采用"参与式管理"的理念，支持农民自我发展。所谓"参与"不仅是公益组织和农民参与，还包括当地政府的参与，多元主体的参与更加有利于公益慈善项目的实施落地，产生积极的社会影响力。

十七大和十八大报告都强调，要促进宗教关系和谐，发挥宗教界人士和信教群众在促进经济社会发展中的积极作用。爱德基金会在促进宗教关系和谐过程中，倡导和引入公益的力量，充分发挥宗教界人士和信教群众在促进经济社会发展中的积极作用。自2002年以来，爱德基金会共资助地方教会，开展社会服务项目210余个，直接受益人口近30万人。早在2009年，在江苏省委统战部、江苏省宗教局的支持下，爱德基金会与江苏省基督教两会合作，创立江苏基督教爱心公益基金，随后在江苏各地教会开展多种社会服务项目，比如开展环保联合行动项目，在江苏9地区举行了24场，推动了当地环保事业的发展。2008年，汶川地震发生后，爱德基金会深入地震灾区参与救援。爱德基金会还大力探索社会企业的发展，例如成立爱德面包坊，为心智障碍者打造就业培训基地，为社会企业的发展树立了榜样。

爱德基金会的资金使用特点在财务报表的业务活动成本一栏中得到了充分的体现。详见2019年爱德基金会财务报告（见表11-2）。

表11-2　2019年公益项目支出　　　　　　　　单位：人民币/元

| 项目 | 上年数 | | | 本年数 | | |
|---|---|---|---|---|---|---|
| | 非限定性 | 限定性 | 合计 | 非限定性 | 限定性 | 合计 |
| 二、费用 | | | | | | |
| （一）业务活动成本 | 229604305.28 | | 229604305.28 | 275539449.07 | | 275539449.07 |
| 其中：1.社区发展项目 | 8445149.36 | | 8445149.36 | 15952360.57 | | 15952360.57 |
| 2.公共卫生项目 | 10886760.70 | | 10886760.70 | 26215869.81 | | 26215869.81 |
| 3.救灾管理项目 | 10062111.52 | | 10062111.52 | 12429032.99 | | 12429032.99 |
| 4.e万行动项目 | 57827400.53 | | 57827400.53 | 64619779.71 | | 64619779.71 |
| 5.社会福利项目 | 20466591.01 | | 20466591.01 | 19386906.91 | | 19386906.91 |
| 6.社会服务中心 | 4230067.53 | | 4230067.53 | 5003257.62 | | 5003257.62 |
| 7.教育与国际交流项目 | 2953111.40 | | 2953111.40 | 3959272.33 | | 3959272.33 |
| 8.一般项目 | 7537504.72 | | 7537504.72 | 8031759.95 | | 8031759.95 |
| 9.教会与社会服务 | 15237338.02 | | 15237338.02 | 15109449.51 | | 15109449.51 |
| 10.社会组织培育中心 | 10831574.58 | | 10831574.58 | 9745857.34 | | 9745857.34 |
| 11.薪火教育 | 13216911.19 | | 13216911.19 | 18863907.82 | | 18863907.82 |
| 12.爱德荟 | 28462130.92 | | 28462130.92 | 42453573.91 | | 42453573.91 |

续表

| 项目 | 上年数 | | | 本年数 | | |
|---|---|---|---|---|---|---|
| | 非限定性 | 限定性 | 合计 | 非限定性 | 限定性 | 合计 |
| 13.专项基金/项目 | 11166501.85 | | 11166501.85 | 8693356.30 | | 8693356.30 |
| 14.爱德广州众筹 | 14493306.85 | | 14493306.85 | 9630410.27 | | 9630410.27 |
| 15.爱德盟伴计划 | 13787845.07 | | 13787845.07 | 15444554.03 | | 15444554.03 |
| (二)管理费用 | 11142173.35 | | 11142173.35 | 11338608.39 | | 11338608.39 |
| (三)筹资费用 | 455403.61 | | 455403.61 | 671043.23 | | 671043.23 |
| (四)其他费用 | | | | | | |
| 费用合计 | 241201882.24 | | 241201882.24 | 287549100.69 | | 287549100.69 |
| 三、限定性净资产转为非限定性净资产 | 239604305.28 | −239604305.28 | | 275539449.07 | −275539449.07 | |
| 四、净资产变动额 | 37290837.26 | 33142797.80 | | 40062934.57 | −10836630.21 | 29226304.36 |

自成立来,爱德基金会始终围绕社区发展开展各类项目,通过推进农村社区综合发展项目和开展城市社区综合服务项目,在基础教育、环境保护、灾害管理、特殊弱势群体帮扶、国际交流合作等领域开展了数千个项目和相关活动,促进了项目实施区域的城乡社区的可持续性发展。下面对爱德公益基金会的主要公益慈善项目类型进行介绍。

(1)农村社区发展类项目。

①社区发展与环境保护。爱德基金会在湖南、云南、广西、四川、贵州、内蒙古等地陆续开展了30多个农村综合发展项目,帮助农村社区建立200多个不同类型的农民自治组织,推动村民全面参与社区建设,通过能力建设、教育、卫生、农田基本建设、退耕还林还草、生态养殖种植、清洁能源和传统文化保护等一系列子项目的实施,促进社区经济、生态环境、卫生医疗、教育、文化传承等方面的持续改善,实现农村社区再造和可持续发展,项目实施区域的直接受益人群近600万人。

②公共卫生与艾滋病防治。爱德基金会坚持以农村社区为单位,将疾病预防和健康促进与社区综合发展相结合,帮助贫困地区建立数百所村卫生室,为西部9个省份培训1.6万多名村医和6900多名乡级卫生人员,开展碘缺乏病、妇女病防治等项目,推动初级卫生保健服务的网络体系建设。自20世纪90年代中期开始,爱德基金会陆续在云南、河南、广西、湖南、贵州和重庆等地依托社区开展艾滋病宣传预防项目,为艾滋病人免费提供药品,帮助艾滋病人开展小额贷款和生产自救,以及在高

危人群和青少年群体中倡导安全性行为,消除对艾滋病人的歧视,努力探索艾滋病社区防治的新途径。

③助学助孤。爱德基金会持续关注和支持农村弱势儿童的教育和基本福利问题,重返校园项目资助近12万名中小学生回到课堂;薪火工程帮助近900名贫困大学生完成学业;山区建校项目重建700多所农村中小学校校园,同时配套了教学设备、活动室、太阳能浴室、体育室及音乐室等有利于促进农村小学生全面发展的学校辅助设施。孤儿助养项目对1.3万余名孤儿开展了助学工作,并尝试孤儿心理关怀工作。

④社会福利。爱德基金会为社区残障弱势群体提供助医、助学等多方面的服务,包括儿童福利院合作、特殊教育、医疗康复和临终关怀等4大类项目,分布在国内12个省区,为福利院的儿童开展了助学、助医和家庭寄养工作;培训眼科医生和眼保健人员;派出百余支巡回医疗队为数万名白内障患者实施复明手术;资助1400多名小儿麻痹患者接受康复治疗;为特困残疾儿童提供奖学金,推广盲童随班就读等项目;在国内多个省份开创性地推行聋双语教育项目,目前处于国际先进水平。

(2)城市社区综合服务类项目。

①城市社区养老服务。南京爱德仁谷颐养院是爱德基金会直属养老服务品牌,2012年爱德基金会受南京市栖霞区民政局委托管理其颐养中心,建筑面积为10000余平方米,共有床位240余张。爱德仁谷颐养院坚持"个别照顾,全人关怀"的办院宗旨,率先引进海内外资深养老机构的先进模式、管理经验及服务理念,初步培养了一支由专业社工、护士、治疗师、护理员组成的综合型服务团队,为老人们提供个性化和全面贴心的服务。爱德还依托颐养院和智慧养老中心,在周边10多个社区开展养老服务,扎实推进以机构、社区和居家三位一体养老模式的探索和实践。2015年,爱德基金会又与江苏省人民医院签订协议,合作创办医护养结合型老年护理院,计划用三年时间,建成管理和服务双一流的示范性护理院。

②青少年助残服务。作为本地首家为智障人士服务的专业化非营利机构,爱德慈佑院主要为服务对象提供生活自理能力训练、社区适应性训练和职业训练,2010年被江苏省残联评定为"江苏省庇护安养示范点"。依托慈佑院、为智障人士提供职业培训的爱德面包坊,借助移动互联网等新媒体宣传不断扩大销售,逐渐转型为社会企业,成功地为智障人士构建了一个专业、安全、公平的培训基地,2012年获得中国社会工作协会颁发的"先进民办社会服务机构"。智障学员通过培训,可掌握一定的工作技能和职场规范,从而融入社会得以支持性就业,达到自食其力的目标,其社会倡导意义和创新模式受到国内外的广泛关注和肯定。

③孤独症儿童康复。爱德儿童发展中心成立于2008年,为学龄前及小学、初中阶段的孤独症儿童和少年,提供适时的专业评估、康复训练、早期教育和专业支持,并为其家长提供培训和团体活动,以全面协助儿童解决在学习和发展上的困难。2014年,爱德儿童发展中心被江苏省残联指定为南京市鼓楼区唯一有资格接纳7～14岁孤独症康复训练的试点单位。中心连续举办六届爱德孤独症国际研讨会,大大推动了业内交流与合作。

(3) 灾害管理类项目。

1987年大兴安岭发生火灾,爱德基金会启动了其历史上第一个救灾项目——大兴安岭建设奖励基金。自此,爱德基金会以年均响应2～3个自然灾害的频率,先后参与了包括1991年华东水灾、1998年长江洪灾、2008年汶川地震等在内的50余次各类重大自然灾害的救灾工作,足迹遍及全国20多个省、市、自治区以及朝鲜、肯尼亚、菲律宾和尼泊尔等国家。2008年,四川汶川地震发生后,爱德基金会在前期调研的基础上,选择绵竹市卧云村开展以村民参与为前提的社区重建项目,探索在物质和精神双层面开展灾后社区家园重建的新路径。2015年4月,爱德在第一时间参与尼泊尔地震救灾工作,是中国民间公益组织参与国际救灾工作的标志性事件。

(4) 国际交流与合作类项目。

爱德基金会开展的国际交流与合作类项目,主要是以扶助弱势群体、倡导教育公平为使命的国内教育项目和以鼓励青年投身社会服务、促进不同文化间交流为宗旨的国际交流项目,为广大中外青年学子打造一个集游学、志愿、实习、生活、社交于一体的综合平台。项目致力于培养勤于求知、乐于服务、勇于探索的青年一代,使之成长为具备国际视野和人文关怀的新时代高素质人才。

粗略统计,该类项目共引进长期外教2000多人次进入大专院校进行英语教学,英语暑期班共培训了3.2万多名中学教师;组织接待来自美国、丹麦、日本等国家数千名大学生志愿者参与"服务学习"项目,促进了中外青年之间的相互交流。爱德基金会活跃的民间交流,不仅拓展了自己的国际化视野,更是增进了不同国家、不同民族和不同文化之间的沟通理解,为各国人民之间的友好与世界和平做出了贡献。

## 二、案例思考

(1) 爱德基金会的资金来源有什么特点?

(2) 爱德基金会在运用互联网参与公益事业方面有什么特点?

(3) 爱德基金会如何在公益项目中发挥"参与式管理"的理念?

(4) 爱德基金会在对外交流的内容和方式上有什么值得其他基金会借鉴的地方?

## 三、案例分析

**1. 资金来源和使用的特点**

根据爱德基金会1985—2017年的工作报告,整理得到历年收支对比图(见图11-2)和互联网筹款(2007—2017年)历年趋势图(见图11-3)。

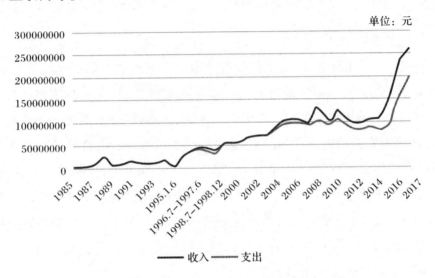

图11-2 爱德基金会历年收支对比表(1985—2017年)

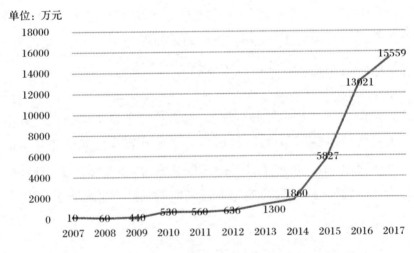

图11-3 爱德基金会互联网筹款历年趋势图(2007—2017年)

根据上图分析发现,早期受社会环境的限制,爱德基金会的收入在1985—1995这十年间,收入水平比较稳定;1995—2008年这段时期,呈现出一个稳步增长的趋势,在2008年突破了1亿元人民币。之后一段时期可能受全球金融危机影响,收入额度短暂动荡,无明显增长。但是,在 2015 年之后,收入水平呈现出急剧增长的态势,截至 2017 年,爱德基金会年度收入水平已突破 2.5 亿元人民币。同时,早期爱德基金会的收支水平,呈现出高度吻合状态。2008 年以后,根据政策和社会环境变迁,爱德基金会的资金来源呈现出多元化的发展趋势,慈善资产的保值增值也逐年增加,爱德基金会的资金来源实现了可持续性发展。

2. 利用互联网创新参与公益事业

自 2007 年起,爱德基金会开始通过互联网探索在线筹款模式,在多方的共同努力下,爱德基金会在互联网公益领域不断探索,先后对接合作多个互联网平台,如腾讯公益、支付宝公益、淘宝公益、新浪微公益、苏宁公益、京东公益、百度公益等,运用新媒体工具,创新公众参与的公益筹款模式,如众筹、积分捐赠、运动行走捐等。根据相关数据分析显示,爱德基金会 2015—2017 年主要互联网筹款渠道捐款金额分布情况如图 11-4 所示。

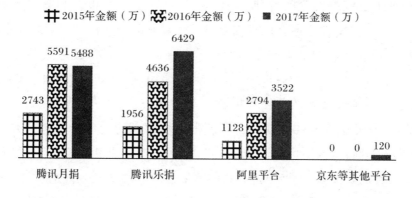

图 11-4 爱德基金会 2015—2017 年主要互联网筹款渠道来款金额

3. 公益项目的管理运行特点

爱德基金会的项目深入全国,尤其将重点放在了西部,引入国际上广泛采用的"参与式管理"理念和方式,支持农村社区的自我发展。爱德基金会提出了"三个参与",即农民参与、政府参与和公益组织参与,并让农民参与整个项目链,即决策、项目管理、操作和最后的评估。

在城市社区,养老问题最为突出,爱德基金会与南京市栖霞区合作,实现了爱德仁谷颐养院的"公建民办"模式。在机构养老的同时,更是开始尝试以"虚拟养老"为主的居家养老方式。在网络上,根据收集到的所有老人的数据信息,进行分类管理,并对其需求进行监测和供给。同时,推动成立"社区基金",推动社区的企业服务本社区,为企业履行社会责任提供新的方向。

爱德基金会在开展乡村公益项目中，利用乡村价值认同助力乡村建设，将关注点聚焦于乡村自然与文化价值的认同与发掘，通过对乡村社区内生力量的培育以及对城乡互动的推动，促进乡村价值获得更广泛的认同，从而推动乡村社会乃至中国社会的平等与可持续发展。例如，陆续推出了农村"爸妈食堂""田野书舍""乡村发现之旅"等项目，致力于乡村现有人力、自然、文化等资源的发掘与整合。与此同时，项目团队还尝试联合项目实施村庄及农民协会共同开展互联网众筹，将乡村传统的自筹自助与互联网众筹互助相结合，探索可持续发展路径。

**4. 对外交流与合作**

20世纪90年代以来，配合国家的西部大开发战略，爱德基金会与合作伙伴在有关省、地、县设立不同的爱德项目办公室，在此基础上形成了爱德地方合作伙伴网络，有力保障了爱德项目的推进。爱德基金会以江苏省暨南京市为立足点，建立各类型实体，确保城市社区服务和社会组织培育工作的同步推进。近年来，在国内爱德基金会实现了香港办公室的转型，在上海、广州等一线城市发起成立有关机构，进一步拓展资源，扩大爱德基金会的社会影响力。2016年3月9日，爱德基金会国际办公室在瑞士日内瓦正式揭牌成立。2017年，日内瓦国际办公室共参加17个场次的联合国会议，每一次参会都通过书面报告与总部分享所获取的有价值的信息和思考，以加强总部对国际议题的关注和更新。非洲办公室2017年与爱德社区发展与灾害管理团队，以及爱德基金会香港办公室携手在埃塞俄比亚的索马里州开展了"爱德埃塞活水行"赈灾项目，该项目总资金近400万元人民币，其中包括了香港特别行政区政府救灾基金咨询委员会、香港圣公会和埃塞俄比亚当地中资企业的资金支持。

此外，除具体的项目服务外，爱德基金会还专门设立了一些机构或中心，以组织的形式为项目的运行或项目之间的协调提供持续保障。爱德基金会开启了中国公益界的公募基金会培育社会组织的新模式。爱德基金会注重公益项目之间的彼此合作，推动公益项目之间通过合作方式，形成一个完整的公益项目体系。比如教育与国际交流部专门开发了"教育与国际交流"的项目，包括长期外教项目、暑期中小学英语教师培训项目、外来工子弟学校项目等，这些项目与"助学助孤"项目的部分子项目相互交叉与合作，不仅加强了国际交流合作，也在很大程度上保证了"助学助孤"项目的质量。

## 四、专家点评

爱德基金会在尼泊尔的工作做得非常扎实和细致，让善款、善心都落实到了合适的地方。这种契合当地群众需要、切实帮助当地社会经济发展的项目，是中国其他社会组织未来在尼泊尔开展工作的方向。

——时任中国民间组织国际交流促进会秘书长 朱锐

民间公益组织国际化应有"五到位",分别是理念、项目、人员、组织、成绩。这五项都能到位,才算真的实现了社会组织走出去。爱德基金会因为有经验积累,所以有一个较高的起点。

——时任中国国际民间组织合作促进会副理事长 黄浩明

## 五、推荐阅读资料

1. 爱德基金会官方网站. http://www.amity.org.cn/.

2. 刘霁. 爱德基金会秘书长谈乡村振兴:要授人以渔,增强生计能力. 澎湃新闻, 2019-04-29.

3. 徐自强,李增元. 公益事业中的社会组织参与机制与路径选择——以爱德基金会为例[J]. 中国发展,2016(1):71-77.

# 案例二 北京韩红爱心慈善基金会

## 学习目标

- 了解北京韩红爱心慈善基金会的治理结构
- 了解北京韩红爱心慈善基金会的资金运作模式
- 理解北京韩红爱心慈善基金会的项目资金运作特点

## 一、案例概述

### (一)组织简介

北京韩红爱心慈善基金会(Han Hong Love Charity Foundation,以下简称韩红爱心慈善基金会)由韩红女士发起,于2012年5月9日在北京市民政局登记注册成立,于2019年8月8日正式获得慈善组织公开募捐资格,是具有独立法人资格的地方性公募基金会。其2020年度中国社会组织评估等级为5A级。

韩红爱心慈善基金会以"弘扬正气,奉献爱心,扶危济困,和谐共生"为宗旨,主要的业务范围是扶助危难贫困群众,帮扶少数民族地区,资助社会福利机构,传播公益慈善文化。韩红爱心慈善基金会资助的范围,主要集中在健康领域,通过开展健康领域的公益慈善项目,致力于改善贫困群众的健康问题。该基金会多年来坚持关注偏远地区的医疗卫生建设和重大自然灾害应急救援,致力于帮助缩小中国东西部地区医疗卫生水平的差距,将先进的医学理念和医疗技术以项目落地形式应用到边远地区，努力改变西部地区医疗环境较差的局面，使贫困急症、重症患者得到有效治疗。

2008年5月12日，四川省汶川县发生特大地震灾害，韩红响应党和国家的号召，第一时间前往灾区慰问、救援。在地震灾区韩红目睹了自然灾害的残酷，更感受到一方有难八方支援的温暖。为了更持久有效地参与救援，韩红组织开展了"韩红爱心行动"，为灾区群众提供药品、食品及生活用品等救援物资。随后，"韩红爱心行动"团队又加入灾后重建的队伍，先后五次赴汶川灾区慰问群众，援建学校。为帮助灾区同学重树信心，韩红受聘担任什邡市龙居中心小学名誉校长。

2010年4月14日，青海玉树地震，2010年8月7日，甘肃舟曲地震并发泥石流灾害，2011年3月10日，云南盈江地震，每次灾后"韩红爱心行动"团队都立即参与灾区救援，为抗震救援和灾后重建捐款捐物。此时，"扶危济困、赈灾救援"的使命已不知不觉地融入了"韩红爱心行动"团队，成为其存在的基础。随着"韩红爱心行动"团队的不断发展，捐赠的企业和个人日益增多，为了使自发性的群众公益活动得到规范，更加专业、有效地履行"韩红爱心行动"的使命，同时也为依法公正地使用捐赠资金，落实捐赠者的意愿，韩红爱心慈善基金会应运而生。2015年12月，韩红爱心慈善基金会荣获北京市民政局颁发的"2015年度社会组织评估等级"4A级基金会认证。2016年11月1日至2018年11月1日，中国基金会透明指数排行榜发布，在当年全国5233家基金会中，韩红爱心慈善基金会以满分100分并列排名第一。

韩红爱心慈善基金会组织结构如图11-5所示，基金会由理事会、监事会、专家顾问委员会组成议事机构，秘书处为执行机构，下设项目部、社会工作部、品牌宣传部、合作发展部、财务部、保障部、综合管理办公室等部门，负责基金会的日常运作。理事会是该基金会的最高决策机构，截至2020年4月，共有13名理事、3名监事。理事会成员来自于文化圈、娱乐圈、商业圈以及一些政府人士。理事会选举、罢免理事长、副理事长、秘书长，决定基金会的重大业务活动计划，审定年度收支预算及决算，听取、审议秘书长的工作报告，检查和监督秘书长的日常工作。监事会的监事依照章程规定的程序检查基金会财务和会计资料，监督理事会遵守法律和章程的情况。监事的主要职责是列席理事会会议，向理事会提出质询和建议，向登记管理机关、业务主管单位以及税务、会计主管部门反映情况。项目部、合作发展部、品牌宣传部主要负责合同、项目计划书、项目预算、合作伙伴资料、捐赠人资料、客户资料等事项。财务部负责单证凭据、财务报表、合同、文档、审计报告等事项。综合管理办公室负责发布理事会决议、机构战略规划、财务信息、合同、文档、人事资料档案、员工工资信息等事项。

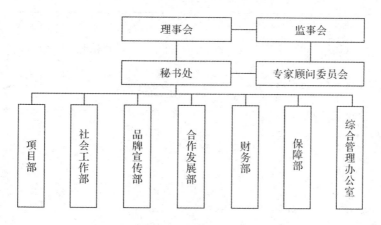

图 11-5 韩红爱心慈善基金会组织结构图

韩红爱心慈善基金会的治理结构遵循的是事业部组织治理结构模式,即一种部门化的结构模式。人员结构以决策层加上执行层的方式予以配置。理事会为最高领导机构,对整个基金会实行战略管理,从而形成强有力的决策机构。组织按照不同的业务活动划分为若干个不同的事业部,不同的部门之间相互独立,有的部门还会下设相应的职能部门,最终在各部门的相互配合之下,充分调动各部门的主动性和积极性,使机构高效率运转,保持较高的稳定性和适应性。

(二)资金运作模式

**1. 资金的来源**

韩红爱心慈善基金会于 2019 年 8 月 8 日正式获得慈善组织公开募捐资格,成为具有独立法人资格的地方性公募基金会。从捐赠来源分析,该基金会的许多捐赠都来源于韩红的明星朋友圈。通过韩红的名人效应在明星圈内发起捐助,筹得款项并用于公益慈善活动。在基金会尚未取得公募资格之前,韩红爱心慈善基金会的主要募款方式是向定向人群进行募捐,韩红在各界的朋友,尤其是娱乐圈的朋友,是该基金会的主要捐赠者。随着基金会的不断发展,韩红爱心慈善基金会申请并获得了公开募捐资格,可以面向社会开展公开的募捐活动。该基金会的社会捐赠资金来源呈现出不断多样化的趋势,采用了互联网捐赠等新的形式。同时,韩红爱心慈善基金会为实现慈善资产的保值增值,通过银行、信托公司等金融机构进行了多元投资行为,并且获得了一定的投资收益。比如在 2018 年,该基金会就取得了 160 余万元的投资收益,进一步拓展了获取公益慈善资源的渠道(见表 11-3)。

表 11-3　韩红爱心慈善基金会 2018 年财务报表收入　　　　单位：人民币/元

| 项目 | 行次 | 上年数 | | | 本年数 | | |
|---|---|---|---|---|---|---|---|
| | | 非限定性 | 限定性 | 合计 | 非限定性 | 限定性 | 合计 |
| 一、收入 | | | | | | | |
| 其中：捐赠收入 | 1 | 6606023.16 | 15856401.01 | 22462424.17 | 15112830.44 | 7009021.16 | 22121851.60 |
| 提供服务收入 | 2 | | | | | | |
| 商品销售收入 | 3 | | | | | | |
| 政府补助收入 | 4 | | | | | | |
| 投资收益 | 5 | 757353.41 | | 757353.41 | 1611464.21 | | 1611464.21 |
| 其他收入 | 6 | 25863.29 | | 25863.29 | 138893.35 | | 138893.35 |
| 收入合计 | 7 | 7389239.86 | 15856401.01 | 23245640.87 | 16863188.00 | 7009021.16 | 23872209.16 |

韩红爱心慈善基金会在 2020 年的新冠肺炎疫情中的表现尤为突出。由于韩红本身的明星效应，以及基金会运作透明、高效，韩红爱心慈善基金会在 2020 年新冠肺炎疫情中获得了较大的关注。据不完全统计，在新冠肺炎爆发期间，韩红爱心慈善基金会为疫情防控共募集资金 3.29 亿元，在同类公益基金会中名列前茅。图 11-6 为韩红爱心慈善基金会 2012—2018 年的捐赠收入统计。

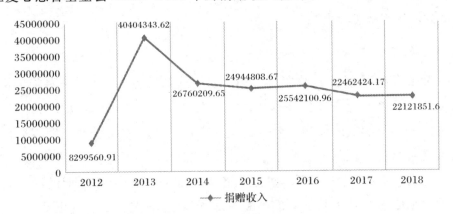

图 11-6　韩红爱心慈善基金会 2012—2018 年的捐赠收入统计图

**2. 资金的使用**

韩红爱心慈善基金会开展的公益慈善项目，主要专注于"医疗器械的完善"和"关爱老人，养老爱老"领域，通过设立一些经常性项目来对基金会的资金进行高效利用，实现基金会的公益性价值。项目主要包含五大类型，即医疗援助与发展、公益文化传播、应急救援、社会关怀与公益文化传播、陪你一起过冬天。比较典型的公益慈善活动主要有两大类：一是百人援助系列行动，比如开展的百人援疆、百人援陕、百人援滇等项目，主要是针对中西部省份的医疗援助，实现中西部医疗水平的进步；二是一些其他公益经常性项目，比如复明中心和救在乡间项目。

为了充分利用有限的资源，让基金会的资源配置实现最优化，韩红爱心慈善基金会采用了比较规范的项目管理方式。韩红爱心慈善基金会在基金会的项目管理制度中，明确规定了项目从调研到完结的全流程的相关要求，项目必须经过市场调研、编写实施方案、召开立项评审会、实施项目等一系列过程。这些制度规定保证了韩红爱心慈善基金会的项目得以高效实施。韩红爱心慈善基金会的项目在实施过程中，重点关注项目的公益性、可行性、实效性及持续性，在尊重捐赠者意愿的情况下，优先考虑关注西部地区弱势群体（孤残儿童、孤寡老人、残疾人等）、赈灾救援、改善医疗教育条件、传播公益理念等方面。

韩红爱心慈善基金会对项目的资金使用实行预算制管理。由项目负责人根据批准的项目，撰写完整的立项报告、实施方案和年度计划，编制年度项目经费预算，报基金会项目部和财务部审核后，依据权限范围由基金会理事长或秘书长批准后执行。然后，基金会依据项目合作协议条款、经费预算、项目进度、评估与验收结果，向项目实施单位拨付项目资金。实行预算制管理有利于在项目实施的全流程进行资金的控制与管理，能够较好地控制成本与协调项目进度，对于项目的质量也可以做到较好把控。同时，制定预算对于提升整个团队的管理水平也具有很大的帮助。

韩红爱心慈善基金会的资金使用特点在财务报表的业务活动成本一栏中得到了充分的体现。以2017—2018年度为例，相对于总的业务活动成本，2017—2018年的公益活动成本占比均为100%，具体见表11-4。

表11-4 2017—2018年财务报表业务活动成本　　　　单位：人民币/元

| 项目 | 行次 | 上年累计数 | | | 本年累计数 | | |
|---|---|---|---|---|---|---|---|
| | | 非限定性 | 限定性 | 合计 | 非限定性 | 限定性 | 合计 |
| 二、费用 | | | | | | | |
| (一)业务活动成本 | 8 | 20808521.83 | | 20808521.83 | 14381075.09 | | 14381075.09 |
| (二)管理费用 | 9 | 1574105.05 | | 1574105.05 | 1248212.84 | | 1248212.84 |
| 其中：工作人员工资福利支出 | | 135082.14 | | 135082.14 | 456269.45 | | 456269.45 |
| 行政办公支出 | | 1439022.91 | | 1439022.91 | 791943.39 | | 791943.39 |
| 其他 | | | | | | | |
| (三)筹资费用 | 10 | 61920.00 | | 61920.00 | 16052.00 | | 16052.00 |
| (四)其他费用 | 11 | | | | 133265.88 | | 133265.88 |
| 费用合计 | 12 | 22444546.88 | | 22444546.88 | 15778605.81 | | 15778605.81 |

下面对该基金会具体实施的一些主要项目进行介绍。

(1) 百人援助系列活动。

有数据显示，中国7000万贫困人群中近40%是"因病致贫，因病返贫"。相比资金上的支持，这些贫困家庭更需要医疗资源的救助。针对西部地区医疗、卫生相对落后，求医问药难的问题，韩红爱心慈善基金会为西部地区提供一站式专业高效的医疗援助服务，以"带走病人，留下技术，推动医改，造福百姓"为目标，连续开展"百人医疗援助系列行动"。自基金会成立以来，韩红爱心慈善基金会已顺利开展"百人援藏""百人援蒙""百人援疆""百人援青""百人援贵""百人援甘"大型医疗义诊公益活动，为西部地区提供了切实可见的医疗帮助。韩红爱心慈善基金会成立以来，项目团队成员行驶超过50000公里，义诊50000余人次，途径6个省份，84个县市，共捐建"韩红爱心复明中心"8所，捐建孤残儿童福利院和敬老院30所，配套"韩红爱心乡镇急救室"20所，免费为患者实施手术4000余例，一次性补助100余人，捐赠4700本医疗培训书籍，为偏远地区贫困家庭捐赠40000个"韩红爱心药箱"，为基层乡镇卫生院捐赠救护车和医疗巡诊专用车155辆，捐建"韩红爱心健康之家"840个，捐赠254套健康多媒体，捐赠总额近亿元。

同时，百人援助系列活动的公益影响力也较大。通过名人明星的号召力，更多人开始关注公益慈善事业，关注西部偏远地区的医疗建设。全程参与韩红爱心百人系列医疗援助公益行动的国内外顶级医疗专家达260余人，韩红爱心团队由最初的5人壮大到1000人次参与，每年200余人全程参与韩红爱心公益行动，超过200家企业为百人系列行动捐赠，明星志愿者200余人参与捐赠。韩红爱心百人系列大型医疗援助公益行动，超过6000余家媒体跟踪报道，超过20000篇媒体报道，新媒体阅读量超过4亿，影响近30亿人次。

(2) 其他公益活动。

韩红爱心慈善基金会除了开展百人援助系列行动之外，还开展了一系列其他的公益活动项目，比如复明中心、救在乡间等项目。

"韩红爱心·复明中心"项目自2011年启动，通过捐建复明中心，捐赠超声乳化仪等先进眼科设备，免费实施白内障手术，为当地眼科人才进行手术培训与实习机会，为西部边远贫困地区的白内障患者带去重见光明的希望。截至2019年，韩红爱心慈善基金会与浙江大学医学院附属第二医院眼科专家团队合作，已先后在我国西藏、内蒙古、新疆、青海、贵州、甘肃、宁夏、陕西、四川等9个省份的贫困地区成立了11所"韩红爱心·复明中心"，累计为白内障患者免费实施复明手术4186例。

"韩红爱心·救在乡间"项目——西部地区急救室援助计划，旨在为西部地区基层医生提供专业的全科急诊培训，充实乡镇卫生院急救设备。基金会与北京大学人民医院急诊科以及国内排名前二十的综合性三甲医院建立长期合作伙伴关系,制定最适用于乡镇卫生院医生的培训课程,开展专业全科急诊培训,提升医生面临各种复杂情况的急救能力;为乡镇急救室提供最符合其需求的急救设备,补齐医疗设备的短板。

2020年新冠肺炎疫情期间,韩红爱心慈善基金会开展了驰援武汉的公益慈善项目。韩红爱心慈善基金会从2020年1月24日开启爱心慈善捐赠通道,并说明募捐款项的主要用途是购买医疗物资并向武汉及周边城市进行捐赠。为了保证款项和项目的公开、透明,韩红爱心慈善基金会通过微博和微信等平台公布了审计措施,说明在项目结束后聘请专业的审计团队进行项目专项审计。同时,针对每天的物资分配情况,韩红爱心慈善基金会每天在微博、微信上进行公布。

在募捐的具体工作上,前期主要是通过韩红的"明星朋友圈"募捐,在进行募捐的同时,韩红及时在微博上更新相关进展。同时,韩红爱心慈善基金会通过微博和微信等平台每天实时更新捐赠的最新情况,韩红作为公众人物也对该信息一一进行转发,目的在于起到宣传作用的同时,保证基金会的透明度,进一步激发公众的捐赠热情。

根据韩红爱心慈善基金会公布的获捐金额统计显示(见图11-7),在2020年抗击新冠疫情的过程中,该基金会共获得捐款313764232.50元人民币,短短一周获得3亿多元捐款,数额巨大,为韩红爱心慈善基金会进行相关捐赠物资(主要是医疗物资的购买)提供了良好的资金支持。由于捐赠数额巨大,韩红爱心慈善基金会甚至在2月1日发出停止接受捐赠的公告之后,仍然在一天之内收到捐款35704318.19元人民币。这充分说明韩红"明星朋友圈"的捐赠策略产生了作用,并产生了叠加效应,激发了公众捐赠从事公益慈善事业的热情(见图11-7)。

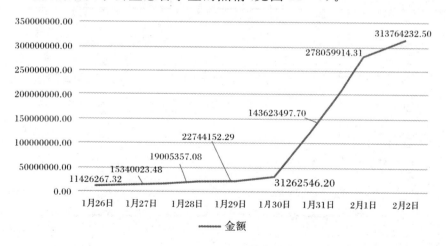

图11-7 韩红爱心慈善基金会在2020年抗击新冠疫情的过程中获得捐款情况

## 二、案例思考

(1)韩红爱心慈善基金会的资金来源有哪些?

(2)韩红作为明星,在韩红爱心慈善基金会的募款与公益慈善活动中发挥了什么样的作用?

(3)韩红爱心慈善基金会的信息披露内容和方式,有哪些值得借鉴的地方?

## 三、案例分析

**1.资金来源的特点**

韩红爱心慈善基金会的资金来源主要是捐赠收入和投资收益两部分。韩红爱心慈善基金会的捐赠收入具有以下几个重要的特征:一是捐赠项目和捐赠信息公开、透明;二是充分利用韩红及"明星朋友圈"的明星效应,增加捐赠透明度;三是充分利用新媒体平台进行宣传和项目的公开,尽量与公众在新媒体平台上进行互动,使公众具有参与感;四是充分利用基金会的高效率运作,进一步激发公众参与公益的热情(见表11-5和图11-8)。

表11-5 韩红爱心慈善基金会主要收入来源占总收入比率表
(摘取自2013—2018年的年度报告)

|  | 2013 | 2014 | 2015 | 2016 | 2017 | 20018 |
|---|---|---|---|---|---|---|
| 捐赠收入 | 99.13% | 98.51% | 98.34% | 97.77% | 96.63% | 92.67% |
| 投资收益 | 0.00% | 1.29% | 1.50% | 2.10% | 3.26% | 6.75% |
| 其他收入 | 0.87% | 0.20% | 0.16% | 0.12% | 0.11% | 0.58% |

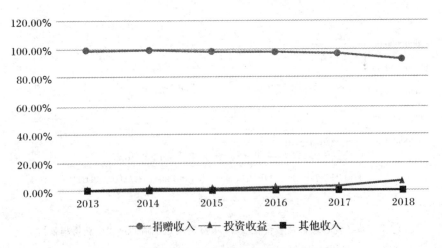

图11-8 韩红爱心慈善基金会的资金来源比例图

**2. 资助公益项目的特点**

韩红爱心慈善基金会的项目运作本着高效、透明的原则。基金会每一个项目的运作均可以在官方网站找到进程信息。同时,在该基金会每一年的年报中也会对相关信息进行披露。作为基金会的发起人和主要负责人,韩红几乎"亲力亲为"参加基金会的每一个项目,在每一个项目的运作过程中,几乎都能看到韩红的影子。在韩红的微博里,可以看到韩红经常深入一线去开展公益慈善项目,为基金会的高效透明增添了不少色彩。

**3. 资金的使用与控制**

韩红爱心慈善基金会在信息披露方面做到了高效、透明。韩红爱心慈善基金会的官网上有专门的信息公开栏目,其中披露了基金会的年度报告、审计报告、银行汇款明细、管理制度。每一项都会涉及资金数额的披露。对于资金使用的监督和管理,在该基金会的审计报告、年度预算、年检报告中都有详细的体现。资金运用后,对资金使用数额、使用去处都做出了详细的介绍,并与预算进行了对比。在资金实施的过程中,实时进行资金相关信息的披露。

## 四、专家点评

授人以鱼不如授人以渔,希望通过复明中心的成立把先进的医学理念和医疗技术带给边远贫困地区,接下来我们会通过培训等方式把更先进的手术技术传授给当地医生,使他们能尽早独立完成手术,给当地患者带来福音。

——时任浙江大学医学院附属第二医院眼科中心主任医师 陈佩卿

2008年汶川地震发生后,韩红亲身前往灾区慰问。为了更持久有效地参与救援,韩红组织成立了"韩红爱心行动"。随着"韩红爱心行动"的不断进行,要求捐赠的企业和个人日益增多。2012年5月9日,韩红在北京市民政局注册成立韩红爱心慈善基金会。2013年芦山地震后,韩红爱心慈善基金会收到2000余万元善款,并举行公开的捐款人大会,力保善款公开透明。

——2013中国慈善名人榜人物志

一个人的力量是渺小的,一个企业的力量是渺小的,当我们把这种力量推广、传递出去,让更多人把目光聚焦在爱心公益上,产生的力量是难以想象的。航美集团不仅要把企业的力量亲自带到甘肃,更希望把作为一个中国企业的社会责任感,发挥到极致,影响更多的人,关注公益,热爱公益。

——时任航美集团市场副总裁 周鹏

## 五、推荐阅读资料

1. 韩红基金会官网：http://www.hhax.org/index.html.
2. 基金会中心网：http://www.foundationcenter.org.cn.

# 第十二章 在地方注册的非公募基金会典型案例分析

## 案例一 北京乐平公益基金会

**学习目标**

- 了解北京乐平公益基金会的治理结构
- 了解北京乐平公益基金会的资金运作模式
- 理解北京乐平公益基金会的项目资金运作特点

### 一、案例概述

#### (一)组织简介

北京乐平公益基金会(Leping Social Enterprise Foundation,以下简称乐平基金会)成立于2010年11月,是经北京市民政局批准成立的非公募基金会。乐平基金会由中国具有公信力的经济学家、学者和商界人士共同发起,主要关注社会投资、社会创新、社会企业、扶贫和农村0~6岁儿童教育等领域,致力于构建一个包容发展的社会,长期关注投资知识创新型社会企业和培育社会创新者。乐平基金会的原始基金数额为人民币800万元。

乐平基金会的业务活动范围包括:针对低收入人群的创业教育和职业教育,对贫困问题的研究与交流,以及公益人才培养、和谐社区建设方面的公益活动。通过以影响力为导向的综合性投资,乐平基金会支持具有高成长性的新生代社会企业快速发展,并催化具有规模化潜力的社会创新方法,最终产出规模化的社会影响力。通过一系列知识与思想产品,乐平基金会为社会创新构建人才市场和思想市场,基于跨界多元的社群培育一个有利于社会企业家生长的社会创新环境,促进更多社会企业的规模化发展。

乐平基金会力求治理程序合法合规,决策及时有效。理事会是乐平基金会的最高决策机构,截至2018年12月底,乐平基金会的理事会由23名理事组成。秘书处由秘书长负责,对乐平基金会的日常工作进行管理。监事会对乐平基金会的规范运行进行监督。秘书处定期向监事会进行汇报,包括财务信息和重大活动信息,便于监事会开展监督工作。监事列席理事会,并对乐平基金会的财务工作和理事会履职情况提出监事会的意见。同时,乐平基金会为了加强理事、监事沟通和互动,常改进参与方式,提升理事、监事对机构的参与和认同。秘书处通过微信手机报、日常拜访、茶话会等形式增强理事、监事的沟通交流,同时邀请理事、监事参与项目走访、沙龙、论坛等活动,增进理事、监事对乐平基金会工作的了解,以便更有效地参与到乐平基金会的工作中。

乐平基金会的理事组成均为知名人士。由知名人士担任理事会和监事会成员,有效地促进了乐平基金会的知名度和募款效率、项目执行效率。截至2020年4月,根据基金会中心网中基透明指数显示,乐平基金会在全国FTI(Foundation Transparency Index)排名中并列位居第一。

### (二)资金运作模式

#### 1. 资金的来源

乐平基金会原始基金为800万元人民币,来源于个人和企业捐赠。乐平基金会的主要收入包括捐赠收入、政府补助收入、投资收益以及其他收入。投资收益主要来源于股权投资和理财投资。股权投资主要是针对乐平基金会所属的机构或者企业,比如旗下的北京富平创业投资有限责任公司。乐平基金会2018年的财务报表显示,乐平基金会对北京富平创业投资有限责任公司的投资占据乐平基金会总资产的52.86%,持股比例为40.00%,采用权益法的核算方法进行投资,并未实际控制。理财投资主要是通过委托理财的方式,即通过银行、信托公司等金融机构进行投资(见表12-1)。

表12-1 2017—2018乐平基金会财务报表收入　　　　单位:人民币/元

| 项目 | 行次 | 上年数(2017年) | | | 本年数(2018年) | | |
|---|---|---|---|---|---|---|---|
| | | 非限定性 | 限定性 | 合计 | 非限定性 | 限定性 | 合计 |
| 一、收入 | | | | | | | |
| 其中:捐赠收入 | 1 | 13664256.05 | 9279185.48 | 22943441.53 | 12597927.65 | 8387711.04 | 20985638.69 |
| 提供服务收入 | 2 | | | | | | |
| 商品销售收入 | 3 | | | | | | |
| 政府补助收入 | 4 | | 10000.00 | 10000.00 | | | |
| 投资收益 | 5 | 693548.87 | | 693548.87 | 984617.68 | | 984617.68 |
| 其他收入 | 6 | 134843.93 | | 134843.93 | 220449.76 | | 220449.76 |
| 收入合计 | 7 | 14492648.85 | 9289185.48 | 23781834.33 | 13802995.09 | 8387711.04 | 22190706.13 |

## 2. 资金的使用

乐平基金会是一家非公募性质的基金会。乐平基金会在开展公益活动时，主要采取项目资助的方式进行。乐平基金会不仅仅是简单的资助，更注重于"授人以鱼，不如授人以渔"。乐平基金会致力于构建一个包容发展的社会，改善贫困人口的福利，为真切关心社会发展的人提供解决社会问题的生态环境。2002年，乐平基金会展开对社会创新的探索，已成功投资5家社会企业，积累了建设社会企业的经验，总投资额10210万元，直接服务低收入人群31万人以上，惠及近50万人；2017年开始的影响力投资，旨在打造一家有能力解决低收入家庭住房条件的公益企业，提供总额1000万左右的复合型投资，有25个家庭直接受益，间接影响60余万人（见表12-2）。

表12-2　2017—2018乐平基金会财务报表费用　　　　　单位：人民币/元

| 项目 | 行次 | 上年累计数(2017年) | | | 本年累计数(2018年) | | |
| --- | --- | --- | --- | --- | --- | --- | --- |
| | | 非限定性 | 限定性 | 合计 | 非限定性 | 限定性 | 合计 |
| 二、费用 | | | | | | | |
| (一)业务活动成本 | 8 | 8134706.92 | 13696427.92 | 21831134.84 | 12477636.38 | 7705388.76 | 20183025.14 |
| (二)管理费用 | 9 | 1683105.92 | | 1683105.92 | 1809093.73 | — | 1809093.73 |
| 其中:工作人员工资福利支出 | | 867404.17 | | 867404.17 | 856444.80 | | 856444.80 |
| 行政办公支出 | | 815701.75 | | 815701.75 | 952648.93 | | 952648.93 |
| 其他 | | | | | | | |
| (三)筹资费用 | 10 | 118289.53 | | 118289.53 | 96740.59 | — | 96740.59 |
| (四)其他费用 | 11 | | | | | | |
| 费用合计 | 12 | 9936102.37 | 13696427.92 | 23632530.29 | 14383470.70 | 7705388.76 | 22088859.46 |

乐平基金会是一家复合型基金会，对自身的定位是社会创新的先行探索者、触发者以及社会创新生态系统的建设者，其使命和宗旨是让好点子变成真正解决社会问题的方案，构建社会创新生态环境，创造规模化社会影响力。乐平基金会旗下有富平家政服务中心、北京富平创业投资责任有限公司、永济市富平小额贷款有限责任公司、北京谷雨千千树教育咨询有限责任公司、成都市大邑县富平小额贷款责任有限公司、北京富平创源农业科技发展有限责任公司SVP中国项目，以及《斯坦福社会创新评论》中文出版方。同时，乐平基金会于2017年启动了共益企业项目、社会创新教育项目，2019年启动了社会创新实验室项目。

乐平基金会一直在社会创新生态系统上持续投入。乐平基金会主要是通过以下环节进行实践，例如：推进全球范围内的社会创新知识的研究、传播与应用，赋能本土实践;探索新型的投资模式和标的,测试和推广新型的社会创新方法和制度;引入全球领先的思想和经验,联结本土实践,赋能社会创新领导者等。一直以来,乐平基金会不断联结真切关心社会的人共同探寻创新的解决办法,成为社会创新的力量之一。

下面对乐平基金会的一些项目进行介绍。

(1)教育类项目。

乐平基金会注重教育投入,关爱弱势群体。乐平基金会在教育上的项目,主要是通过富平家政服务中心与北京谷雨千千树教育咨询有限责任公司来实施,两者侧重点各有不同。

富平家政服务中心成立于2002年,创办初衷就是要帮助中西部贫困地区农村的青年女性,即所谓"弱势群体中的弱势群体",摆脱人生困境。富平家政服务中心的工作就是为此类群体提供接受职业教育的机会,主要通过以下方式进行:第一,机会扶贫的思路,为贫困地区青年提供平等受教育的机会和就业机会。富平家政服务中心创新了'民办公助'的模式,先后和中西部的安徽、湖南、陕西、甘肃等地政府合作,进行劳务输出,即培训输送,这是非常重要的扶贫手段。2015年,富平家政服务中心输送了3800人到北京市3800个家庭提供服务。第二,体面就业的理念,富平家政服务中心推动家政服务行业实现从零休息到每年两个月的带薪休息。另外,富平家政服务中心将商业保险、家政服务责任险推广到整个家政行业。同时,富平家政服务中心利用互联网思维,在花旗集团、乐平基金会、北京市民政局三方的投资下,开发了一系列在线家政职业技能培训课程,致力于实现让中国千百万的低端劳动者就业,让无力者有力,让有力者前行。

北京谷雨千千树教育咨询有限责任公司(以下简称千千树)由乐平公益基金会和北京小橡树幼儿园联合创办,是一家凝聚社会资源,以社会创新方式为中低收入家庭的儿童提供有质量的教育,促进教育公平发展的社会企业。项目从2010年开始,千千树致力于为千万中国儿童提供有质量的学前教育,主要围绕面向乡村、面向未来、面向公众开展一系列活动。面向乡村方面,针对学前教育基础弱、软硬件欠缺、师资水平薄弱的村镇级幼儿园,签署协助此类幼儿园引入优质、适宜的硬件资源、学前教育活动的方案,提供学前教师基本能力培训,促进当地儿童获得有质量的学前教育。截至2019年底,千千树项目已覆盖甘肃、青海、四川、湖北、贵州、云南、河北7省41县,惠及2761所农村幼儿园,支持超过20000名乡村幼儿教师进行专业能力提升,帮助33万名乡村学龄前儿童获得有质量的学前教育。面向未来方面,针对基础硬件配齐,已有一定发展,逐步把工作重点放在教师职业能力提升的幼儿园,千千树与此类幼儿园合作开展教育创新尝试(如STEAM教师培训),进一步提升教育资源使用效率,增强教师专业能力,培养面向未来的儿童。面向公众方面,千千树同时积极促进、支持关注乡村学前教育的专家、一线教育者、资助方、公众等各方之间的交流、合作与学习,为乡村学前教育聚集资源,推动领域发展,推动公众对学前教育公平、学前教育创新的关注。

(2)社会创新类项目。

乐平基金会重视整合资源,努力构建社会企业的媒体平台。乐平基金会通过乐见岛与《斯坦福社会创新评论》(*Stanford Social Innovation Review*)中文版,构建社会创新系统的媒体平台。乐见岛是国内首家专注于"解困式报道"的媒体平台,主要报道社会问题的创新解决方案,尤其聚焦市场手段解决社会问题的经典案例,让读者不仅能发现社会问题,更能认知市场向善的力量,认知问题解决的多种可能性,因而提升问题解决的能力,增强问题解决的信心。乐平基金会通过与斯坦福大学PACS中心的合作,于2017年引进《斯坦福社会创新评论》,是其唯一授权的中文出版方。《斯坦福社会创新评论》创刊于2003年,是全球社会创新领域最权威的读物之一,指导和激励来自全世界各个领域的数百万社会变革领袖。通过《斯坦福社会创新评论》中文版,乐平基金会希望把全球社会创新领域的新进展介绍到中国,协助构建中国社会创新的知识体系和跨界创新社区。同时,乐平基金会也关注本土社会创新案例,希望汇聚中国本土知识,让中国本土知识和全球知识能够合在一起,并介绍亚洲和新兴市场经济体发生的一切社会创新。

(3)民生健康类项目。

乐平基金会关注民生健康,推广生态信任农业理念。2012年,北京乐平公益基金会生态信任农业事业部与日本守护大地协会共同发起了富平创源项目。项目的发起源于日渐严峻的食品安全、农业科学管理、环境保护问题。富平创源项目提出并坚持在全国范围内推广生态信任农业理念。富平创源项目倡导依靠数据分析的农业生产,搭建基于生产记录的诚信市场,希冀通过公开、透明的态度,重塑生产者与消费者间的信任关系。富平创源项目致力于推动中国生态信任农业发展,建立基于信任和共赢的生产者与消费者的信任关系、探索生态信任农业市场营销的社会企业。除此之外,北京乐平公益基金会生态信任农业事业部还有众源农场与富平农民学院。众源农场构建了生态信任农业生产示范基地,即富平-大地生态信任农业标准与规程实践农场。富平农民学院是一家生态信任农业技术输出与人才培养单位,致力于传播生态信任农业部的理念、总结生态信任农业技术,并系统化教学培养生态农场管理人才。

## 二、案例思考

(1)乐平基金会的善款来源方式主要有哪些?

(2)乐平基金会探索的社会企业模式主要有哪些?哪些地方值得借鉴?

(3)乐平基金会的资助领域有何特点?

## 三、案例分析

**1. 资金来源的特点**

根据表12-3和图12-1分析发现,虽然各项收入占每年总收入的比率存在一定的波动,但从整体情况来看,乐平基金会筹集资金的主要方式是捐赠收入,其次是投资收益,其他收入占比较小。

表12-3 乐平基金会主要收入来源占总收入比率表(摘自2013—2018年的年度报告)

|       | 2013年 | 2014年 | 2015年 | 2016年 | 2017年 | 2018年 |
|-------|--------|--------|--------|--------|--------|--------|
| 捐赠收入 | 95.85% | 98.18% | 97.68% | 98.92% | 96.47% | 94.57% |
| 政府补助 | 0.00%  | 0.00%  | 0.00%  | 0.00%  | 0.04%  | 0.00%  |
| 投资收益 | 0.00%  | 0.01%  | 0.08%  | 0.06%  | 2.92%  | 4.44%  |
| 其他收入 | 4.15%  | 1.80%  | 2.24%  | 1.03%  | 0.57%  | 0.99%  |

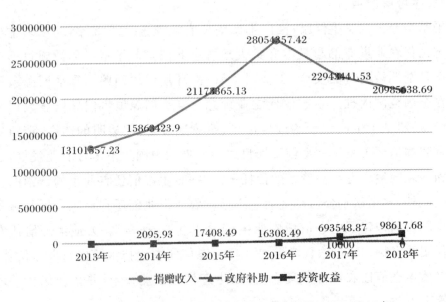

图12-1 北京乐平公益基金会资金来源比率动态图(2013—2018年)

**2. 资助公益项目的特点**

乐平基金会资助社会企业的创新与发展,所资助领域涵盖农业、教育和媒体平台,乐平基金会在构建社会创新系统方面拥有系统性的平台。乐平基金会的资助项目主要是通过这些平台来执行。在项目资助的过程上不是单纯进行资助,而是通过促进社会企业发展的方式进行。

乐平基金会以一种倾囊相授的方式去改变受助对象,使他们更好地走上致富的道路。乐平基金会紧跟国家社会发展趋势,在精准扶贫上下功夫,通过富平学校项目帮助一些没有技能的人,学习一些基本就业技能,帮助他们求职谋事业。另外,乐平基金会还建立媒体平台,通过宣传建构中国社会企业发展、公益企业发展的良好氛围,从创新发展的方式方法入手,引进新的概念和方式,为中国社会企业发展助力。

**3. 资金的使用与控制**

乐平基金会在信息披露方面做得十分到位,信息披露内容细致、全面。在乐平基金会的官网上有专门的信息公开专栏,专栏中披露了基金会的年检报告、审计报告、财务报告、年度预算,以及项目年报、项目公示、捐赠信息和管理制度。每一个项目都涉及资金数目的详细披露。对于资金使用的监督和管理,在年检报告、审计报告、财务报告中都有详细的体现;对于捐赠的收入也在捐赠信息中逐一进行公示;对于每一个资助或者运作项目的捐赠单位、落实资金(不含工作经费)和地点、执行情况、实施效果同样在项目公示和项目年报中有着详细体现。资金运用前,在财务预算中制定详细的资金使用计划。资金运用后,对资金使用数额、使用去处都做出了详细的介绍。乐平基金会还有一个特点在于,在资金实施的整个过程中,基金会实时进行公益项目资金使用情况的动态信息披露,这更加有利于保证资金使用的高效、透明。

## 四、专家点评

北京乐平公益基金会通过以影响力为导向的综合性投资,乐平支持具有高成长性的新生代社会企业快速发展,并催化具有规模化潜力的社会创新方法,最终产出规模化的社会影响力。

——《中国基金会70年大事记》(1949—2019)

在花旗基金会的支持下,现在我们采用'互联网+'的模式,把学员需要的新的技能分门别类地做成卡通式的培训内容,每一课都很短,他们可以在家上网,或者通过手机学到所需要的知识。这本身就是培训方式的创新。

——时任国务院参事、北京乐平公益基金会理事长　汤敏

### 五、推荐阅读文献

1. 北京乐平公益基金会官方网站：http://www.lepingfoundation.org.
2. 新时代的职业教育面貌[N].公益时报，2016-11-22. http://www.gongyishibao.com/newdzb/images/2016-11/22/08/GYSB08.pdf.
3. 中国基金会70年大事记. http://www.cfforum.org.cn/.

## 案例二　成都市武侯社区发展基金会

### 学习目标

- 了解成都市武侯社区发展基金会的治理结构
- 了解成都市武侯社区发展基金会的资金运作模式
- 理解社区基金会的项目资金运作特点

### 一、案例概述

#### （一）组织简介

成都市武侯社区发展基金会（Chengdu Wuhou Community Development Foundation）是四川省第一家社区基金会，是一个集资源整合、项目支持、赋能培育等多功能为一体的资助型平台，于2018年7月23日正式成立。该基金会由成都市武侯产业发展投资管理集团有限公司出资，武侯区委社治委指导，在四川省民政厅注册并由其作为业务主管单位的慈善组织。该基金会的原始注册资金为800万元。社区基金会属于基金会的一种类型，是依照所在国法律规定登记成立，利用自然人、法人和其他组织捐赠的财产，为解决社区问题、促进社区发展提供资金资助的公益性、慈善性法人。

武侯社区发展基金会自成立以来，以实现共建共治共享的社区发展治理新格局为宗旨，立足成都、面向四川、辐射全国，通过社会化方式组建，市场化方式运营。通过发起人出资、多元主体捐赠、资金定向募集、投资合法收益等渠道整合多方资源，解决当地问题，致力于打造"管理规范、运作专业、开放多元、活力透明"的资助型、平台型基金会。同时，一直秉持"美好生活共创家"的理念，坚持"激发多元主体、培育社区资本、营造公益生态、促进社会发展"的使命，以"营造社区可持续发展生态圈"

为愿景,将自身定位为"社区共创资源的协调者、社区共融生活的推动者、社区共享未来的建设者",以一种"党建引领、政府引导、社会化运营"的独特运营模式,开展了各种社区公共活动,支持了各类公益慈善项目,着力建设社区发展的新局面。其业务范围主要包括培育和扶持社区自组织、社区志愿服务团队、社会组织、社会企业的发展,培养社区公益人才,资助和支持理论与实务相结合的社区发展治理研究,支持社区营造、城市微更新、社区赋能等项目,促进社区发展治理的公共事业。

武侯社区发展基金会的组织结构如图12-2所示。理事会是该基金会的最高决策机构,截至2018年12月底,该基金会的理事会由15名理事组成。监事会对基金会的规范运行进行监督。秘书处由秘书长负责对基金会的日常工作进行管理,秘书处下设项目、运营、品牌传播和资源拓展四大部门。其中,项目部主要负责社会议题的研讨、资助、检测、评估工作,以及项目库管理和专家库管理等;运营部主要负责行政管理、财务管理、人事管理、合同管理和志愿者管理等;品牌传播部主要负责品牌管理、品牌传播和网站运维等;资源拓展部则主要负责资源渠道管理、筹款和捐赠人维护等工作。总体说来,该基金会的组织规模较为精简,运作效率较高。治理结构的人员配备方式为强决策层加上强执行层的模式,即在理事会领导下,出资人实际掌握投资决策权和项目表决权,秘书处总体负责机构日常事务的运作并建立相关制度,最终在机构各部门的协调领导下,实现机构高效运转、资金的最大化利用以及社会效益的最大化。

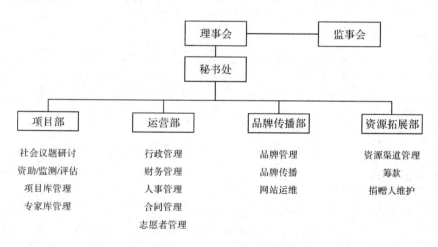

图12-2 成都市武侯社区发展基金会组织结构图

## (二)资金的运作模式

**1. 资金的来源**

武侯社区发展基金会原始基金为800万元人民币,来源于成都市武侯产业发展投资管理集团有限公司。作为四川省第一家社区基金会,其资金来源途径主要包括了原始资金积累、社区或街道筹募、社会公众募集、投资理财收益、政府购买服务、慈善义卖或拍卖、其他基金会支持或配捐、激励资金、企业捐赠、专项基金托管和其他合法收入等。根据2018年度的业务活动表(见表12-4)显示,该基金会的资金来源主要包括捐赠收入及政府补助收入两类,其中捐赠收入为1049694.00元,包括53000.00元的非限定性收入和996694.00元的限定性收入,限定性收入主要用于专项基金与微基金的设立;政府补助收入为90000.00元,用于基金会初期建设使用。

表12-4 2018年度武侯社区发展基金会业务活动表　　单位:人民币/元

| 项目 | 行次 | 上年数 非限定性 | 上年数 限定性 | 上年数 合计 | 本年数 非限定性 | 本年数 限定性 | 本年数 合计 |
|---|---|---|---|---|---|---|---|
| 一、收入 | | | | | | | |
| 其中:捐赠收入 | 1 | 0.00 | 0.00 | 0.00 | 53000.00 | 996694.00 | 1049694.00 |
| 会费收入 | 2 | 0.00 | 0.00 | 0.00 | 0.00 | 0.00 | 0.00 |
| 提供服务收入 | 3 | 0.00 | 0.00 | 0.00 | 0.00 | 0.00 | 0.00 |
| 商品销售收入 | 4 | 0.00 | 0.00 | 0.00 | 0.00 | 0.00 | 0.00 |
| 政府补助收入 | 5 | 0.00 | 0.00 | 0.00 | 0.00 | 90000.00 | 90000.00 |
| 投资收益 | 6 | 0.00 | 0.00 | 0.00 | 0.00 | 0.00 | 0.00 |
| 其他收入 | 9 | 0.00 | 0.00 | 0.00 | 0.00 | 0.00 | 0.00 |
| 收入合计 | 11 | 0.00 | 0.00 | 0.00 | 53000.00 | 1086694.00 | 1139694.00 |

**2. 资金的使用**

作为四川省首家社区基金会,武侯社区发展基金会积极整合社会资源、实施公益项目、开展行业倡导,有效促进了优质资源要素加速向社区流动,成为社会主体参与社区治理、增强社区造血功能的重要平台。

武侯社区发展基金会始终坚持服务社区,努力为武侯区街道办、社区提供便捷公益服务,规范其公益资金的募集、管理和使用,做好专项基金的募集、设立、使用等服务工作。目前,基金会下设专项基金9支,微基金60支。基金会成立一年以来,走访了60多家社区,对接北京师范大学社会公益研究中心、四川省癌症防治中心、四川省肿瘤医院等70多家高校、企事业单位,并与中国基金会发展论坛、壹基金深圳公益基金会等400多家社会组织建立联系合作,链接SGS国际通标认证机构、立邦中国等254家企业资源,累计接受资助近200余万,链接资金300余万。

2018年10月10日,成都市武侯社区发展基金会——专项/微基金正式开放设立,其设立流程为:发起方提出设立申请→基金会秘书处进行审核(专项基金5天内,微基金3天内)→双方签订捐赠协议,专项基金需成立管委会,微基金需成立工作组→基金会划入启动资金(30天内),开具相关票据,完善手续→基金会宣布专项基金/微基金正式成立,发布公告及相关信息→发起方围绕设立宗旨开展工作。

武侯社区发展基金会立足社区平台,结合基金会自身优势,发现居民差异化需求,打造了"信托制"物业服务、"春耕计划"等一系列特色品牌项目,以项目带动宣传,以宣传扩大影响力,从而树立基金会品牌,提升基金会推广能力。现将部分品牌项目介绍如下。

(1)春耕计划。

作为四川省首家社区基金会,武侯社区发展基金会一直积极构建能够解决社区需求、回应居民诉求、多方参与社区治理发展的格局。近几年,居民在养老、教育、物业管理上的需求越来越多样化,而现有的社区资源则根本无法满足。如何降低公益慈善门槛,鼓励更多企业、社区,甚至个人加入社区基金,同时保障资金在使用渠道上更加灵活便捷,成为社区基金会努力探索的方向。在这一方向的指引下,"春耕计划"应运而生。

2019年4月12日,武侯社区发展基金会携手深圳壹基金公益基金会与禾平台联合发起2019"春耕计划"资助项目,这是武侯社区发展基金会首个对外资助计划。该计划将重点挖掘并资助一批高效创新、有潜力、预期社会效益良好的公益性项目,以及初见成效但缺乏后续支持的社区服务项目,选择有代表性、有潜力的社会主体,资助能够体现"以人为本""助人自助""多元共融""多方参与"等理念的公益项目,瞄准区内社区发展治理的关键议题,促进区内公益行业的结构性升级,营造社区可持续发展生态圈。同时,探索武侯社区发展基金会与社区发展治理有机结合的方法路径,致力于营造健康、和谐、可持续的社区公益生态链。

该项目计划每年资助项目个数为8~10个,资助周期为一年(优秀项目可申请持续资助),资助金额约为10万至15万元。自项目启动以来,"春耕计划"资助项目已陆续落地社区,常态化开展活动。2019年,武侯社区发展基金会挖掘并资助了26

个具有社会影响力的创新公益项目,资助金额达170多万元,涵盖了教育、养老、下岗再就业等13个民生领域。2020年"春耕计划"资助项目聚焦在"助力居民自治、焕新老旧院落"这一议题上,并对此议题有显著推动作用。2020年度支持不超过10个项目,单个项目不超过10万元,如有特殊情况可酌情放宽,但原则上不超过15万元。单个项目执行期不超过一年,如项目质量符合预期,则可延续双方合作,原则上最长不超过三年。2020年,该基金会共资助项目17个,其中,春耕计划资助项目3个,其他资助项目14个。2020年资助项目金额共计50多万元,其中,春耕计划资助金额为17.5万元,其他项目资助金额为37万多元。

(2)小区治理信托制物业服务项目。

立足居民需求,聚焦物业小区管理难题,武侯社区发展基金会结合自身优势,引入北京小区治理专家团队,创新探索"信托制"物业服务模式,重塑业主、业委会、物业企业的信任关系,营造公开透明的小区环境。经过前期多次研讨,目前,已在玉林、双楠街道等多个小区开展"信托制"物业服务模式试点工作。

(3)仲夏邻里节。

"仲夏邻里节"是武侯区委社治委深入挖掘居民需求,联合社区开展的活动,始于2019年。武侯仲夏邻里节以全面营造和谐邻里关系为目的,助力小区打破陌生感,推动小区和谐包容,以期推动建立武侯社区发展基金会+社区+企业的公益生态环境。2019年的活动主题为"炎炎仲夏日,深深邻里情",2020年的活动主题为"走,一起去串门"。整体活动是公益属性的,围绕社区特色和居民实际需求设计。结合邻里节主题,每个社区内的子活动可以充分发挥优势,举办出自己的特色,突出社区文化、环保、科技、金融等元素。

## 二、案例思考

(1)武侯社区发展基金会善款来源的主要方式有哪些?
(2)为什么要成立武侯社区发展基金会?
(3)社区基金会对社区发展起到何种作用?
(4)武侯社区发展基金会有什么值得其他基金会借鉴的地方?

## 三、案例分析

**1. 资金来源的特点**

武侯社区发展基金会成立初期,还没有取得公募资格前,通过设立专项基金、微基金,争取政府扶持或奖励资金,以及链接外部基金会的资金配比等多种途径,采用多元化方式来为基金会筹集更多的资金;当基金会成立满两年,申请获得公募资格后,则可通过开展更多面向社会公众的募捐活动筹集资金。同时,武侯社区发展基金会也在探索成为社会企业的投资者,进行社会影响力投资,在未来孵化和培育社会企业不断发展壮大的同时,能够实现自我造血并反哺社区基金会,形成资源供给闭环,探索一种实现基金会可持续运营的新路径。

根据武侯社区发展基金会2018年度的审计报告,摘取主要收入来源分析如表12-5和图12-3所示。

表12-5 武侯社区发展基金会主要收入来源占总收入比率表(摘自2018年的年度报告)

| | 捐赠收入 | 政府补助收入 |
| --- | --- | --- |
| 2018 | 92.10% | 7.90% |

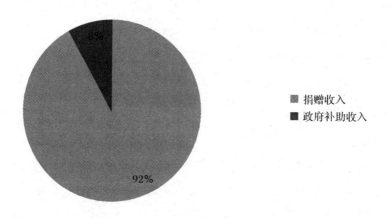

图12-3 武侯社区发展基金会资金来源占比图(2018年)

根据以上图表分析发现,虽然社区基金会的资金来源途径有很多种,但作为新成立的社区发展基金会,其资金来源的方式还是以捐赠收入为主,以政府补助收入为辅。

**2. 资助公益项目的特点**

武侯社区发展基金会时刻围绕自身"社区基金会"这一定位进行资助,扮演好支持社区公益事业的"输血者"角色,培育社区社会资本的动员者角色,促进居民参与社区公共事务、鼓励居民维护社区共享权益的领导者角色,协调利益相关者潜在冲突、有效回应并满足社区需求的协调者角色。武侯社区发展基金会一般不直接运营公益项目,而是通过捐赠一定数额的资金设立具有冠名权的基金,即专项基金,以此来构建能够解决社区需求、回应居民诉求、多方参与社区治理发展的格局。微基金则是专项基金的一种,只因各基金会的要求不同,设立的门槛金额相对专项基金数额更小,故称之为微基金。

设立专项基金是一种有效的筹资模式,可以依托基金会享受税收优惠待遇,解决合法性问题,自身又具有一定的独立性,同时借力基金会筹资平台,实现筹资途径的多元化、多渠道媒体宣传报道、筹资项目一体化,有效提升专项基金/微基金知名度及品牌影响力。设立专项基金是一种实现捐赠人意愿的平台、一种项目管理和推广的方式,有利于品牌管理、专户管理、捐赠者细化管理、策略管理和风险控制,有特定的管理文件、管理队伍,还会吸收企业家、专家进入,同时可扩展相应的能力资源。设立专项基金有利于捐赠主体的监督和社会的监督、特定的账户管理、专款专用,信息查询更为容易,资金使用合法、公开、透明化,随时接受公众监督,捐赠主体可履行其监督权和知情权。设立专项基金后,基金会可以提供精细化咨询、策略管理、风险控制,将捐赠人的捐赠与社区基金会的捐赠资产结合一起,可以有效实现资金的保值增值,基金的收入留续永存,继续用于支持本地社区发展。

那么如何在武侯社区发展基金会下设专项基金/微基金呢?武侯社区发展基金会主要做了如下三点规定:一是金额要求。专项基金的启动资金不少于10万元,每年注入资金总额原则上不低于启动资金的30%;微基金的启动资金不少于3000元,每年投入资金不少于启动资金的50%。二是资质要求。能够提供相关合法、有效证件的政府部门,信誉良好的企事业单位、社会组织和无不良记录的家庭及个人,才能设立专项基金。三是管理要求。专项基金及微基金需成立管理委员会。申请流程主要分为六步:第一步,发起方提出设计申请,递交文件设立申请书、承诺书、背景信息收集表、专项基金管理委员信息表、微基金管理人员信息表;第二步,基金会秘书处进行审核;第三步,签订合作协议,专项基金需成立管理委员会,微基金需成立工作组;第四步,划入启动资金,开具相应票据,完善手续;第五步,发布专项基金/微基金的正式成立公告,并发布相关信息;第六步,围绕设立宗旨开展活动。具体设立流程和使用流程如图12-4和图12-5所示。

# 第十二章 在地方注册的非公募基金会典型案例分析

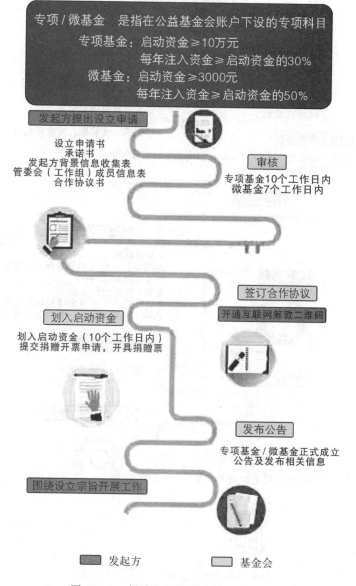

图 12-4 专项基金/微基金设立流程图

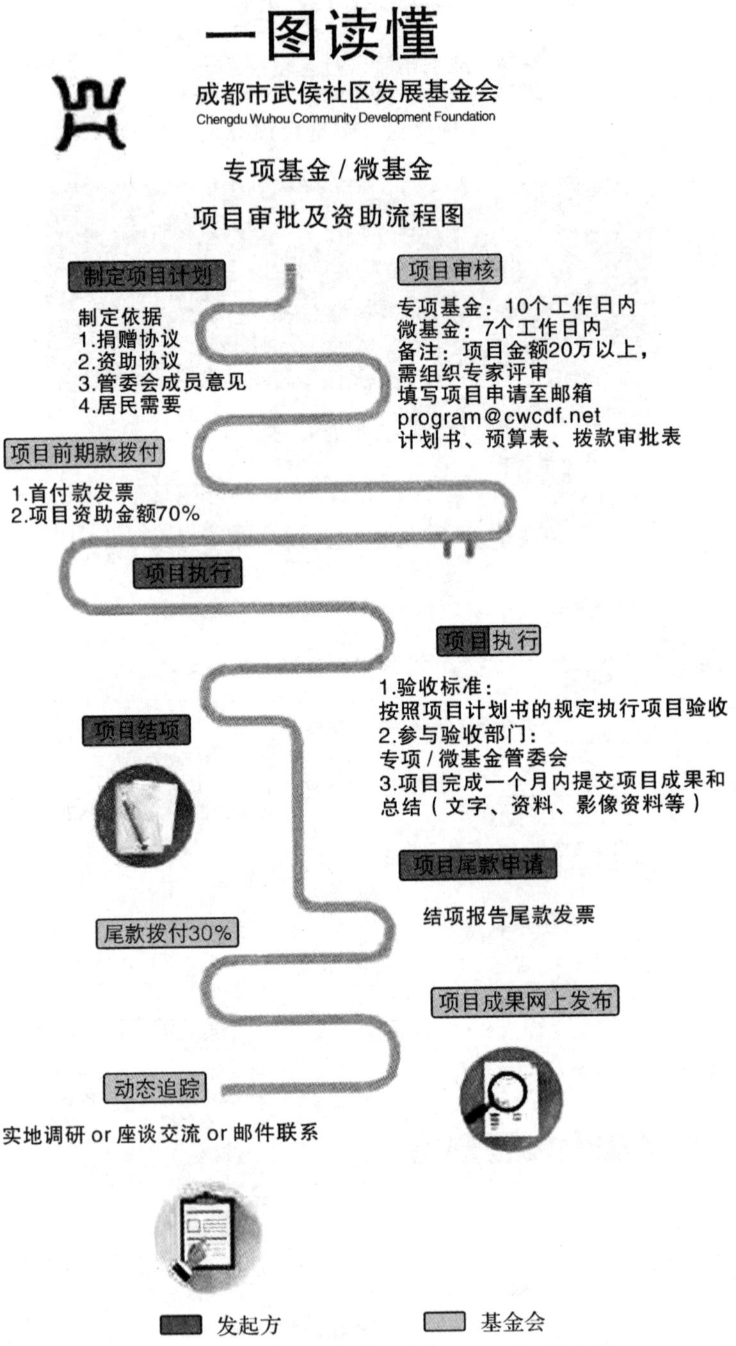

图 12-5 专项基金/微基金项目审批及资助流程图

在项目申请和审批方面,武侯社区发展基金会有一整套相关体系和流程,使申请人一目了然,体现出武侯社区发展基金会在资助过程中严谨、公正、高效的工作态度。

3. 资金的使用与控制

武侯社区发展基金会官网上有专门的信息披露栏目,其中披露了基金会的相关数据(收入概要、支出概要、资产构成、行政费用)、捐赠信息、年度审计报告、规章与资质。同时,在官网首页披露了历史累计捐赠总额和历年累计捐赠人次,因为信息披露的全面性、充分性和及时性,做到了基金会的信息公开透明,又在一定程度上激励了大众捐赠的热情。

## 四、专家点评

武侯社区发展基金会作为四川首家社区基金会一直不断探索,走在了全市同行的前面,"春耕计划"的诞生标志着成都市社区治理的社会化平台开始发挥作用,多元治理主体逐步走向成熟。

——时任成都市民政局机关党委书记 江维

## 五、推荐阅读资料

1. 成都市武侯社区发展基金会官方网站:http://m.cwcdf.net.
2. 武侯社区发展基金会正式成立[N]. 今日武侯,2018-08-11.
3. 成都武侯启动2019"春耕计划"重点扶持公益及社区服务项目. 人民网,2019-04-12.

# 第十三章 全国性公益社会团体典型案例分析

## 案例一 中华慈善总会

### 学习目标

- 了解中华慈善总会的治理结构
- 了解中华慈善总会的资金运作模式
- 理解中华慈善总会的项目资金运作特点

### 一、案例概述

**(一)组织简介**

中华慈善总会成立于1994年,是经中国政府批准依法注册登记,由热心慈善事业的公民、法人及其他社会组织志愿参加的全国性非营利公益社会团体,目前在全国拥有401个会员单位。其宗旨是:发扬人道主义精神,弘扬中华民族扶贫济困的传统美德,帮助社会上不幸的个人和困难群体,开展多种形式的社会救助工作。中华慈善总会自成立至今,始终坚持恪守总会宗旨,积极倡导慈善意识,努力开拓慈善工作的服务领域,广泛动员社会力量,多方筹措慈善资金,配合政府有关部门在紧急救援、扶贫济困、安老助孤、医疗救助、助学支教等方面做了大量工作,取得了显著成绩。

近年来,中华慈善总会特别注意发挥其本身所特有的涵盖面较为广泛的特点,开展了救灾、扶贫、安老、助孤、支教、助学、扶残、助医八大方面几十个慈善项目,逐步形成了遍布全国、规模巨大的慈善援助体系。截至目前,中华慈善总会直接募集慈善款物共折合人民币1200多亿元,数以千万计的困难群众得到了不同形式的救助。中华慈善总会实行严格的财务制度和审计制度,聘请了知名会计师事务所进行年度财务审计,重大募捐活动接受国家审计署的审计,并随时接受社会监督。中华慈善总会始终坚持公开、公正、依法、自律的财务理念,社会公信力稳步提高。

中华慈善总会不断加强对外联络工作,与港澳台和海外的许多公益慈善机构建立了良好的合作关系,并共同实施了多项合作计划,得到了国际慈善组织的普遍认同。1998年,中华慈善总会加入了国际联合劝募协会(现更名为"全球联合之路"),成为该组织中在中国大陆的重要会员。

中华慈善总会组织结构如图13-1所示。会员代表大会是最高决策机构,会员代表大会下设理事会与常务理事会,常务理事会下设会长办公会,会长办公会设分支机构、业务部门、总会媒体。该基金会的第五届理事会由91名理事组成。党委办公室协助党委做好党的组织、宣传、督查等相关工作。办公厅负责总会的行政、人事、后勤等工作。筹募部负责接受社会各界捐赠、开展慈善项目合作等工作。项目部负责慈善项目的设立、实施和管理等工作。对外联络部负责外事接待、对外合作以及团体会员联络等工作。财务部负责总会的财务工作以及社会捐款的财务管理。宣传部负责信息收集、新闻宣传、政策理论研究等工作。监事会

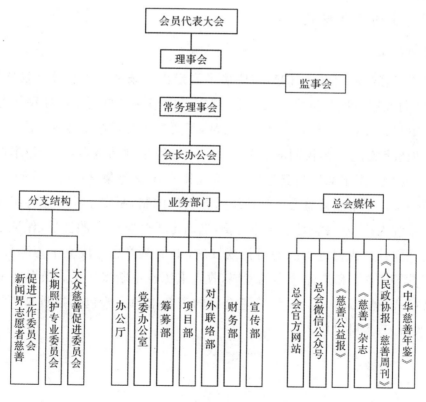

图13-1 中华慈善总会组织结构图

依照章程规定的程序检查财务和会计资料，监督理事会遵守法律和章程的情况，参与调查处理申诉、举报事项。值得一提的是，中华慈善总会下设三个分支机构。一是中华慈善总会新闻界志愿者慈善促进工作委员会。中华慈善总会新闻界志愿者慈善促进工作委员会是2010年12月在国家民政部正式登记的中华慈善总会的分支机构，是我国新闻界第一个慈善志愿者组织，多年来在总会的指导下，积极开展"一张纸献爱心行动""先心病儿童救助行动""包虫病救助行动"等特色公益项目，助力国家脱贫攻坚。二是长期照护专业委员会。该委员会旨在让从事照护服务的机构和从业者拥有行业归属感，致力于让中国高龄、失能、需要关怀的老年人拥有尊严和高质量的晚年生活。委员会长期以来从事老年人长期照护的护理培训、教材编撰以及敬老院管理等培训工作，同时开展了一系列紧急救援行动，创立了"中国紧急救灾应急联合照护模式"。三是大众慈善促进委员会。大众慈善促进委员会秉承"让大众参与慈善，让慈善惠及大众"的理念，开展了中慈爱心图书室、关爱女性健康、关爱青少年、关爱军人家庭等多个慈善项目，并通过编印《大众慈善》杂志促进全国慈善经验交流，积极推动慈善文化传播。中华慈善总会机构的组织规模较为精简，分工明确，运作效率较高。

**（二）资金的运作模式**

**1. 资金的来源**

中华慈善总会从创立之日起，就明确了要走出一条慈善组织独立发展的道路。1995年11月在第一次会员代表大会上，确立了中华慈善总会全国性民间慈善团体的地位。中华慈善总会"不要一分财政拨款，不要一个行政事业编制，不要一个现职公务员"，积极创建一个纯民间的慈善组织。积极筹集创始基金，采取存本取息的方式，将每年的利息用于维持自身运转，在成立第一年就筹集2000多万元，迈出财务独立的第一步。中华慈善总会突破传统财务科目体制，制定了符合慈善组织实际情况的财务系统支持，不仅满足了业务需要，也确定了受赠资产的性质，保证了受赠资产使用的独立性。为促进组织的可持续发展，中华慈善总会成立了筹募部，负责筹集慈善捐款等工作。随着基金会的发展，收入来源也不断多样化。根据2017—2018年的财务报表（见表13-1）显示，该基金会的资金来源主要包括捐赠收入和会费收入、投资收益、政府补助收入。

表 13-1 2017—2018 年中华慈善总会财务报表收入    单位：人民币/元

| 项目 | 行次 | 上年数(2017年) | | | 本年数(2018年) | | |
|---|---|---|---|---|---|---|---|
| | | 非限定性 | 限定性 | 合计 | 非限定性 | 限定性 | 合计 |
| 一、收入 | | | | | | | |
| 其中：捐赠收入 | 1 | 17134984.78 | 21788265478.97 | 21805400463.75 | 15145846.19 | 10560123200.78 | 10575269046.97 |
| 会费收入 | 2 | 265800.00 | | 265800.00 | 273800.00 | | 273800.00 |
| 提供服务收入 | 3 | | | | | | |
| 商品销售收入 | 4 | | | | | | |
| 政府补助收入 | 5 | | 1000000.00 | 1000000.00 | | 500000.00 | 500000.00 |
| 投资收益 | 6 | 20208096.60 | | 20208096.60 | 17386799.99 | | 17386799.99 |
| 其他收入 | 7 | 1209953.26 | | 1209953.26 | 462210.91 | | 462210.91 |
| 收入合计 | 8 | 38818834.64 | 21789265478.97 | 21828084313.61 | 33268657.09 | 10560623200.78 | 10593891857.87 |

## 2. 资金的使用

自1998年总会初步确立社会组织接收救灾捐赠主体地位以来，总会历经张北地震、98抗洪赈灾、抗击非典、南方低温雨雪冰冻灾、西南地区旱灾、汶川地震、舟曲泥石流、玉树地震、鲁甸地震以及印度洋海啸、日本地震等十多次救灾捐赠活动，筹募的捐赠款物达50多亿元（包括各地慈善会汇缴的20多亿元），取得了令人瞩目的成绩。

中华慈善总会的资金使用特点在财务报表的业务活动成本一栏中得到了充分的体现。以2017和2018年度为例（见表13-2）。

表 13-2 2017—2018 年中华慈善总会财务报表业务活动成本    单位：人民币/元

| 项目 | 行次 | 上年数(2017年) | | | 本年数(2018年) | | |
|---|---|---|---|---|---|---|---|
| | | 非限定性 | 限定性 | 合计 | 非限定性 | 限定性 | 合计 |
| 二、费用 | | | | | | | |
| (一)业务活动成本 | 9 | 19220614781.49 | | 19220614781.49 | 15721218558.86 | | 15721218558.86 |
| (二)管理费用 | 10 | 15496958.58 | | 15496958.58 | 17401904.70 | | 17401904.70 |
| (三)筹资费用 | 11 | | | | | | |
| (四)其他费用 | 12 | | | | | | |
| 费用合计 | 13 | 19236111740.07 | | 19236111740.07 | 15738620463.56 | | 15738620463.56 |
| 三、限定性净资产转为非限定性净资产 | 14 | 19219901221.49 | -19219901221.49 | 0 | 15720857760.86 | -15720857760.86 | 0 |
| 四、净资产变动额（若为净资产减少额，以"一"号填列） | 15 | 22608316.06 | 2569364257.48 | 2591972573.54 | 15505954.39 | -5160234560.08 | -5144728605.69 |

中华慈善总会将每个大项目下具体资助的小项目名称及资助资金公开列示在官网上,做到了基本财务信息的公开透明。下面对中华慈善总会的一些主要公益项目进行介绍。

(1)救灾扶贫类项目。

贫困母亲救助项目是中华慈善总会于2010年设立的慈善项目,该项目面向全社会募集资金,其宗旨是帮助那些因遭遇各种不幸的单亲母亲和贫困母亲,帮助她们解决生活中的困难,改善她们的生活环境,包括子女就学、就医等,让她们感受到来自社会各界的关爱,从而激励她们发扬自强不息、艰苦奋斗的精神,勇敢地去面对生活的磨砺,摆脱暂时的困窘,用自己勤劳的双手创造美好的生活。依托贫困母亲救助项目,中华慈善总会2018年在河北滦平县、隆化县开展实施了贫困家庭救助活动,该项目的救助范围已涉及救灾扶贫、安老助孤、助医助学等慈善领域。由于该项目公开透明,运作规范,深受贫困母亲家庭的喜爱,曾被受助人誉为"母亲的阳光"。这一大类公益慈善项目还包括了"善济病困项目"、"抗击新冠肺炎,中华慈善总会在行动!"、"慈善情暖万家"扶贫济困活动等具体公益项目。

(2)助医扶残类项目。

①微笑列车唇腭裂修复慈善项目。微笑列车唇腭裂修复慈善项目(以下简称微笑列车项目)是中华慈善总会与美国微笑列车基金会自1999年合作开展的专门救治贫困唇腭裂患者的慈善项目。项目开展20余年来,已经完成手术近40万例,投入资金将近14亿元人民币,是在我国开展时间最早、持续时间最长、规模最大、与政府联系最紧密的专项唇腭裂患者救助项目。2007年起,国家卫生部、中华口腔医学会成为项目新的合作伙伴,形成四方合作、各司其职的合作项目。2018年微笑列车项目累计支出3663万元人民币,完成手术12572例,共有项目定点医院316家。

②捷恪卫患者援助项目。捷恪卫患者援助项目于2017年8月在中国正式启动,援助对象为原发性骨髓纤维化(18周岁以上)、真性红细胞增多症继发的骨髓纤维化(18周岁以上)、原发性血小板增多症继发的骨髓纤维化(18周岁以上)患者,项目旨在让所有能从捷恪卫药品中获得有效治疗的贫困或因病致贫的中国患者获得免费捷恪卫药品救助。截至2018年底,项目在全国设立发药点38个,在全国拥有项目注册医生958位。2018年全年,项目接受来自瑞士诺华制药公司捐赠的捷恪卫药品6.17万盒,价值人民币超过4.94亿元;2018年全年,项目发放援助药品3.37万盒,价值人民币近2.70亿元,累计受助人数2016人。

(3)支教助学类项目。

"《慈善读本》捐赠暨'慈善文化进校园'"项目由中华慈善总会于2011年11月8

日启动,由万达集团和爱心人士周森捐赠 11 万册《慈善读本》给 8 个省市 100 余所中小学校的 11 万中小学生。慈善的意义不仅在于助人,更在于育人。慈善意识的培养、慈善文化的熏陶要从孩子抓起。为此,总会联合全国各地慈善会及教育部门广泛开展了"慈善文化进校园"项目,以向中小学生赠阅《慈善读本》为载体,丰富学生们的养成教育,提升他们的慈善意识,使慈善文化在各地蔚然成风,浓厚了和谐社会的氛围,被公众誉为"种子项目""基因项目"。

(4)安老助孤类项目。

①埃克森美孚项目。2018 年 8 月,埃克森美孚(中国)石油有限公司资助 10 万元在天津塘沽开展"社区老年人爱心安全扶手项目",经过 3 个月的实施,为天津滨海新区新港街道 3 个老旧社区的 77 栋居民楼、300 个门洞的一楼入口处安装了安全扶手,直接受益户数 6000 余户,约 1.2 万人。

②汇丰中华慈善老人关怀项目。1997 年,中华慈善总会携手汇丰银行共同启动汇丰中华慈善老人关怀项目。汇丰中华慈善老人关怀项目是以发动社会力量关怀老人为宗旨,所捐款项主要用于养老护理培训、养老护理职业技能教程编写、养老论坛及紧急救灾等救助活动。自建立以来,汇丰中华慈善老人关怀项目陆续为全国近 80 家养老院捐赠价值超过人民币 1000 万元生活必需品和设施设备。从 2000 年举办第一期全国养老院院长培训班开始,到 2018 年底,共举办 11 期,培训了 30 个省、市、区的超过 1100 名院长。从 2002 年开始到 2018 年底,共举办了 14 届养老论坛,超过 4500 人次参加,探讨养老业的发展趋势和出路。汇丰银行资助中华慈善总会举办了 21 期全国贫困地区、打工子弟聚集地区的农村小学教师培训班,培训农村小学骨干教师 1200 多名,直接受益师生达数十万,对推动当地农村小学教育起到积极作用。2004 年至今,汇丰中华慈善老人关怀项目与民政部、人力资源和社会保障部合作编写出版了中国第一本国家指定的养老护理职业技能教程,规范了服务操作技能,向 14 个省、市、区的数百家养老院捐赠了 15000 套书。2018 年,汇丰银行项目执行金额超过 246 万元。农村失能失智老人长期照护项目执行完成了四川、河北和安徽 3 个省份的 3 家农村敬老院项目点的标准化改造及培训养老院院长和护理员的工作;失能失智老年人照护质量提升项目在陕西渭南、安徽阜阳、山西太原、甘肃兰州、广西南宁、河北张家口、湖南浏阳、吉林、内蒙古巴彦淖尔、山东青岛、上海、天津、云南昆明、新疆乌鲁木齐、四川绵竹、北京、黑龙江哈尔滨的 17 家养老机构执行完成了服务质量评鉴工作;农村进城务工青年就业项目,2018 年 8 月通过立项,12 月第十四届全国老年人院院长论坛暨第三届长期照护学术年会成功举办。

(5)专项基金类项目。

①北京银行大爱基金项目。北京银行大爱基金项目是北京银行信用卡中心2014年和中华慈善总会共同发起并设立的,该项目是通过爱心人士申卡、消费爱心捐赠、捐款绿色通道等具有慈善功能的产品,展现人与人之间的真情和信赖,以微小善举,无疆大爱,打造出一个传递爱心的可持续性公益平台,呼吁和倡导更多的社会爱心人士参与和支持慈善事业。北京银行大爱基金项目筹集捐赠资金1000多万元人民币,定向用于安老助孤、扶危济困以及用于对经济欠发达地区贫困师生的帮扶,更新教学设施,改善学习环境,旨在为贫困地区的学生营造一个良好的学习环境。北京银行大爱基金项目2018年在新疆维吾尔自治区和田吉亚乡第一中学捐建一间爱心电脑教室,惠及900多名学生,项目实施共计拨付救助金240139元人民币。

②丹寨扶贫专项基金。万达集团每年捐赠5000万元成立丹寨扶贫专项基金,基金用于丹寨兜底扶贫,旨在覆盖那些所有产业扶贫阳光照射不到的群体,将款项分配给丹寨县特殊困难人群。首期5000万元扶贫基金2017年初已发放到丹寨县3.83万特殊困难人群和建档立卡贫困户手中,当年使丹寨贫困人口人均收入超过国家贫困线。2018年第二期扶贫基金5000万元也已发放。万达集团包县帮扶丹寨后,在贵州省扶贫开发工作成效考核中,丹寨县的综合指数排名由2014年的第23位上升到2016年的第2位,其中群众满意度全省排名第1位。

(6)其他公益慈善类项目。

中华慈善总会大众慈善促进委员会以自办的《大众慈善》杂志对全国各地慈善会的新闻动态和优秀慈善项目免费宣传、免费赠阅,对于促进慈善经验交流、传播慈善理念发挥了重要作用。

## 二、案例思考

(1)中华慈善总会善款来源的方式有哪些?

(2)中华慈善总会如何提高捐赠资金的使用效率?

(3)中华慈善总会在信息披露的内容和方式上有什么值得借鉴的地方?

## 三、案例分析

**1. 资金来源的特点**

根据中华慈善总会2015—2018年的审计报告,摘取主要收入来源分析如表13-3所示。

表 13-3 中华慈善总会主要收入来源占总收入比率表

| 年份<br>收入 | 2018 | 2017 | 2016 | 2015 |
|---|---|---|---|---|
| 捐赠收入 | 99.8% | 99.8% | 99.9% | 99.8% |
| 会费收入 | 0.02% | 0.01% | 0.01% | 0.02% |
| 政府补助收入 | 0.04% | 0.05% | 0.05% | 0.08% |
| 投资收益 | 0.01% | 0.09% | 0.02% | 0.04% |
| 其他收入 | 0.13% | 0.05% | 0.02% | 0.06% |

根据中华慈善总会收入来源比例分析发现,中华慈善总会总体收入来源所占比例每年比较平稳,捐赠收入占据绝对地位。从整体上来看,中华慈善总会筹集资金的主要方式是捐赠收入,其他收入来源占比十分微小。

**2. 资助公益项目的特点**

中华慈善总会自 1998 年初步确立社会组织接收救灾捐赠主体地位,在救灾捐赠主体的基础上逐步发展为覆盖扶贫、医疗、教育等多方位的资助模式。中华慈善总会时刻围绕自身宗旨支持民间公益行为,通过开展扶贫项目、助孤项目、扶残项目、支教助学项目、助医项目、专项基金等彰显价值。中华慈善总会始终将精准扶贫作为重中之重列入年度工作要点,充分发挥自身资源优势,与各地各级慈善会形成联动,共同聚力贫困地区,在创新脱贫模式、注重脱贫效果上狠下功夫,开展了扶贫、医疗、儿童、教育、助残等领域的 30 多个慈善公益项目,为改变贫困地区面貌作出了贡献。

中华慈善总会持续开展各类慈善项目,社会效益成效显著。药品援助项目持续发展,并将其作为医疗扶贫的重要举措。在多个品种进入医保、改变援助模式的形势下,努力做好开展援助的项目。同时做好降价进医保项目终止的善后工作,继续努力做好保留的援助项目,大力拓展新项目。

中华慈善总会积极加强对外交往,合作项目成效明显。总会充分利用自身优势,发挥自身在国内与国际的影响力,不断增进与境外慈善组织、机构及相关企业的沟通交流,积极拓展联络渠道、开发慈善项目、共享慈善资源,促进了多层面、多领域、多版块、多项目的稳定合作。

中华慈善总会稳固扩大宣传阵地,慈善故事深入人心。充分发挥总会自有媒体的宣传阵地作用,始终坚持正确的政治方向和舆论导向,及时准确地传达党和国家的方针政策,传达民政部指示精神,反映总会工作动态与各地慈善会信息,宣传总会重大活动和重点项目,形成了各具特色、各有所长、分工协作的工作机制,为提升慈善行业整体形象、促进总会品牌建设提供了优质保证。

**3. 资金的使用与控制**

中华慈善总会官网上有专门的信息公开栏目,其中披露了中华慈善总会的年度报告、审计报告、总会年报、慈善年鉴、线上线下捐赠公示。每一项都会涉及资金数额的披露。对于资金使用的监督和管理在审计报告、年检报告中都有详细的体现,中华慈善总会每一周都会对线上线下捐赠的资金做公示,做到公开透明,有据可查。

## 四、专家点评

2020年是我国发展历程中具有里程碑意义的一年。前不久,党的十九届五中全会站在"两个一百年"奋斗目标的历史交汇点上,深刻指明了今后一个时期我国发展的指导方针、目标任务、战略举措,明确要求"健全多层次社会保障体系""发挥第三次分配作用,发展慈善事业,改善收入和财富分配格局""完善帮扶残疾人、孤儿等社会福利制度",为慈善事业的高质量发展提供了科学指南,也为中华慈善总会和全国慈善会系统的工作提供了根本遵循。

——时任全国人大社会建设委员会副主任委员、中华慈善总会会长 宫蒲光

温暖中国的电影《半条棉被》即将上影,潇影集团响应中华慈善总会"善济病困工程",与轻松集团一起,不忘初心,牢记使命,砥砺前行,将电影票房的一部分捐献给"善济病困工程",帮助那些被大病困扰的贫困家庭,真正实现初心至善、服务为民的革命理念。

——时任潇湘电影集团党委委员、副总经理 廖华军

## 五、推荐阅读资料

1. 中华慈善总会官方网站:http://www.chinacharityfederation.org/.
2. 中国社会组织政务服务平台:http://www.chinanpo.gov.cn/.

# 案例二 中国红十字会

### 学习目标

- 了解中国红十字会的治理结构
- 了解中国红十字会的资金运作模式
- 理解中国红十字会的项目资金运作特点

# 第十三章 全国性公益社会团体典型案例分析

## 一、案例概述

### （一）组织简介

中国红十字会总会由中华人民共和国国务院领导、联系，具有社会团体法人资格。《中华人民共和国红十字会法》规定，全国建立中国红十字会总会，对外代表中国红十字会，对内指导全国红十字会的工作。中国红十字会作为我国统一的红十字组织，它是一个从事人道主义工作的社会救助团体，也是国际红十字运动的重要成员。中国红十字会的宗旨是：保护人的生命和健康，维护人的尊严，发扬人道主义精神，促进和平进步事业。

中国红十字会于1904年成立，成立以后主要从事救助难民、救护伤兵和赈济灾民活动，为减轻遭受战乱和自然灾害侵袭的民众的痛苦而积极工作，同时积极参加国际人道主义救援活动。新中国成立后，中国红十字会在1950年进行了协商改组，由周恩来总理亲自主持并修改了《中国红十字会章程》。1952年，中国红十字会恢复了在国际红十字运动中的合法席位。一直以来，中国红十字会遵守宪法和法律，遵循国际红十字运动基本原则，根据中国参加的《日内瓦公约》及其附加议定书，认真履行法定职责，充分发挥其在人道领域的政府助手作用，对促进我国经济社会发展做出了非常重要的贡献，成为社会主义和谐社会建设的重要力量、精神文明建设的生力军和民间外交的重要渠道。

根据中国红十字会官网信息显示，中国红十字会总会共设有6个部门、9个直属单位。总会内设的6个部门包括办公室、赈济救护部、筹资与财务部、组织宣传部、联络部、机关党委（人事部）。9个直属单位包括中国红十字会总会机关服务中心、中国红十字会总会训练中心、中国红十字会总会备灾救灾中心、中国红十字会援外物资供应站、中国造血干细胞捐献者资料库管理中心、中国人体器官捐献管理中心、中国红十字会总会事业发展中心、中国红十字基金会、中国红十字会总会报刊社（中国红十字网络中心）。

全国会员代表大会是中国红十字会的最高权力机关。全国会员代表大会每五年召开一次，由中国红十字会理事会召集。全国会员代表大会的代表由总会和地方红十字会推选的会员代表以及与有关部门协商产生的代表和特邀代表组成。代表比例由常务理事会根据会员人数和红十字事业发展需要决定。全国会员代表大会决议由到会代表半数以上表决通过后生效。全国会员代表大会的主要职权包括：选举中国红十字会理事；修改《中国红十字会章程》；审议批准理事会的工作报告；审议批准理事会提交的工作规划；决定中国红十字会的重大事项。理事会主要负责在全国会员代表大会闭会期间执行其决议。理事会的任期为五年。理事会每年召开一次。常务理事会对理事会负责，并且接受其监督。常务理事会由理事会选举产生的常务理事组成。常务理事会会议每年召开两次。执行委员会对常务理事会负责。执行委员会由驻总会的专职常务理事组成。常务副会长任执行委员会主任并担任中国红十字会总会法定代表人。

### (二)资金的运作模式

#### 1. 资金的来源

目前中国红十字会资金来源主要包括三方面：第一，政府资助。这部分资金来源主要包括两个部分：一部分来源于政府的拨款，主要用于人员、机构的运作以及项目经费，《中华人民共和国红十字会法》规定了政府应对其经费的使用履行监督的职责，并对其活动进行监督。另一部分来源于彩票公益金。第二，国际捐赠来源。这部分资金来源主要包括两个部分，一部分是国际组织的捐赠，另一部分是国际企业的捐赠。第三，社会公众捐赠。这部分资金来源包括限定性捐赠和非限定性捐赠。限定性捐赠明确规定捐给具体地区或组织，进行公益慈善事业。非限定性捐赠部分，主要用于机构的发展和从事非限定性的公益慈善事业。

根据2018年度中国红十字会总会的财务报表显示，中国红十字会总会的收入中，大部分收入来源于捐赠收入，占70.83%。其次是其他收入、会费收入，分别占28.91%、0.26%。各级红十字会都建立了经费审查监督制度，接受审计部门审计和相关部门监督。关于会费的使用和管理，按《中国红十字会会费管理办法》的规定执行。对接受境内外组织和个人捐赠款物的使用和管理，按《中国红十字会募捐和接受捐赠工作管理办法》的规定执行(见表13-4)。

中国红十字会总会是中国红十字基金会的业务主管单位。省级红十字会可依法建立基金会，地方红十字会可设立专项基金。

表13-4 2018年度中国红十字会总会财务报表收入　　　　单位：人民币/元

| 项目 | 行次 | 上年数 | | | 本年数 | | |
| --- | --- | --- | --- | --- | --- | --- | --- |
| | | 非限定性 | 限定性 | 合计 | 非限定性 | 限定性 | 合计 |
| 一、收入 | | | | | | | |
| 其中：捐赠收入 | 1 | 6802860.95 | 41870382.92 | 48673243.87 | 13240421.10 | 34089569.15 | 47329990.25 |
| 会费收入 | 2 | 73679.00 | | 73679.00 | 173755.77 | | 173755.77 |
| 提供服务收入 | 3 | | | | | | |
| 商品销售收入 | 4 | | | | | | |
| 政府补助收入 | 5 | | | | | | |
| 投资收益 | 6 | 6532296.78 | | 6532296.78 | | | |
| 其他收入 | 9 | 11579581.98 | 81916.11 | 11661498.09 | 19249057.16 | 65117.13 | 19314174.29 |
| 收入合计 | 11 | 24988418.71 | 41952299.03 | 66940717.74 | 32663234.03 | 34154686.28 | 66817920.31 |

**2. 资金的使用**

中国红十字会系统的整个资金的分配使用,主要包括四个步骤。第一个步骤是由理事会特别是常务理事会确定捐助或是资金使用的范围,目前"三救"和"三献"是重点。第二个步骤是要经过执委会研究讨论确定结果。第三个步骤是专家的评审程序,由救援、救护、干细胞器官捐献等各类专家团队执行,比如"博爱家园"项目,全部由专家团队以无记名的方式对各省的资金进行评审和支持。第四个步骤是监督。它不仅仅是对资金使用的监督,而且还包括对效率进行监督。以 2020 年新冠疫情为例,在抗击新冠疫情的过程中,中国红十字会对于资金使用的分配管理做出了以下规定。

①所筹集的捐赠资金使用范围包括购置疫情防控物资、人道救助支出、社区健康促进支出、根据政府要求和疫情防控需要的其他方面支出。捐赠物资根据物资用途和实际需求来安排使用。原则上,除非捐赠方有明确的捐赠要求,各地红十字会接受的捐赠款物将重点用于支持疫情高发地区湖北省武汉市,也可根据本地疫情的实际情况统筹用于本地区的疫情防控。

②各级组织根据所接受的捐赠款物及时制定使用或分配方案,并将执行落实情况报告总会。捐赠款物要根据捐赠协议或捐赠方意愿及时用于疫情防控,切实做到专款专用、专物专用。对于因特殊原因不能满足捐赠方意愿的,应及时与捐赠方沟通并取得对方同意后使用。

③本次疫情防控中的非定向捐赠款物,由省级红十字会根据"三重一大"的要求进行集体研究审批。按照集体审批意见,省级红十字会的相关职能部门负责捐赠物资和资金的分配使用管理,财务部门负责审核拨付捐赠资金,监事会负责跟踪监督。

④物资发放时,应由发放方和受助方分别派出两名工作人员在场,做好交接手续,同时做好记录,对发放现场进行拍照或摄像,发放过程文字记载和照片形式要同时留存,照片应至少保留 2~3 张。情况紧急的,可以简化程序,但要保存好交接记录,并在事后做出说明。

⑤经确定由捐赠方与最终受助方直接交接的物资,纳入出入库程序管理,根据接收物资的受助方出具的接收凭据、交接清单等,由相关职能部门会同财务部门同时做捐赠物资出入库记录,并在财务核算上记收入和支出。

⑥在本次疫情防控所接收的捐赠款物,各省级红十字会一律不得提取管理费。红十字基金会要严格按照《中华人民共和国慈善法》和国务院《基金会管理条例》相关规定执行。

根据 2018 年的财务报表分析发现。中国红十字会独特的资金使用特点在财务报表的业务活动成本一栏中得到了充分的体现。以2018年度中国红十字会总会为例，业务活动成本2017年占比88.7%，2018年占比约为98%（见表13-5）。

表13-5 2018年度中国红十字会总会财务报表费用　　　　单位：人民币/元

| 项目 | 行次 | 上年数 | | | 本年数 | | |
|---|---|---|---|---|---|---|---|
| | | 非限定性 | 限定性 | 合计 | 非限定性 | 限定性 | 合计 |
| 二、费用 | | | | | | | |
| （一）业务活动成本 | 12 | 90623933.58 | | 90623933.58 | 200985306.62 | | 200985306.62 |
| （二）管理费用 | 21 | 8648166.66 | | 8648166.66 | 3096027.96 | | 3096027.96 |
| （三）筹资费用 | 24 | 2621471.11 | | 2621471.11 | 44278.72 | | 44278.72 |
| （四）其他费用 | 28 | 199020.00 | | 199020.00 | | | |
| 费用合计 | 35 | 102092591.35 | | 102092591.35 | 204125613.30 | | 204125613.30 |

中国红十字会将每个大项目下具体资助的小项目名称及资助资金公开列示在官网上，做到了基本财务信息的公开透明。下面对中国红十字会的一些主要公益项目进行介绍。

(1)红十字人道服务类项目。

该类项目主要通过健康服务工作交流调研，将不断完善红十字大病救助的管理模式作为其主要目标；通过备灾仓库维护、全国性救灾干部训练和演练、救护标准化培训、器官捐献数据完善、艾滋病关爱模式推广、境外干细胞检索等工作来保障红十字备灾、救灾、救护、健康服务、无偿献血、造血干细胞和遗体、人体器官捐赠等工作正常运转，提高红十字会在人道服务领域的专业化水平；通过应急救助金的发放，扩大因自然灾害受损的群众受助范围。

(2)红十字组织建设与人道文化传播类项目。

这类项目以积极稳妥理顺市、县级红十字会的管理体制，健全组织机构，增强红十字基层组织力量，为红十字事业发展提供组织保障，使红十字工作真正落到基层、落到实处为主要目标。完善红十字会法人治理结构，健全民主决策程序，强化决策和监督职能。积极推进国际人道法和人道文化传播，使社会认同度和参与度不断提升。

(3)国际组织会费类项目。

该类项目以通过及时、合规缴纳会费和常规性缴款，和红十字国际组织与其他国际组织交流和合作，增强中国红十字会在国际红十字运动中的话语权和影响力，提高执行国际项目的能力为主要目标。

(4)红十字国际与港澳台交流类项目。

该类项目以参加国际红十字运动相关会议、国际组织的各专业培训,与出访国家红十字会开展业务交流,与出访国家红十字会达成合作意向,完成总会对台湾地区红十字组织和香港、澳门特别行政区红十字会的既定工作,配合年度外事计划,服务外事活动等为主要目标。

## 二、案例思考

(1)中国红十字会善款来源的方式有哪些?
(2)中国红十字会及中国红十字会总会的内在关系及运作模式如何?
(3)中国红十字会如何进行信息公开?
(4)中国红十字会对我国公益事业发展的主要作用有哪些?

## 三、案例分析

**1. 资金来源的特点**

根据中国红十字会 2012—2018 年的审计报告,摘取主要收入来源分析如表 13-6 和图 13-2 所示。

表 13-6 中国红十字会主要收入来源占总收入比率表(摘自 2012—2018 年度报告)

| | 2012 | 2013 | 2014 | 2015 | 2016 | 2017 | 2018 |
|---|---|---|---|---|---|---|---|
| 捐赠收入 | 92.25% | 95.42% | 94.70% | 94.60% | 80.43% | 72.71% | 70.83% |
| 会员会费收入 | 0.02% | 0.001% | 0.001% | 0.007% | 0.006% | 0.11% | 0.26% |
| 动产不动产收入 | 7.72% | 4.64% | 2.95% | 5.40% | 19.56% | 17.42% | 28.90% |

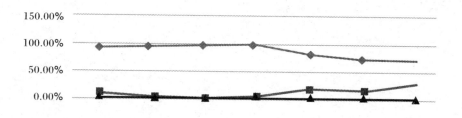

图 13-2 中国红十字会捐赠收入占总收入百分比动态图(2012—2018 年)

根据以上图表分析发现,虽然各项收入占比各年总收入的比率存在一定的波动,但从整体上来看,中国红十字会筹集资金的主要方式是捐赠收入,其次是动产不动产收入,会员会费收入占比十分微小。

**2. 资助公益项目的特点**

以2018年人道基金收支情况审计报告为例来看，人道基金收入占全年总收入的10.57%，人道基金的支出占全年总支出的70.80%。中国红十字会尽最大努力确保资助基金发挥最大作用。

**3. 资金的使用与控制**

中国红十字会官网上有专门的信息公开栏目，其中披露了中国红十字会的部门预算、部门决算、年度审计报告、专项审计报告、绩效评价报告。每一项都会涉及资金数额的披露。由于中国红十字会一直以来都处于公众谈论的焦点，通过近几年的审计报告分析发现，中国红十字会在信息披露上更加严谨。从中国红十字会官网的首页可以直接查看中国红十字总会接受使用捐款物的动态，公众可以了解中国红十字会的每一笔收入与支出，这对提升公众信任，起到了关键性的作用。

## 四、专家点评

中国特色红十字事业作为中国特色社会主义事业的重要组成部分，中国红十字会作为党和政府在人道领域联系群众的桥梁和纽带，其职责和使命与党的使命和以人民为中心的发展思想高度契合。

——2017年《中国红十字报》

## 五、推荐阅读资料

1. 中国红十字会官方网站：https://www.redcross.org.cn.
2. 王晓霞.非营利组织内部控制的问题研究——以中国红十字会为例[D].济南：山东财经大学，2013.

# 附 录

附表一 复利终值系数表

| 期数 | 1% | 2% | 3% | 4% | 5% | 6% | 7% | 8% | 9% | 10% |
|---|---|---|---|---|---|---|---|---|---|---|
| 1 | 1.0100 | 1.0200 | 1.0300 | 1.0400 | 1.0500 | 1.0600 | 1.0700 | 1.0800 | 1.0900 | 1.1000 |
| 2 | 1.0201 | 1.0404 | 1.0609 | 1.0816 | 1.1025 | 1.1236 | 1.1449 | 1.1664 | 1.1881 | 1.2100 |
| 3 | 1.0303 | 1.0612 | 1.0927 | 1.1249 | 1.1576 | 1.1910 | 1.2250 | 1.2597 | 1.2950 | 1.3310 |
| 4 | 1.0406 | 1.0824 | 1.1255 | 1.1699 | 1.2155 | 1.2625 | 1.3108 | 1.3605 | 1.416 | 1.4641 |
| 5 | 1.0510 | 1.1041 | 1.1593 | 1.2167 | 1.2763 | 1.3382 | 1.4026 | 1.4693 | 1.5383 | 1.6105 |
| 6 | 1.0615 | 1.2620 | 1.1941 | 1.2653 | 1.3401 | 1.4185 | 1.5007 | 1.5809 | 1.6771 | 1.7716 |
| 7 | 1.0721 | 1.1487 | 1.2299 | 1.3159 | 1.4071 | 1.5036 | 1.6058 | 1.7138 | 1.8280 | 1.9487 |
| 8 | 1.0829 | 1.1717 | 1.2668 | 1.3686 | 1.4775 | 1.5938 | 1.7182 | 1.8509 | 1.9926 | 2.1436 |
| 9 | 1.0937 | 1.1951 | 1.3048 | 1.4233 | 1.5513 | 1.6895 | 1.8285 | 1.9990 | 2.1719 | 2.3579 |
| 10 | 1.1046 | 1.2190 | 1.3439 | 1.4802 | 1.6289 | 1.7908 | 1.9672 | 2.1589 | 2.3674 | 2.5937 |
| 11 | 1.1157 | 1.2434 | 1.3842 | 1.5395 | 1.7103 | 1.8983 | 2.1049 | 2.3316 | 2.5804 | 2.8531 |
| 12 | 1.1268 | 1.2682 | 1.4258 | 1.6010 | 1.7959 | 2.0122 | 2.2522 | 2.5182 | 2.8127 | 3.1384 |
| 13 | 1.1381 | 1.2936 | 1.4685 | 1.6651 | 1.8856 | 2.1329 | 2.4098 | 2.7196 | 3.0658 | 3.4526 |
| 14 | 1.1495 | 1.3195 | 1.5126 | 1.7317 | 1.9799 | 2.2609 | 2.5785 | 2.9372 | 3.3417 | 3.7975 |
| 15 | 1.1610 | 1.3459 | 1.5580 | 1.8009 | 2.0789 | 2.3966 | 2.7590 | 3.1722 | 3.6425 | 4.1772 |
| 16 | 1.1726 | 1.3728 | 1.6047 | 1.8730 | 2.1829 | 2.5404 | 2.9522 | 3.4259 | 3.9703 | 4.5950 |
| 17 | 1.1843 | 1.4002 | 1.6528 | 1.9479 | 2.2920 | 2.6928 | 3.1588 | 3.7000 | 4.3276 | 5.0545 |
| 18 | 1.1961 | 1.4282 | 1.7024 | 2.0258 | 2.4066 | 2.8543 | 3.3799 | 3.9960 | 4.7171 | 5.5599 |
| 19 | 1.2081 | 1.4568 | 4.7535 | 2.1068 | 2.5270 | 3.0256 | 3.6165 | 4.3157 | 5.1417 | 6.1159 |
| 20 | 1.2202 | 1.4859 | 1.8061 | 2.1911 | 2.6533 | 3.2071 | 2.8697 | 4.6610 | 5.6044 | 6.7275 |
| 21 | 1.2324 | 1.5157 | 1.8603 | 2.2788 | 2.7860 | 3.3996 | 4.1406 | 5.0338 | 6.1088 | 7.4002 |
| 22 | 1.2447 | 1.5460 | 1.9161 | 2.3699 | 2.9253 | 3.6035 | 4.4304 | 5.4365 | 6.6586 | 8.1403 |
| 23 | 1.2572 | 1.5769 | 1.9736 | 2.4647 | 3.0715 | 3.8197 | 4.7405 | 5.8715 | 7.2579 | 8.2543 |
| 24 | 1.2696 | 1.6084 | 2.0328 | 2.5633 | 3.2251 | 4.0489 | 5.0724 | 6.3412 | 7.911 | 9.8497 |
| 25 | 1.2824 | 1.6406 | 2.0938 | 3.6658 | 3.3864 | 4.2919 | 5.4272 | 6.8485 | 8.6231 | 10.8350 |
| 26 | 1.2953 | 1.6734 | 2.1566 | 2.7725 | 3.5557 | 4.5494 | 5.8074 | 7.3964 | 9.3992 | 11.9180 |
| 27 | 1.3082 | 1.7069 | 2.2213 | 2.8834 | 3.7335 | 4.8823 | 6.2139 | 7.9881 | 10.2450 | 13.1100 |
| 28 | 1.3213 | 1.7410 | 2.2879 | 2.9887 | 3.9201 | 5.1117 | 6.6488 | 8.6271 | 11.1670 | 14.4210 |
| 29 | 1.3345 | 1.7758 | 2.3566 | 3.1187 | 4.1161 | 5.4184 | 7.1143 | 9.3173 | 12.1720 | 15.8630 |
| 30 | 1.3478 | 1.8114 | 2.4273 | 3.2434 | 4.3219 | 5.7435 | 7.6123 | 10.0630 | 13.2680 | 17.4490 |
| 40 | 1.4889 | 2.2080 | 3.2620 | 4.8010 | 7.0400 | 10.2860 | 14.7940 | 21.7250 | 31.4080 | 45.2590 |
| 50 | 1.6446 | 2.6916 | 4.3839 | 7.1067 | 11.4570 | 18.4200 | 29.4570 | 46.9020 | 74.3580 | 117.3900 |
| 60 | 1.8167 | 3.2810 | 5.8916 | 10.5200 | 18.6790 | 32.9880 | 57.9460 | 101.2600 | 176.0300 | 304.4800 |

续表

| 期数 | 12% | 14% | 15% | 16% | 18% | 20% | 24% | 28% | 32% | 36% |
|---|---|---|---|---|---|---|---|---|---|---|
| 1 | 1.1200 | 1.1400 | 1.1500 | 1.1600 | 1.1800 | 1.2000 | 1.2400 | 1.2800 | 1.3200 | 1.3600 |
| 2 | 1.2544 | 1.2996 | 1.3225 | 1.3456 | 1.3924 | 1.4400 | 1.5376 | 1.6384 | 1.7424 | 1.8496 |
| 3 | 1.4049 | 1.4815 | 1.5209 | 1.5609 | 1.6430 | 1.7280 | 1.9066 | 2.0872 | 2.3000 | 2.5155 |
| 4 | 1.5735 | 1.6890 | 1.7490 | 1.8106 | 1.9388 | 2.0736 | 2.3642 | 2.6844 | 3.0360 | 3.4210 |
| 5 | 1.7623 | 1.9254 | 2.0114 | 2.1003 | 2.2878 | 2.4883 | 2.9316 | 3.4360 | 4.0075 | 4.6526 |
| 6 | 1.9738 | 2.1950 | 2.3131 | 2.4364 | 2.6996 | 2.9860 | 3.6352 | 4.3980 | 5.2899 | 6.3275 |
| 7 | 2.2107 | 2.5023 | 2.6600 | 2.8262 | 3.1855 | 3.5832 | 4.5077 | 5.6295 | 6.9826 | 8.6054 |
| 8 | 2.4760 | 2.8526 | 3.0590 | 3.2784 | 3.7589 | 4.2998 | 5.5895 | 7.2508 | 9.2170 | 11.7030 |
| 9 | 2.7731 | 3.2519 | 3.5179 | 3.8030 | 4.4355 | 5.1598 | 6.9310 | 9.2234 | 12.1660 | 15.9170 |
| 10 | 3.1058 | 3.7072 | 4.0456 | 4.4114 | 5.2338 | 6.1917 | 8.5944 | 11.806 | 16.060 | 21.6470 |
| 11 | 3.4785 | 4.2262 | 4.6524 | 5.1773 | 6.1759 | 7.4301 | 10.6570 | 15.1120 | 21.1190 | 40.4390 |
| 12 | 3.8960 | 4.8179 | 5.3503 | 5.9360 | 7.2876 | 8.9161 | 13.2150 | 19.3430 | 27.9830 | 40.0370 |
| 13 | 4.3635 | 5.4924 | 6.1528 | 6.8858 | 8.5994 | 10.6990 | 16.3860 | 24.7590 | 36.9370 | 54.4510 |
| 14 | 4.8871 | 6.2613 | 7.0957 | 7.9875 | 10.1470 | 12.8390 | 20.3190 | 31.6910 | 48.7570 | 74.0530 |
| 15 | 5.4736 | 7.1379 | 8.1371 | 9.2655 | 11.9740 | 15.4070 | 25.1960 | 40.5650 | 64.3590 | 100.710 |
| 16 | 6.1304 | 8.1372 | 9.3576 | 10.7480 | 14.1290 | 18.4880 | 31.2430 | 51.9230 | 84.9540 | 136.970 |
| 17 | 6.8660 | 9.2765 | 10.7610 | 12.4680 | 16.6720 | 22.1860 | 38.7410 | 66.46101 | 112.140 | 186.280 |
| 18 | 7.6900 | 10.575 | 12.375 | 14.468 | 19.673 | 26.623 | 48.039 | 86.071 | 148.02 | 253.34 |
| 19 | 8.6128 | 12.056 | 14.232 | 16.777 | 23.214 | 31.948 | 59.568 | 108.89 | 195.39 | 344.54 |
| 20 | 9.6463 | 13.743 | 16.367 | 19.461 | 27.393 | 38.338 | 73.864 | 139.38 | 257.92 | 468.57 |
| 21 | 10.804 | 15.668 | 18.822 | 22.574 | 32.324 | 46.005 | 91.592 | 178.41 | 340.45 | 637.26 |
| 22 | 12.100 | 17.861 | 21.645 | 26.186 | 38.142 | 55.206 | 113.57 | 228.36 | 449.39 | 866.67 |
| 23 | 13.552 | 20.362 | 24.891 | 30.376 | 45.008 | 66.247 | 140.83 | 292.30 | 593.20 | 1178.7 |
| 24 | 15.179 | 23.212 | 28.625 | 35.236 | 53.109 | 79.497 | 174.63 | 374.14 | 783.02 | 1603.0 |
| 25 | 17.000 | 26.462 | 32.919 | 40.874 | 62.669 | 95.396 | 216.54 | 478.90 | 1033.6 | 2180.1 |
| 26 | 19.040 | 30.167 | 37.857 | 47.414 | 73949 | 114.48 | 268.51 | 613.00 | 1364.3 | 2964.9 |
| 27 | 21.325 | 34.390 | 43.535 | 55.000 | 87.260 | 137.37 | 332.95 | 784.64 | 1800.9 | 4032.3 |
| 28 | 23.884 | 39.204 | 50.066 | 63.800 | 102.97 | 164.84 | 412.86 | 1004.3 | 2377.2 | 5483.9 |
| 29 | 26.750 | 44.693 | 57.575 | 74.009 | 121.50 | 197.81 | 511.95 | 1285.6 | 3137.9 | 7458.1 |
| 30 | 29.960 | 50.950 | 66.212 | 85.850 | 143.37 | 237.38 | 634.82 | 1645.5 | 4142.1 | 10143.0 |
| 40 | 93.051 | 188.83 | 267.86 | 378.72 | 750.38 | 1469.8 | 5455.9 | 19427.0 | 6521.0 | * |
| 50 | 289.00 | 700.23 | 1083.7 | 1670.7 | 3927.4 | 9100.4 | 46890.0 | * | * | * |
| 60 | 897.60 | 2595.9 | 4384.0 | 7370.2 | 20555.0 | 56348.0 | * | * | * | * |

*＞9999

附表二 复利现值系数表

| 期数 | 1% | 2% | 3% | 4% | 5% | 6% | 7% | 8% | 9% | 10% |
|---|---|---|---|---|---|---|---|---|---|---|
| 1 | 0.9901 | 0.9804 | 0.9709 | 0.9615 | 0.9524 | 0.9434 | 0.9346 | 0.9259 | 0.9174 | 0.9091 |
| 2 | 0.9803 | 0.9712 | 0.9426 | 0.9246 | 0.9070 | 0.8900 | 0.8734 | 0.8573 | 0.8417 | 0.8264 |
| 3 | 0.9706 | 0.9423 | 0.9151 | 0.8890 | 0.8638 | 0.8396 | 0.8163 | 0.7938 | 0.7722 | 0.7513 |
| 4 | 0.9610 | 1.9238 | 0.8885 | 0.8548 | 0.8227 | 0.7921 | 0.7629 | 0.7350 | 0.7084 | 0.6830 |
| 5 | 0.9515 | 0.9057 | 0.8626 | 0.8213 | 0.7835 | 0.7473 | 0.7130 | 0.6806 | 0.6499 | 0.6209 |
| 6 | 0.9420 | 0.8880 | 0.8375 | 0.7903 | 0.7462 | 0.7050 | 0.6663 | 0.6302 | 0.5963 | 0.5645 |
| 7 | 0.9327 | 0.8606 | 0.8131 | 0.7599 | 0.7107 | 0.6651 | 0.6227 | 0.5835 | 0.5470 | 0.5132 |
| 8 | 0.9235 | 0.8535 | 0.7874 | 0.7307 | 0.6768 | 0.6274 | 0.5820 | 0.5403 | 0.5019 | 0.4665 |
| 9 | 0.9143 | 0.8368 | 0.7664 | 0.7026 | 0.6446 | 0.5919 | 0.5439 | 0.5002 | 0.4604 | 0.4241 |
| 10 | 0.9053 | 0.8203 | 0.7441 | 0.6756 | 0.6139 | 0.5584 | 0.5083 | 0.4632 | 0.4224 | 0.3855 |
| 11 | 0.8963 | 0.8043 | 0.7224 | 0.6496 | 0.5847 | 0.5268 | 0.4751 | 0.4289 | 0.3875 | 0.3505 |
| 12 | 0.8874 | 0.7885 | 0.7014 | 0.6246 | 0.5568 | 0.4970 | 0.4440 | 0.3971 | 0.3555 | 0.3186 |
| 13 | 0.8787 | 0.7730 | 0.6810 | 0.6006 | 0.5303 | 0.4688 | 0.4150 | 0.3677 | 0.3262 | 0.2897 |
| 14 | 0.8700 | 0.7579 | 0.6611 | 0.5775 | 0.5051 | 0.4423 | 0.3878 | 0.3405 | 0.2992 | 0.2633 |
| 15 | 0.8613 | 0.7430 | 0.6419 | 0.5553 | 0.4810 | 0.4173 | 0.3624 | 0.3152 | 0.2745 | 0.2394 |
| 16 | 0.8528 | 0.7284 | 0.6232 | 0.5339 | 0.4581 | 0.3936 | 0.3387 | 0.2919 | 0.2519 | 0.2176 |
| 17 | 0.8444 | 0.7142 | 0.6050 | 0.5134 | 0.4363 | 0.3714 | 0.3166 | 0.2703 | 0.2311 | 0.1978 |
| 18 | 0.8360 | 0.7002 | 0.5874 | 0.4936 | 0.4155 | 0.3503 | 0.2959 | 0.2502 | 0.2120 | 0.1799 |
| 19 | 0.8277 | 0.6864 | 0.5703 | 0.4746 | 0.3957 | 0.3305 | 0.2765 | 0.2317 | 0.1945 | 0.1635 |
| 20 | 0.8195 | 0.6730 | 0.5537 | 0.4564 | 0.3769 | 0.3118 | 0.2584 | 0.2145 | 0.1784 | 0.1486 |
| 21 | 0.8114 | 0.6598 | 0.5375 | 0.4388 | 0.3589 | 0.2942 | 0.2415 | 0.1987 | 0.1637 | 0.1351 |
| 22 | 0.8034 | 0.6468 | 0.5219 | 0.4220 | 0.3418 | 0.2775 | 0.2257 | 0.1839 | 0.1502 | 0.1228 |
| 23 | 0.7954 | 0.6342 | 0.5067 | 0.4057 | 0.3256 | 0.2618 | 0.2109 | 0.1703 | 0.1378 | 0.1117 |
| 24 | 0.7876 | 0.6217 | 0.4919 | 0.3901 | 0.3101 | 0.2470 | 0.1971 | 0.1577 | 0.1264 | 0.1015 |
| 25 | 0.7798 | 0.6095 | 0.4776 | 0.3751 | 0.2953 | 0.2330 | 0.1842 | 0.1460 | 0.1160 | 0.0923 |
| 26 | 0.7720 | 0.5976 | 0.4637 | 0.3604 | 0.2812 | 0.2198 | 0.1722 | 0.1352 | 0.1064 | 0.0839 |
| 27 | 0.7644 | 0.5859 | 0.4502 | 0.3468 | 0.2678 | 0.2074 | 0.1609 | 0.1252 | 0.0976 | 0.0763 |
| 28 | 0.7568 | 0.5744 | 0.4371 | 0.3335 | 0.2551 | 0.1956 | 0.1504 | 0.1159 | 0.0895 | 0.0693 |
| 29 | 0.7493 | 0.5631 | 0.4243 | 0.3207 | 0.2429 | 0.1846 | 0.1406 | 0.1073 | 0.0822 | 0.0630 |
| 30 | 0.7419 | 0.5521 | 0.4120 | 0.3083 | 0.2314 | 0.1741 | 0.1314 | 0.0994 | 0.7540 | 0.5730 |
| 35 | 0.7059 | 0.5000 | 0.3554 | 0.2534 | 0.1813 | 0.1301 | 0.0937 | 0.0676 | 0.0490 | 0.0356 |
| 40 | 0.6717 | 0.4529 | 0.3066 | 0.2083 | 0.1420 | 0.0972 | 0.0668 | 0.0460 | 0.0318 | 0.0221 |
| 45 | 0.6391 | 0.4102 | 0.2644 | 0.1712 | 0.1113 | 0.0727 | 0.0476 | 0.0313 | 0.0207 | 0.0137 |
| 50 | 0.6080 | 0.3715 | 0.2281 | 0.1407 | 0.0872 | 0.0543 | 0.0339 | 0.0213 | 0.0134 | 0.0085 |
| 55 | 0.5785 | 0.3365 | 0.1968 | 0.1157 | 0.0683 | 0.0406 | 0.0242 | 0.0145 | 0.0087 | 0.0053 |

续表

| 期数 | 12% | 14% | 15% | 16% | 18% | 20% | 24% | 28% | 32% | 36% |
|---|---|---|---|---|---|---|---|---|---|---|
| 1 | 0.8929 | 0.8772 | 0.8696 | 0.8621 | 0.8475 | 0.8333 | 0.8065 | 0.7813 | 0.7576 | 0.7353 |
| 2 | 0.7972 | 0.7695 | 0.7561 | 0.7432 | 0.7182 | 0.6944 | 0.6504 | 0.6104 | 0.5739 | 0.5407 |
| 3 | 0.7118 | 0.6750 | 0.6575 | 0.6407 | 0.6086 | 0.5787 | 0.5245 | 0.4768 | 0.4348 | 0.3975 |
| 4 | 0.6355 | 0.5921 | 0.5718 | 0.5523 | 0.5158 | 0.4823 | 0.4230 | 0.3725 | 0.3294 | 0.2923 |
| 5 | 0.5674 | 0.5194 | 0.4972 | 0.4762 | 0.4371 | 0.4019 | 0.3411 | 0.2910 | 0.2495 | 0.2149 |
| 6 | 0.5066 | 0.4556 | 0.4323 | 0.4104 | 0.3704 | 0.3349 | 0.2751 | 0.2274 | 0.1890 | 0.1580 |
| 7 | 0.4523 | 0.3996 | 0.3759 | 0.3538 | 0.3139 | 0.2791 | 0.2218 | 0.1776 | 0.1432 | 0.1162 |
| 8 | 0.4038 | 0.3506 | 0.3269 | 0.3050 | 0.2660 | 0.2326 | 0.1789 | 0.1388 | 0.1085 | 0.0854 |
| 9 | 0.3606 | 0.3075 | 0.2843 | 0.2630 | 0.2255 | 0.1938 | 0.1443 | 0.1084 | 0.0822 | 0.0628 |
| 10 | 0.3220 | 0.2697 | 0.2472 | 0.2267 | 0.1911 | 0.1615 | 0.1164 | 0.0847 | 0.0623 | 0.0462 |
| 11 | 0.2875 | 0.2366 | 0.2149 | 0.1954 | 0.1619 | 0.1346 | 0.0938 | 0.0662 | 0.0472 | 0.0340 |
| 12 | 0.2567 | 0.2076 | 0.1869 | 0.1685 | 0.1373 | 0.1122 | 0.0757 | 0.0517 | 0.0357 | 0.0250 |
| 13 | 0.2292 | 0.1821 | 0.1625 | 0.1452 | 0.1163 | 0.0935 | 0.0610 | 0.0404 | 0.0271 | 0.0184 |
| 14 | 0.2046 | 0.1597 | 0.1413 | 0.1252 | 0.0985 | 0.0779 | 0.0492 | 0.0316 | 0.0205 | 0.0135 |
| 15 | 0.1827 | 0.1401 | 0.1229 | 0.1079 | 0.0835 | 0.0649 | 0.0397 | 0.0247 | 0.0155 | 0.0099 |
| 16 | 0.1631 | 0.1229 | 0.1069 | 0.0980 | 0.0709 | 0.0541 | 0.0320 | 0.0193 | 0.0118 | 0.0073 |
| 17 | 0.1456 | 0.1078 | 0.0989 | 0.0802 | 0.0600 | 0.0451 | 0.0259 | 0.0150 | 0.0089 | 0.0054 |
| 18 | 0.1300 | 0.0946 | 0.0808 | 0.0691 | 0.0508 | 0.0376 | 0.0208 | 0.0118 | 0.0068 | 0.0039 |
| 19 | 0.1161 | 0.0829 | 0.0703 | 0.0596 | 0.0431 | 0.0313 | 0.0168 | 0.0092 | 0.0051 | 0.0029 |
| 20 | 0.1037 | 0.0728 | 0.0611 | 0.0514 | 0.0365 | 0.0261 | 0.0135 | 0.0072 | 0.0039 | 0.0021 |
| 21 | 0.0926 | 0.0638 | 0.0531 | 0.0443 | 0.0309 | 0.0217 | 0.0109 | 0.0056 | 0.0029 | 0.0016 |
| 22 | 0.0826 | 0.0560 | 0.0462 | 0.0382 | 0.0262 | 0.0181 | 0.0088 | 0.0044 | 0.0022 | 0.0012 |
| 23 | 0.0738 | 0.0491 | 0.0402 | 0.0329 | 0.0222 | 0.0151 | 0.0071 | 0.0034 | 0.0017 | 0.0008 |
| 24 | 0.0659 | 0.0431 | 0.0349 | 0.0284 | 0.0188 | 0.0126 | 0.0057 | 0.0027 | 0.0013 | 0.0006 |
| 25 | 0.0588 | 0.0378 | 0.0304 | 0.0245 | 0.0160 | 0.0105 | 0.0046 | 0.0021 | 0.0010 | 0.0005 |
| 26 | 0.0525 | 0.0331 | 0.0264 | 0.0211 | 0.0135 | 0.0087 | 0.0037 | 0.0016 | 0.0007 | 0.0003 |
| 27 | 0.0469 | 0.0291 | 0.0230 | 0.0182 | 0.0115 | 0.0073 | 0.0030 | 0.0013 | 0.0006 | 0.0002 |
| 28 | 0.0419 | 0.0255 | 0.0200 | 0.0157 | 0.0097 | 0.0061 | 0.0024 | 0.0010 | 0.0004 | 0.0002 |
| 29 | 0.0374 | 0.0224 | 0.0174 | 0.0135 | 0.0082 | 0.0051 | 0.0020 | 0.0008 | 0.0003 | 0.0001 |
| 30 | 0.0334 | 0.0196 | 0.0151 | 0.0116 | 0.0070 | 0.0042 | 0.0016 | 0.0006 | 0.0002 | 0.0001 |
| 35 | 0.0189 | 0.0102 | 0.0075 | 0.0055 | 0.0030 | 0.0017 | 0.0005 | 0.0002 | 0.0001 | * |
| 40 | 0.0107 | 0.0053 | 0.0037 | 0.0026 | 0.0013 | 0.0007 | 0.0002 | 0.0001 | * | * |
| 45 | 0.0061 | 0.0027 | 0.0019 | 0.0013 | 0.0006 | 0.0003 | 0.0001 | * | * | * |
| 50 | 0.0035 | 0.0014 | 0.0009 | 0.0006 | 0.0003 | 0.0001 | * | * | * | * |
| 55 | 0.0020 | 0.0007 | 0.0005 | 0.003 | 0.0001 | * | * | * | * | |

*<0.0001

附表三　年金终值系数表

| 期数 | 1% | 2% | 3% | 4% | 5% | 6% | 7% | 8% | 9% | 10% |
|---|---|---|---|---|---|---|---|---|---|---|
| 1 | 1.0000 | 1.0000 | 1.0000 | 1.0000 | 1.0000 | 1.0000 | 1.0000 | 1.0000 | 1.0000 | 1.0000 |
| 2 | 2.0100 | 2.0200 | 2.0300 | 2.0400 | 2.0500 | 2.0600 | 2.0700 | 2.0800 | 2.0900 | 2.1000 |
| 3 | 3.0301 | 3.0604 | 3.0909 | 3.1216 | 3.1525 | 3.1836 | 3.2149 | 3.2464 | 3.2781 | 3.3100 |
| 4 | 4.0604 | 4.1216 | 4.1836 | 4.2465 | 4.3101 | 4.3746 | 4.4399 | 4.5061 | 4.5731 | 4.6410 |
| 5 | 5.1010 | 5.2040 | 5.3091 | 5.4163 | 5.5256 | 5.56371 | 5.7507 | 5.8666 | 5.9847 | 6.1051 |
| 6 | 6.1520 | 6.3081 | 6.4684 | 6.6330 | 6.8019 | 6.9753 | 7.1533 | 7.3359 | 7.5233 | 7.7156 |
| 7 | 7.2135 | 7.4343 | 7.6625 | 7.8983 | 8.1420 | 8.3938 | 8.6540 | 8.9228 | 9.2004 | 9.4872 |
| 8 | 8.2857 | 8.5830 | 8.8923 | 9.2142 | 9.5491 | 9.8975 | 10.260 | 10.637 | 11.028 | 11.436 |
| 9 | 9.3685 | 9.7546 | 10.159 | 10.583 | 11.027 | 11.491 | 11.978 | 12.488 | 13.021 | 13.579 |
| 10 | 10.462 | 10.950 | 11.464 | 12.006 | 12.578 | 13.181 | 13.816 | 14.487 | 15.193 | 15.937 |
| 11 | 11.567 | 12.169 | 12.808 | 13.486 | 14.207 | 14.972 | 15.784 | 16.645 | 17.560 | 18.531 |
| 12 | 12.683 | 13.412 | 14.192 | 15.026 | 15.917 | 16.870 | 17.888 | 18.977 | 20.141 | 21.384 |
| 13 | 13.809 | 14.680 | 15.618 | 16.627 | 17.713 | 18.882 | 20.141 | 21.495 | 22.953 | 24.523 |
| 14 | 14.947 | 15.974 | 17.086 | 18.292 | 19.599 | 21.015 | 22.550 | 24.214 | 26.019 | 27.975 |
| 15 | 16.097 | 17.293 | 18.599 | 20.024 | 21.579 | 23.276 | 25.129 | 27.152 | 29.361 | 31.772 |
| 16 | 17.258 | 18.639 | 20.157 | 21.825 | 23.657 | 25.673 | 27.888 | 30.324 | 33.003 | 35.950 |
| 17 | 18.430 | 20.012 | 21.762 | 23.698 | 25.840 | 28.213 | 30.840 | 33.750 | 36.974 | 40.545 |
| 18 | 19.615 | 21.412 | 23.414 | 25.645 | 28.132 | 30.906 | 33.999 | 37.450 | 41.301 | 45.599 |
| 19 | 20.811 | 22.841 | 25.117 | 27.671 | 30.539 | 33.760 | 37.379 | 41.446 | 46.018 | 51.159 |
| 20 | 22.019 | 24.297 | 26.870 | 29.778 | 33.066 | 36.786 | 40.995 | 45.752 | 51.160 | 57.275 |
| 21 | 23.239 | 25.783 | 28.676 | 31.969 | 35.719 | 39.993 | 44.865 | 50.423 | 56.765 | 64.002 |
| 22 | 24.472 | 27.299 | 30.537 | 34.248 | 38.505 | 43.392 | 49.006 | 55.457 | 62.873 | 71.403 |
| 23 | 25.716 | 28.845 | 32.453 | 36.618 | 41.430 | 46.996 | 53.436 | 60.883 | 69.532 | 79.543 |
| 24 | 26.973 | 30.422 | 34.426 | 39.083 | 44.502 | 50.816 | 58.177 | 66.765 | 76.790 | 88.497 |
| 25 | 28.243 | 32.030 | 36.459 | 41.646 | 47.727 | 54.863 | 63.294 | 73.106 | 84.701 | 98.347 |
| 26 | 29.526 | 33.671 | 38.553 | 44.312 | 51.113 | 59.156 | 68.676 | 79.954 | 93.324 | 109.18 |
| 27 | 30.821 | 35.344 | 40.710 | 47.084 | 54.669 | 63.706 | 74.484 | 87.351 | 102.72 | 121.10 |
| 28 | 32.129 | 37.051 | 42.931 | 49.968 | 58.403 | 68.528 | 80.698 | 95.339 | 112.97 | 134.21 |
| 29 | 33.450 | 38.792 | 45.219 | 52.966 | 62.323 | 73.640 | 87.347 | 103.97 | 124.14 | 148.63 |
| 30 | 34.785 | 40.568 | 47.575 | 56.085 | 66.439 | 79.058 | 94.461 | 113.28 | 136.31 | 164.49 |
| 40 | 48.886 | 60.402 | 75.401 | 95.026 | 120.80 | 154.76 | 199.64 | 259.06 | 337.88 | 442.59 |
| 50 | 64.463 | 84.579 | 112.80 | 152.67 | 209.35 | 290.34 | 406.53 | 573.77 | 815.08 | 1163.9 |
| 60 | 81.670 | 114.05 | 163.05 | 237.99 | 353.58 | 533.13 | 813.52 | 1253.2 | 1944.8 | 3034.8 |

续表

| 期数 | 12% | 14% | 15% | 16% | 18% | 20% | 24% | 28% | 32% | 36% |
|---|---|---|---|---|---|---|---|---|---|---|
| 1 | 1.0000 | 1.0000 | 1.0000 | 1.0000 | 1.0000 | 1.0000 | 1.0000 | 1.0000 | 1.0000 | 1.0000 |
| 2 | 2.1200 | 2.1400 | 2.1500 | 2.1600 | 2.1800 | 2.2000 | 2.2400 | 2.2800 | 2.3200 | 2.3600 |
| 3 | 3.3744 | 3.4396 | 3.4725 | 3.5056 | 3.5724 | 3.6400 | 3.7776 | 3.9184 | 3.0624 | 3.2096 |
| 4 | 4.7793 | 4.9211 | 4.9934 | 5.0665 | 5.2154 | 5.3680 | 5.6842 | 6.0156 | 6.3624 | 6.7251 |
| 5 | 6.3528 | 6.6101 | 6.7424 | 6.8771 | 7.1542 | 7.4416 | 8.0484 | 8.6999 | 9.3983 | 10.146 |
| 6 | 8.1152 | 8.5355 | 8.7537 | 8.9775 | 9.4420 | 9.9299 | 10.980 | 12.136 | 13.406 | 14.799 |
| 7 | 10.089 | 10.730 | 11.067 | 11.414 | 12.142 | 12.916 | 14.615 | 16.534 | 19.696 | 21.126 |
| 8 | 12.300 | 13.233 | 13.727 | 14.240 | 15.327 | 16.499 | 19.123 | 22.163 | 25.678 | 29.732 |
| 9 | 14.776 | 16.085 | 16.786 | 17.519 | 19.086 | 20.799 | 24.712 | 29.369 | 34.895 | 41.435 |
| 10 | 17.549 | 19.337 | 20.304 | 21.321 | 23.521 | 25.959 | 31.643 | 38.593 | 47.062 | 57.352 |
| 11 | 20.655 | 23.045 | 24.349 | 25.733 | 28.755 | 32.150 | 40.238 | 50.398 | 63.122 | 78.998 |
| 12 | 24.133 | 27.271 | 29.002 | 30.850 | 34.931 | 39.581 | 50.895 | 65.510 | 84.320 | 108.44 |
| 13 | 28.029 | 32.089 | 34.352 | 36.786 | 42.219 | 48.497 | 64.110 | 84.853 | 112.30 | 148.47 |
| 14 | 32.393 | 37.581 | 40.505 | 43.672 | 50.818 | 59.196 | 80.496 | 109.61 | 149.24 | 202.93 |
| 15 | 37.280 | 43.842 | 47.580 | 51.660 | 60.965 | 72.035 | 100.82 | 141.30 | 198.00 | 276.98 |
| 16 | 42.753 | 50.980 | 55.717 | 60.925 | 72.939 | 87.442 | 26.01 | 181.87 | 262.36 | 377.69 |
| 17 | 48.884 | 59.118 | 65.075 | 71.673 | 87.068 | 105.93 | 157.25 | 233.79 | 347.31 | 514.66 |
| 18 | 55.750 | 68.394 | 75.836 | 84.141 | 103.74 | 128.12 | 195.99 | 300.25 | 459.45 | 770.94 |
| 19 | 63.440 | 78.969 | 88.212 | 98.603 | 123.41 | 154.71 | 244.03 | 385.32 | 607.47 | 954.28 |
| 20 | 72.052 | 91.025 | 102.44 | 115.38 | 146.63 | 186.69 | 303.60 | 494.21 | 802.86 | 1298.8 |
| 21 | 81.699 | 104.77 | 118.81 | 134.84 | 174.02 | 225.03 | 377.46 | 633.59 | 1060.8 | 1767.4 |
| 22 | 92.503 | 120.44 | 137.63 | 157.41 | 206.34 | 271.03 | 469.06 | 812.00 | 1401.2 | 2404.7 |
| 23 | 104.60 | 138.30 | 158.28 | 183.60 | 244.49 | 326.24 | 582.63 | 1040.4 | 1850.6 | 3271.3 |
| 24 | 118.16 | 185.66 | 184.17 | 213.98 | 289.49 | 329.48 | 723.46 | 1332.7 | 2443.8 | 4450.0 |
| 25 | 133.33 | 181.87 | 212.79 | 249.21 | 342.60 | 417.98 | 898.09 | 1706.8 | 3226.8 | 6053.0 |
| 26 | 150.33 | 208.33 | 245.71 | 290.09 | 405.27 | 567.38 | 1114.6 | 2185.7 | 4260.4 | 8233.1 |
| 27 | 169.37 | 238.50 | 283.57 | 337.50 | 479.22 | 681.85 | 1381.1 | 2798.7 | 5624.8 | 11198.0 |
| 28 | 190.7 | 272.89 | 327.10 | 392.50 | 566.48 | 819.22 | 1716.1 | 3583.3 | 7425.7 | 15230.3 |
| 29 | 214.58 | 312.09 | 377.17 | 456.30 | 669.45 | 984.07 | 2129.0 | 4587.7 | 9802.9 | 20714.2 |
| 30 | 241.33 | 356.79 | 434.75 | 530.31 | 790.95 | 1181.9 | 2640.9 | 5873.2 | 12941.0 | 28172.3 |
| 40 | 767.09 | 1342.0 | 1779.1 | 2360.8 | 4163.2 | 7343.2 | 2.729 | 69377.0 | * | * |
| 50 | 2400.0 | 4994.5 | 7217.7 | 1043.6 | 2181.3 | 4549.7 | * | * | * | * |
| 60 | 7471.6 | 18535 | 29220 | 46058 | * | * | * | * | * | * |

*＞99999

附表四　年金现值系数表

| 期数 | 1% | 2% | 3% | 4% | 5% | 6% | 7% | 8% | 9% |
|---|---|---|---|---|---|---|---|---|---|
| 1 | 0.9901 | 0.9804 | 0.9709 | 0.9615 | 0.9524 | 0.9434 | 0.9346 | 0.9259 | 0.9174 |
| 2 | 1.9704 | 1.9416 | 1.9135 | 1.8861 | 1.8594 | 1.8334 | 1.8080 | 1.7833 | 1.7591 |
| 3 | 2.9410 | 2.8839 | 2.8283 | 2.7751 | 2.7232 | 2.6730 | 2.6243 | 2.5771 | 2.5313 |
| 4 | 3.9020 | 3.8077 | 3.7171 | 3.6299 | 3.5460 | 3.4651 | 3.3872 | 3.3121 | 3.2397 |
| 5 | 4.8534 | 4.7135 | 4.5797 | 4.4518 | 4.3295 | 4.2124 | 4.1002 | 3.9927 | 3.8897 |
| 6 | 5.7955 | 5.6014 | 5.4172 | 5.2421 | 5.0757 | 4.9173 | 4.7665 | 4.6229 | 4.4859 |
| 7 | 6.7282 | 6.4720 | 6.203 | 6.0021 | 5.7864 | 5.5824 | 5.3893 | 5.2064 | 5.0330 |
| 8 | 7.6517 | 7.3255 | 7.0197 | 6.7327 | 6.4632 | 6.2098 | 5.9713 | 5.7466 | 5.5348 |
| 9 | 8.5660 | 8.1622 | 7.7861 | 7.4353 | 7.1078 | 6.8017 | 6.5152 | 6.2469 | 5.9952 |
| 10 | 9.4713 | 8.9826 | 8.5302 | 8.1109 | 7.7217 | 7.3601 | 7.0236 | 6.7101 | 6.4177 |
| 11 | 10.3676 | 9.7868 | 9.2526 | 8.7605 | 8.3064 | 7.8869 | 7.4987 | 7.1390 | 6.8052 |
| 12 | 11.2551 | 10.5753 | 9.9540 | 9.3851 | 8.8633 | 8.3838 | 7.9427 | 7.5361 | 7.1607 |
| 13 | 12.1337 | 11.3484 | 10.6350 | 9.9856 | 9.3936 | 8.8527 | 8.3577 | 7.9038 | 7.4869 |
| 14 | 13.0037 | 12.1062 | 11.2961 | 10.5631 | 9.8986 | 9.2950 | 8.7455 | 8.2442 | 7.7862 |
| 15 | 13.8651 | 12.8493 | 11.9379 | 11.1184 | 10.3797 | 9.7122 | 9.1079 | 8.5595 | 8.0607 |
| 16 | 14.7179 | 13.5777 | 12.5611 | 11.6523 | 10.8378 | 10.1059 | 9.4466 | 8.8514 | 8.3126 |
| 17 | 15.5623 | 14.2919 | 13.1661 | 12.1657 | 11.2741 | 10.4773 | 9.7632 | 9.1216 | 8.5436 |
| 18 | 16.3983 | 14.9920 | 13.7535 | 12.6896 | 11.6896 | 10.8276 | 10.0591 | 9.3719 | 8.7556 |
| 19 | 17.2260 | 15.6785 | 14.3238 | 13.1339 | 12.0853 | 11.1581 | 10.3356 | 9.6036 | 8.9601 |
| 20 | 18.0456 | 16.3514 | 14.8775 | 13.5903 | 12.4622 | 11.4699 | 10.5940 | 9.8181 | 9.1285 |
| 21 | 18.8570 | 17.0112 | 15.4150 | 14.0292 | 12.8212 | 11.7641 | 10.8355 | 10.0168 | 9.2922 |
| 22 | 19.6604 | 17.6580 | 15.9369 | 14.4511 | 13.4886 | 12.3034 | 11.0612 | 10.2007 | 9.4424 |
| 23 | 20.4558 | 18.2922 | 16.4436 | 14.8568 | 13.4886 | 12.3034 | 11.2722 | 10.3711 | 9.5802 |
| 24 | 21.2434 | 18.9139 | 16.9355 | 15.2470 | 13.7986 | 12.5504 | 11.4693 | 10.5288 | 9.7066 |
| 25 | 22.0232 | 19.5235 | 17.4131 | 15.6221 | 14.0939 | 12.7834 | 11.6536 | 10.6748 | 9.8226 |
| 26 | 22.7952 | 20.1210 | 17.8768 | 15.9828 | 14.3752 | 13.0032 | 11.8258 | 10.8100 | 9.9290 |
| 27 | 32.5596 | 20.7059 | 18.3270 | 16.3296 | 14.6430 | 13.2105 | 11.9867 | 10.9352 | 10.0266 |
| 28 | 24.3164 | 21.2813 | 18.7641 | 16.6631 | 14.8981 | 13.4062 | 12.1371 | 11.0511 | 10.1161 |
| 29 | 25.0658 | 21.8444 | 19.1885 | 16.9837 | 15.1411 | 13.5907 | 12.2777 | 11.1584 | 10.1983 |
| 30 | 25.8077 | 22.3965 | 19.6004 | 17.2920 | 15.3725 | 13.7648 | 12.4090 | 11.2578 | 10.2737 |
| 35 | 29.4086 | 24.9986 | 21.4872 | 18.6646 | 13.3742 | 14.4982 | 12.9477 | 11.6546 | 10.5668 |
| 40 | 32.8347 | 27.3555 | 23.1148 | 19.7928 | 17.1591 | 15.0463 | 13.3317 | 11.9246 | 10.7574 |
| 45 | 36.0945 | 29.4902 | 24.5187 | 20.7200 | 17.7741 | 15.4558 | 13.6055 | 12.1084 | 10.8812 |
| 50 | 39.1961 | 31.4236 | 25.7298 | 21.4822 | 18.2559 | 15.7619 | 13.8007 | 12.2335 | 10.9617 |
| 55 | 42.1472 | 33.1748 | 26.7744 | 22.1086 | 18.6335 | 15.9905 | 13.9399 | 12.3186 | 11.0140 |

续表

| 期数 | 10% | 12% | 14% | 15% | 16% | 18% | 20% | 24% | 28% | 32% |
|---|---|---|---|---|---|---|---|---|---|---|
| 1 | 0.9091 | 0.8929 | 0.8772 | 0.8696 | 0.8621 | 0.8475 | 0.8333 | 0.8065 | 0.7813 | 0.7576 |
| 2 | 1.7355 | 1.6901 | 1.6467 | 1.6257 | 1.6052 | 1.5656 | 1.5278 | 1.4568 | 1.3916 | 1.3315 |
| 3 | 2.4869 | 2.4018 | 2.3216 | 2.2832 | 2.2459 | 2.1743 | 2.1065 | 1.9813 | 1.8984 | 1.7663 |
| 4 | 3.1699 | 3.0373 | 2.9173 | 2.8550 | 2.7982 | 2.6901 | 2.5887 | 2.4043 | 2.2410 | 2.0957 |
| 5 | 3.7908 | 3.6048 | 3.4331 | 3.3522 | 3.2743 | 3.1272 | 2.9906 | 2.7454 | 2.5320 | 2.3452 |
| 6 | 4.3553 | 4.1114 | 3.8887 | 3.7845 | 3.6847 | 3.4976 | 3.3255 | 3.0205 | 2.7594 | 2.5342 |
| 7 | 4.8684 | 4.4538 | 4.2882 | 4.1604 | 4.0386 | 3.8115 | 3.6046 | 3.2423 | 2.9370 | 2.6775 |
| 8 | 5.3349 | 4.9676 | 9.6389 | 4.4873 | 4.3436 | 4.0776 | 3.8372 | 3.4212 | 3.0758 | 2.7860 |
| 9 | 5.7590 | 5.3282 | 4.9164 | 4.7716 | 4.6065 | 4.3030 | 4.0310 | 3.5655 | 3.1842 | 2.8681 |
| 10 | 6.1446 | 5.6502 | 5.2161 | 5.0188 | 4.8332 | 4.4941 | 4.1925 | 3.6819 | 3.2689 | 2.9304 |
| 11 | 6.4951 | 5.9377 | 5.4527 | 5.2337 | 5.0286 | 4.6560 | 4.3271 | 3.7757 | 3.3351 | 2.9776 |
| 12 | 6.8137 | 6.1944 | 5.6603 | 5.4206 | 5.1971 | 4.7932 | 4.4392 | 3.8514 | 3.3868 | 3.0133 |
| 13 | 7.1034 | 6.4235 | 5.8424 | 5.5831 | 5.3423 | 4.9095 | 4.5327 | 3.9124 | 3.4272 | 3.0404 |
| 14 | 7.3667 | 6.6282 | 6.0021 | 5.7245 | 5.4675 | 5.0081 | 4.6106 | 3.9616 | 3.4587 | 3.0609 |
| 15 | 7.6061 | 6.8109 | 6.1422 | 5.8474 | 5.5755 | 5.0916 | 4.6755 | 4.0013 | 3.4834 | 3.0764 |
| 16 | 7.8237 | 6.9740 | 6.2651 | 5.9542 | 5.6685 | 5.1624 | 4.7296 | 4.0333 | 3.5026 | 3.0882 |
| 17 | 8.0216 | 7.1196 | 6.3729 | 6.0472 | 5.7487 | 5.2223 | 4.7746 | 4.0591 | 3.5177 | 3.0971 |
| 18 | 8.2014 | 7.2497 | 6.4674 | 6.1280 | 5.8178 | 5.2732 | 4.8122 | 4.0799 | 5.5386 | 3.1039 |
| 19 | 8.3649 | 7.3658 | 6.5504 | 6.1982 | 5.8775 | 5.3162 | 4.8435 | 4.0967 | 3.5386 | 3.1129 |
| 20 | 8.5136 | 7.4694 | 6.6231 | 6.2593 | 5.9288 | 5.3527 | 4.8696 | 4.1103 | 3.5458 | 3.1129 |
| 21 | 8.6487 | 7.5620 | 6.6870 | 6.3125 | 5.9731 | 5.3837 | 4.8913 | 4.1212 | 3.5514 | 3.1158 |
| 22 | 8.7715 | 7.6446 | 6.7429 | 6.3587 | 6.0113 | 5.4099 | 4.9094 | 4.1300 | 3.5558 | 3.1180 |
| 23 | 8.8832 | 7.7184 | 6.7921 | 6.3988 | 6.0442 | 5.4321 | 4.9245 | 4.1371 | 3.5592 | 3.1197 |
| 24 | 8.9847 | 7.7843 | 6.8351 | 6.4338 | 6.0726 | 5.4509 | 4.9371 | 4.1428 | 3.5619 | 3.1210 |
| 25 | 9.0770 | 7.8431 | 6.8729 | 6.4641 | 6.0971 | 5.4669 | 4.9476 | 4.1474 | 3.5640 | 3.1220 |
| 26 | 9.1607 | 7.8957 | 6.9061 | 6.4906 | 6.1182 | 5.4804 | 4.9563 | 4.1511 | 3.5656 | 3.1227 |
| 27 | 9.2372 | 7.9426 | 6.9352 | 6.5135 | 6.1364 | 5.4919 | 4.9636 | 4.1542 | 3.5669 | 3.1233 |
| 28 | 9.3066 | 7.9844 | 6.9607 | 6.5335 | 6.1520 | 5.5016 | 4.9697 | 4.1566 | 3.5679 | 3.1237 |
| 29 | 9.3696 | 8.0218 | 6.9830 | 6.5509 | 6.1656 | 5.5098 | 4.9747 | 4.1585 | 3.5687 | 3.1240 |
| 30 | 9.4269 | 8.0552 | 7.0027 | 6.5660 | 6.1772 | 5.5168 | 4.9789 | 4.1601 | 3.5693 | 3.1242 |
| 35 | 9.6442 | 8.1755 | 7.0700 | 6.6166 | 6.2153 | 5.5386 | 4.9915 | 1.1644 | 3.5708 | 3.1248 |
| 40 | 9.7791 | 8.2438 | 7.1050 | 6.6418 | 6.2335 | 5.5482 | 4.9966 | 4.1659 | 3.5712 | 3.1250 |
| 45 | 9.8628 | 8.2825 | 7.1232 | 6.6543 | 6.2421 | 5.5523 | 4.9986 | 4.1664 | 3.5714 | 3.1250 |
| 50 | 9.9148 | 8.3045 | 7.1327 | 6.6605 | 6.2463 | 5.5541 | 4.9995 | 4.1666 | 3.5714 | 3.1250 |
| 55 | 9.9471 | 8.3170 | 7.1376 | 6.6636 | 6.2482 | 5.5549 | 4.9998 | 4.1666 | 3.5714 | 3.1250 |

# 参考文献

[1] 财政部关于印发《民间非营利组织会计制度》的通知,财会[2004]7号.
[2] 公益慈善组织会计制度——会计科目和会计报表,财会[2004]7号.
[3] 现金管理暂行条例,1988年9月8日,中华人民共和国国务院令第12号.
[4] 现金管理暂行条例实施细则,1988年9月12日,中国人民银行发布.
[5] 中国扶贫基金会财务管理条例,2012年修订.
[6] 中国人口福利基金会财务管理办法,2012年9月3日.
[7] 史密斯-巴克林协会.非营利管理[M].孙志伟,罗陈霞,译.北京:中信出版社,2004.
[8] 邓国胜.公益项目评估——以"幸福工程"为案例[M].北京:社会科学文献出版社,2003.
[9] 杨团.美国的非营利组织与基金会[J].21世纪,1995(6).
[10] 于颖.企业会计学[M].北京:对外经济贸易大学出版社,2007.
[11] 陈劲松,彭珏.论我国民间非营利组织财务会计的目标[J].西南农业大学学报,2007(1).
[12] 刘晓.论企业全面预算管理体系的构建与实施[J].管理观察,2009(3).
[13] 杨晓玲.全面预算管理:企业现代化管理的现实需要[J].学术探索,2013(3).
[14] 刘妮妮.全面预算管理浅析[J].公路,2011(7).
[15] 朱义勤.刍议行政事业单位项目资金管理[J].当代经济,2012(24).
[16] 邓哲.对完善事业单位项目支出资金管理的思考[J].财政税务,2012(9).
[17] 金罗兰.我国公益慈善组织与项目管理[J].北京工商大学学报,2005(6).
[18] 陆建桥.我国公益慈善组织会计规范问题[J].会计研究,2004(9).
[19] 李建发.规范公益慈善组织会计行为 促进非营利事业蓬勃发展[J].会计研究,2004(11).
[20] 章新蓉.浅谈我国公益慈善组织会计的几个问题[J].财务与会计,2004(6).
[21] 林闽钢,王章佩.福利多元化视野中的公益慈善组织研究[J].社会科学研究,2001(6).
[22] 李惠萍,俞燕.公益慈善组织财务管理绩效存在的问题及对策探讨[J].财会通

讯,2010(7).

[23]陈恒亮.公益慈善组织绩效评估[J].合作经济与科技,2008(22).

[24]吴春,王铭.公益慈善组织绩效评估初探[J].山东行政学院山东省经济管理干部学院学报,2005(10).

[25]谢晓霞.非营利组织财务管理理论与实务[M].北京:经济管理出版社,2013.

[26]谢晓霞.民间非营利组织财务管理[M].成都:西南财经大学出版社,2019.

[27]谢晓霞.慈善基金会财务透明度的评估指标体系研究[M].北京:经济管理出版社,2016.

[28]民间非营利组织会计实务研究组.新编民间非营利组织会计制度解读与操作指南[M].北京:中国财政经济出版社,2020.